新能源电力与低碳发展研究北京市重点实验室（华北电力大学）研究成果

政府投资光伏扶贫项目
区域优选方法及其规划模型研究

Research on Site Selection Approach and Programming
Optimization Model of Government-investing Photovoltaic
Poverty Alleviation Project

柯毅明　张昊渤　乌云娜◎著

中国电力出版社
CHINA ELECTRIC POWER PRESS

内 容 提 要

本书共分7章，第1章介绍了政府投资光伏扶贫项目区域优选方法及其规划模型研究的研究背景和意义、国内外研究现状，以及研究内容和技术路径；第2章介绍了减贫相关理论、风险决策相关理论和规划模型相关理论；第3章介绍了政府投资光伏扶贫项目政策及投资机理；第4章介绍了政策引导下光伏扶贫项目实施区域优选方法；第5章介绍了基于非支配排序遗传算法的组合优化模型构建；第6章介绍了基于公平与效率理论的规划方案优选模型构建；第7章总结了研究成果，并对未来的研究提出了展望。

本书适合从事政府投资、能源项目管理、决策方法理论等研究领域的专业人士、教师和学生阅读使用。

图书在版编目（CIP）数据

政府投资光伏扶贫项目区域优选方法及其规划模型研究 / 柯毅明，张昊渤，乌云娜著. —北京：中国电力出版社，2021.1

ISBN 978-7-5198-5337-2

Ⅰ. ①政… Ⅱ. ①柯… ②张… ③乌… Ⅲ. ①政府投资－太阳能光伏发电－投资项目－项目管理－研究－中国 Ⅳ. ①F426.61

中国版本图书馆 CIP 数据核字(2021)第 022925 号

出版发行：中国电力出版社
地　　址：北京市东城区北京站西街19号（邮政编码100005）
网　　址：http://www.cepp.sgcc.com.cn
责任编辑：李静（1103194425@qq.com）
责任校对：黄蓓　于维
装帧设计：九五互通　周赢
责任印制：钱兴根

印　　刷：北京天宇星印刷厂
版　　次：2021年1月第一版
印　　次：2021年1月北京第一次印刷
开　　本：787毫米×1092毫米　16开本
印　　张：18
字　　数：197千字
定　　价：78.00元

前　言

　　光伏扶贫项目是指由政府统一拨付资金，在光照资源良好的贫困区域建设村级光伏发电电站，并将发电营运所得用以帮扶建档立卡贫困户的政府投资项目。它不仅有助于解决落后地区的能源供给、就业创收和经济建设等问题，还可以助力于缩短贫富差距，维护社会公平并推动社会主义现代化进程。自试点以来，政府利用两年时间将光伏扶贫装机规模增至1011万千瓦，受惠人群突破百万户。因巨大的利好效用，光伏扶贫项目已成为探索中国特色扶贫事业中可圈可点的"经验词条"，也被成功纳入"十三五"扶贫开发的工作重点。然而，随着光伏项目的发展，光伏电站潜在可安装面积日渐紧俏，弃光弃能等现象日益凸显。同时，伴随着扶贫开发的深入推进，加之光伏扶贫项目呈现出分布分散、地形特殊和地质多变等特点，部分因勘探不足、选址不良和规划不当引发的恶劣现象也逐渐显现。项目实施区域优选及其规划问题开始引发社会各界的关注和思考。

　　综合分析当前主流的优选理论可知，传统的优选模型普遍存在契合度不高、适用性欠佳或求解精度不足的问题，难以有效应对光伏扶贫项目区域优选及规划建模。因此，本书以政策引导为支点，以"什么区域为条件适宜""如何进行项目组合规划"为导向，结合项目内在特征，探索高匹配度和强适应性的区域优选方法及其规划模型，旨在助力完善项目实施经验，提高光伏扶贫活力，为项目新建、改扩建乃至25年实施期满后拆除重建等情境下的投资决策活动提供可靠的智力支持。具体研究内容如下。

（1）结合项目特征的相关政策梳理及投资机理研究。针对目前光伏扶贫项目研究未考虑政策引导作用且投资机理不甚明确的问题，本书以项目特征为逻辑起点进行政策梳理及机理分析。首先，基于投资者、承包商、受益人和社会公众等利益相关方的定位及特点，明确其目标诉求，为后续因素提取和函数设立等过程提供支撑性材料；接着，结合项目目标，对项目的具体特征进行归纳，为后续研究奠定基础；随后，梳理相关政策的发展态势和时序特征，识别出对区域优选及其规划建模问题起着引导作用的政策，并以此作为全书研究的基本准则，从而提高所建模型的政策匹配度；最后，结合政策引导作用，分析投资机理并界定项目运行机制，从而确保所建模型的项目契合度。

（2）基于政策引导的双因素实施区域优选指标体系研究。针对传统指标提取过程中提取困难、因素缺失、筛选偏颇和决策支持度不足等问题，本书摒弃仅从经济、技术、社会和环境等宏观层面进行因素提取的方法，而是立足于利益相关方的目标诉求，提出"政策—风险—收益—反馈"搜索闭环，进而形成涵盖政策引导、风险规避、收益追逐和公众反馈的四维因素集，从而提升因素提取效率；考虑到部分区域因不满足建设红线或整体规划的要求而需被预先否决，本文通过界定指标概念、合并重叠因素和剔除无关因素，构建出政策引导下否决指标和优选指标双因素框架，从而保证指标体系的全面性。以上基于利益相关方目标诉求的因素提取思路可为学者搜集评估指标提供技术参考。

（3）考虑决策者风险偏好的直觉模糊组合优选方法研究。针对传统模糊集难以反映决策信息犹豫度、常规赋权方法仅从主观重要性或客观信息量进行单侧度量、主流的排序过程未将决策者风险偏好纳入考虑范畴的问题，本书首先权衡了评估指标量、模糊界限及评估精度要求，决定采用直觉模糊语言集作为定性因素的评估依据；接着，结合直觉模糊集的矩阵一致性和熵值分布特征，对传统层次分析法和熵权法进行适应性调整与拓展，使得整个定权过程既能很好地反映专家经验的模糊性与犹豫程度，又能达到兼顾指标逻辑重要性和优选贡献度的决策效果；随后，基于直觉模糊集的运算逻辑和距离测度公式，对传统的风险偏好交互式决策排序框架进行调整，使排序结果充分反映决策者的风险规避心理，提高方法的实用度。本研究既有助于提升传统赋权方法的应用活力，丰富赋权方法理论体系，又可以提高排序过程的优选效率，丰富排序方法理论体系。

（4）考虑扶贫效果和容量约束的组合优化模型及寻优算法研究。针对传统组合优化模型契合度不高且寻优算法结果欠佳的问题，本书通过剖析光伏扶贫在战略层、项目层和资源层的投资目标及诉求，归纳出其项目组合的具体特征，在项目目标、政策引导、条例规范和并网要求的共同作用下构建出"目标—约束"组合优化模型。在目标函数方面，考虑到光伏扶贫项目兼具并网发电和帮扶贫困的任务，引入拟帮扶人数表征扶贫效果，从而设立最低成本和最佳扶贫效果两项优化目标；在约束条件方面，考虑到相关政策的规范和要求，结合电网建设和资源消耗等常规限制，从而设立容量限制的约束条件；在求解算法方面，结合种群适应度分布，令个体繁殖概率自适应调整，从而形成兼具非支配排序、拥挤度计算、精英策略和自适应遗传概率的改进算法，可应对过早收敛、求解欠佳和概率固化等问题，提高解集稳定性。改进的算法可丰富智能算法理论体系。

（5）基于公平与效率的规划方案优选模型及求解算法研究。针对传统项目规划方案优选过程仅考虑效率测度结果且未对小样本数据求解偏差进行处理的问题，本研究基于项目全生命周期与利益相关方双重视角，对公平与效率的具体表征进行归纳和总结。首先，引入公平因子，并结合标杆方案和聚类算法对备选方案进行样本初筛，识别出在公平层面表现欠佳的方案并予以剔除，极大契合政府投资项目在维护社会公平方面的理念；接着，将效率诉求转化为可运算的投入产出变量，借助数据包络分析算法对样本数据进行效率测度；最后，考虑到小样本可能带来的估算偏差，引入重抽样技术进行样本扩容和效率值纠偏，结合纠偏后的效率值完成方案的优选排序，从而保证优选结果的准确性。以上提及的模型构建思路可拓展到其他政府投资项目的方案优选或效率分析中，提高优选模型与项目的契合度，而带纠偏处理的数据分析算法亦可丰富效率测度理论体系。

目　录

第1章
绪论

1.1 研究的背景和意义

1.1.1 研究背景

随着改革开放的不断深入，中国基础设施建设日益完善，国民生产总值逐年攀升，人均可支配收入稳步增长，科技实力和文化底蕴也得到了极大的增强。据国家统计局数据显示，2010 年中国经济总量达41.21 万亿元，首次超过了日本，一举成为世界第二大经济体。然而，在经济迅猛发展的过程中，区域贫困成为阻碍全面建成小康社会、稳步迈进社会主义现代化的关键症结，受到党和国家的高度重视。2015年 11 月，中共中央总书记习近平在中央扶贫开发工作会议中强调：消除贫困、改善民生、逐步实现共同富裕，是社会主义的本质要求，是我们党的重要使命；全面建成小康社会，是党对全国人民的庄严承诺。

纵观小康社会的主要特征、当前社会的主要矛盾、国家的发展规划和综合形势，消除绝对贫困成为检验第一个百年目标的关键指标，而"小康不小康，关键看老乡"也成为全面建成小康社会的重要行动指南。因此，中共中央、国务院联合发布《关于打赢脱贫攻坚战的决定》，明确指出：采取超常规举措，拿出过硬办法，举全党全社会之力，坚决打赢脱贫攻坚战。与此同时，伴随着中国经济进入新常态，资源短缺、全球变暖和环境污染等可持续问题日益凸显，能源供给结构性变革迫在眉睫。中国也在《巴黎协定》中郑重承诺，到 2030 年在社会供给中非化石能源占总能源的比例要提升至 20%左右。而且，中国 76%以上的国土具有充沛的光照强度和日照时长，发展潜力巨大，加之太阳能发电具有安装门槛低、生产无污染和循环可再生等优点，因此，光伏发电项目得到社会各界的青睐和政府政策的支持。无论是在装机规模上还是在组件研发进程中，我国都迎来了"发展黄金期"。据国家能源局光伏发电数据显示，到 2018 年中国太阳能市场的累计装机容量高达 1.74 亿千瓦，同比增长 33.9%，约占全口径发电总装机 9.2%。由于原料成本下降、切割技术改进及组件效率提高带来的分摊效应[1]，光伏系统成本降至 4.5 元每瓦，较之 10 年前费用降低了 90%以上，为大规模投资光伏发电提供了重要契机。《电力发展"十三五"规划》进一步指出，加快推动光伏产业升级，鼓励开展高附加值的多元"光伏+"综合模式，拓展太阳能应用领域与服务范围。在帮扶贫困、缩小收入差距、改善能源结构和应对环境问题的共同作用下，光伏扶贫项目应运而生。

"脱真贫，真脱贫"一直是党和国家在扶贫开发工作中秉持的根本原则和重要信条，而光伏扶贫工程是扶贫开发与中国实际结合的新时代产物，更是精准扶贫思想指导下的创造性举措。光伏扶贫项目是通过政府投资在光照资源良好的贫困区域建设村级光伏发电电站，并将发电营运所得惠及建档立卡贫困户。①"脱真贫"：与以往低质低效的粗放扶贫不同，光伏扶贫项目突破了扶贫开发针对性不强、资金流向不明确等问题，明确其服务对象为建档立卡贫困户。随着国家实力的增强和人民生活水平的改善，中国贫困标准历经数次调整和变更。根据最新国民经济和社会发展统计公报，以 2010 年不变价折算，目前中国的农村贫困标准为每人每年 2 300 元。经所在县级政府进行实地考察、致贫分析和精准识别无误后，对年收入低于该标准的农村人口建档立卡并纳入扶贫工作对象。②"真脱贫"：与以往饮鸩止渴的救济式帮扶不同，光伏扶贫项目解决了"输血不足"和事后返贫等问题，充分利用循环不竭的光照资源形成可持续的"造血"供送，开发探索出永久脱贫之道，而非短平快的表面功夫和形象工程，可谓"授人以渔"之举措。

自 2015 年试点推行以来，光伏扶贫已成功帮扶数以万计的贫困村成功摘帽，协助补充区域能源的电力缺口。截至 2017 年底，光伏扶贫项目开发工作已覆盖约 25 个省市区划，累计总装机达 1 011 万千瓦，直接帮扶贫困户约 164.6 万户。因其巨大的利好效用和高效的投资回报，光伏扶贫项目成为探索中国特色扶贫事业中可圈可点的"中国经验"，也被成功纳入"十三五"规划扶贫开发工作重点。据"十三五"光伏扶贫项目目录显示，2017 年颁布了第一批名单，共包含 8 689 个村级电站，总装机规模约 419 万千瓦，覆盖近 236 个重点县；2019 年 4 月颁布了第二批名单，共包含 3 961 个扶贫电站，总装机规模约 167 万千瓦,覆盖约 165 个贫困县。从装机规模上看,政府对光伏扶贫投资有所放缓,这不仅仅是因为扶贫成效显著而引起贫困发生率急速下降,扶贫受体减少,还恰恰意味着政府对扶贫资金的使用以及项目投资的规划有了更精细的把控和更严格的要求。

对项目规划而言,要实现精细把控,首先要解决的问题是项目实施区域的确定。随着光伏发电的大力发展,光伏面板潜在可安装面积日渐减少,弃光弃能现象日益凸显。同时,伴随着扶贫开发的深入推进,加之大多数光伏扶贫项目呈现"分布分散、地形特殊、地质多变"等特点,因勘探不足、选址不良或规划不当而引发的恶劣现象也逐渐显现:2017 年鲁西某市多个光伏扶贫项目因侵占农田而遭遇国土厅勒令停止;2018 年山西垣曲扶贫光伏发电项目被责破坏生态、损毁近 20 余亩林地;延安宝塔区 1 兆瓦光伏扶贫项目因选址不当屡次遭遇大风侵袭而后被迫拆除……2019 年 4 月,国务院扶贫办开发指导司对用以帮扶贫困的近 15 695 座村级光伏电站进行测评,结果显示,其中,约 19.8%光伏扶贫项目的发电量低于理论值的 80%,更有 959 个项目的发电值低于理论发电量的 60%。而光伏扶贫电站建设前期选址不当、规划失灵是造成发电低效的主要原因之一。

2020 年是决胜全面建成小康社会的冲刺阶段,迈向社会主义现代化的关键时期;是"十三五"规划的收官之年,也是"十四五"规划的编制之期。根据扶贫战略指示,2020 年的扶贫开发工作重点将聚焦西藏、新疆南疆四地州、四省藏区、临夏州、凉山州、怒江州等重点贫困地区,以确保到 2020 年在现行贫困标准下所有农村贫困人口脱贫摘帽,齐头奔小康。虽然绝对贫困消除了,但是我国仍处于社会主义初级阶段的基本国情没有变更，发展不平衡且不充分的症状没有完全解决，发展中国家的定位没有改变，唯一改变的是"相对贫困"跃上了时代的舞台，如何缓解相对贫困成为未来的主旋律。国务院扶贫办主任刘永富表示，我们应该充分借助当前优秀的扶贫经验，以探索未来缓解相对贫困的道路。而光伏扶贫项目作为优秀的"中国经验"，可以将贫困区域良好的光照资源转化成可供交易的电力资源，不仅有助于解决落后地区的能源供给、就业创收和经济建设等问题，还有利于缩短贫富差距，维护社会公平，推动社会主义现代化进程。无论从精细把控光伏扶贫、彻底消灭绝对贫困出发，还是从完善光伏扶贫经验、服务"十四五"规划和"第二个百年目标"来看，研究光伏扶贫项目区域优选方法及其规划模型都是必要之举。

1.1.2　研究意义

光伏扶贫工程是一项帮扶贫困、惠及民生并服务于社会主义现代化建设的政府投资项目，也是一项绿色发电、清洁生产并推动国家能源结构调整的创新型"光伏+"应用，受到国家和人民的大力赞扬和广泛支持。自项目试点推行以来，政府利用两年时间将光伏扶贫装机规模增至 1 011 万千瓦，新增光伏装机贡献率约为 10%；预计到 2020 年，借助光伏扶贫利好政策脱离贫困的农村人口将超过 265 万户，项目减贫贡献率达 3.8%。光伏扶贫的概念设想无疑是历史性突破，是结合自然禀赋、供能需求与社会发展的中国创举，而其减贫成效也是备受瞩目的。"光伏扶贫"已与"中国速度""中国奇迹"等词汇一样，成为一张极具中国特色的名片,向世界展示精准扶贫探索与开发过程的"中国经验",目前已有不少国内外学者对其管理内涵、应用模式和相关政策等进行探究。

诚然,光伏扶贫具有不可比拟的利好效用。但是,正如背景分析所言,在项目规划与开发过程中存在诸如跨越建设红线、霸占农林地、选址规划不当等实施区域优选问题,严重影响了项目实际发电量和扶贫效益。根据脱贫攻坚战指导意见,在条件适宜地区,以贫困村村级光伏扶贫电站建设为重点,有序推进光伏扶贫。但是,究竟如何才算"条件适宜"、在何处的项目可以申报、如何对申报项目进行甄选等一系列实施区域优选的衍生问题没有明确的答案。实施区域优选作为规划决策的首要环节,其模型科学性和流程规范性直接影响后续工作的开展。对政府投资过程而言,它也是针对不良收益及发展障碍进行事前预防的关键节点。伴随着政务公开的推进,公众对政府决策透明化的呼声越来越高;加之光伏扶贫项目的社会公共性,其区域优选问题也成为公众对光伏扶贫项目实施政务监督的重要支点。因此,本文梳理光伏扶贫项目的投资机理,结合政策引导作用探究其潜在区域识别和优选的高精度方法,结合资源受限现象,权衡项目公平与效率,研究实施区域规划方案遴选过程并形成可供拓展的优选模型,对于理论体系的丰富、项目决策效率的提升和靶向拓展都有着重要的科研价值和实践指导作用。

(1)分析政策引导路径,为学者们开展光伏扶贫管理策略研究提供基础框架。光伏扶贫工程是一项相关要素多、涉及面广且内生关系复杂的政府投资项目,具有极强的社会公共性和政策强制性。由于项目投资者与相关政策制定者均为政府部门，政策引导作用与项目投资目标高度同源且方向一致，故而，项目的规划、设计、建设和运维等全过程都必须严格依循法规的约束和限制，依靠政府举措和政策支持予以实施和管理。由此可得，投资机理和政策引导作用是所有光伏扶贫管理研究的基础和前提。而本研究梳理了光伏扶贫相关法规条文，综合分析政策引导作用的可行性，并探索政策实施路径、发展趋势、引导作用及投资机理，可为学者开展相关研究提供基础性素材。

（2）方法优化、算子创新，丰富实施区域优选理论体系。实施区域优选理论是工程选址问题研究的一个分支，也是政府投资项目独有的知识体系。传统的选址方法并未结合政策引导及规范作用，亦未能很好地兼顾决策信息的不确定性和决策者的有限理性，故而，本研究通过比对模糊集的功用、定权方法的异同、信息集结排序模式的差异，以决策目标和政策规定为导向，融合矩阵一致性、距离计算和风险偏好测度等公式进行方法调整；同时，引入自适应遗传概率算子对组合优化模型求解算法进行优化拓展，从而应对传统算法的概率固化问题，有效降低算法的时间复杂度，提高决策精度与效率；另外，本着充分反映投资者诉求的原则，立足于政府投资需兼顾公平与效率的认知，创新地引入公平测算因子对规划方案进行聚类初筛，使得求解结果更符合决策需求。由此，所得的优选模型集理论融合和方法创新于一体，可作为现有理论体系的重要补充，为学者研究政府投资区域优选乃至工程选址问题开辟思路。

（3）指导实践，提高决策效率，有助于项目实现稳定收益。对工程项目的实施过程而言，规划先行。鉴于个别项目因实施区域不当而被迫叫停、部分项目因规划不良致使发电值远低于预期、部分地区环境复杂致使甄别困难、项目审核中因资源受限而出现比选困境等一系列现象，本研究可以为区域优选提供科学的决策思路和模型化的优选过程，推动办事流程透明化。同时，文中所提出的方法与模型可以协助投资者快速剔除不良项目，减少因识别困难而引发的审批迟滞或投资不良等现象，提高决策效率。而且，还能预防上述因选址不当造成的项目骤停或拆除的情况，较好地保证项目发电的稳定平缓出力，使实际发电量符合期望值，更好地实现其经济价值。

（4）助力完善项目经验，支持项目的有序开展、落实与推广。纵观光伏扶贫走过的 5 个年头，它为中国扶贫做出了无可取代的贡献。本研究对光伏扶贫实施区域优选问题进行探索，旨在解决"什么区域为条件适宜""如何基于优选区域进行项目规划"的问题，有助于完善光伏扶贫的实施经验，更好地服务"三区三州"等重度贫困地区的脱贫攻坚、小康社会的全面建成和社会主义现代化的稳步推进。2020 年也是"十四五"规划的编制阶段，将利用此前优秀的经验服务于相对贫困的缓解工作。本研究有助于提升项目活力，为后续项目的规划决策提供智力支持，更好地实现其社会价值。同时，本研究成果不仅仅服务于新建项目的实施区域优选决策过程，还可以推广使用到项目改扩建实施区域优选决策活动，乃至 25 年项目运行期满后的重建规划事务中。

1.2　国内外研究现状

1.2.1　光伏扶贫项目研究现状

自中华人民共和国成立以来，党和政府高度重视农村贫困问题，致力于帮扶对象、策略及路径探索，逐步形成了以光伏扶贫模式为代表的高效可持续帮扶格局，在攻克绝对贫困、推进扶贫开发上成绩斐然。回顾走过的 70 载，扶贫开发的模式演化大致可以分为 6 个阶段：①主要通过社会制度变革建立低层次的保障体系，从而保证农户生存的救急式扶贫，受生产力的限制，其外在表征为规模极小、帮扶有限；②通过改革农村经济体制设立专项资金，从而缓解农村贫困的救济式扶贫，表征为缺乏内生动力和救济全面性；③以建立国务院扶贫开发小组为特点，表现为有组织地针对贫困区域进行识别的开发式帮扶；④以颁布《国家八七扶贫攻坚计划》为时间节点，表现为融合"参与"和"治理"的概念，提倡动员全社会"多元共治"；⑤扶贫开发工作落实到村，提倡帮扶与发展齐头并举，表现为整村帮扶、连片发展；⑥结合地域资源条件和科技发展态势，以光伏扶贫工程为代表的造血式扶贫，扶贫效果精准到户，其发展历程具体如图 1-1 所示。

光伏扶贫作为扶贫开发探索的最新成果，具有极强的研究价值和实践指导作用[2]，因此，有很多国内学者纷纷对其展开研究。具体研究内容和成果应用如下。

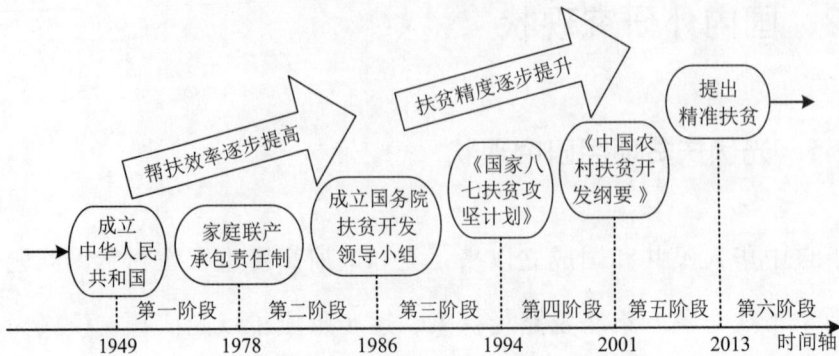

图 1-1 中国扶贫开发模式演化历程

（1）国内对贫困识别及空间分异特征研究起步较早，已形成较为完备的区域多维贫困及成因识别体系，但缺乏针对光伏扶贫项目实施区域优选的决策要素框架。刘艳华和徐勇通过对中国县级行政区域的环境脆弱性、农户生计资本、政策机制、生计策略和生计输出 5 个维度进行贫困程度及生计可持续水平考察，精准识别出多维贫困县及其分布特征[3]。陈烨烽、王艳慧和赵文吉等学者基于空间贫困视角对村级区域自然、经济和社会条件进行多维贫困指数计算，结合致贫贡献度因子、回归分析方法、最小方差方法与空间计量分析技术构建出贫困分异分布模型，精确定位致贫原因[4]。周洋、郭远智和刘彦随考虑农村致贫机理及人地关系理论模拟出县级区域贫困压力，并利用 BP 神经网络进行指数测算，精准识别出 2020 年后重点帮扶区域[5]。在此基础上，丁建军和冷志明基于贫困主体、生计活动和周遭环境耦合分析，借助地理学视角阐释贫困区域分布及靶向干预建议[6]。为提高研究针对性，周荣荣、彭鹏和周国华等学者利用湖南省安化县的数字高程数据、贫困调研数据和社会统计数据进行空间自相关分析，探究地形地势对贫困区域分布及脱贫效率的影响，为差异化扶贫政策的制订提供智力支持[7]。张博胜和杨子生以云南省 129 个县级数据作为测算案例，将其 2010—2015 年实际数据运用到空间计量分析中，从而探究出区县贫困的时空特征并精准识别出不同区域的减贫路径[8]。

（2）国内针对光伏扶贫项目并网运营主要围绕电能质量和电网承载力两方面进行考量，日臻成熟的并网研究为实施区域优选组合优化目标识别提供参考。金炜、徐斌和丁津津等电力行业专家结合电能质量控制系统的运行模式和拓扑结构，对系统并网冲击进行模拟仿真，探讨如何应对光伏扶贫质量控制和并网治理的优化策略[9]。而黄碧斌、李琼慧和高菲等学者则基于农村电网能量密度小、调压能力弱、线路传输受阻、电流过载易发等问题，从成本的角度探究不同光伏渗透率、不同限电水平和接入方式的费用花销，以探寻最优并网策略[10]。孟宇红、毕猛强和史梓男等学者结合分布式能源并网机制及理论，考虑配电网设备额定参数、线路最大传输数值及电压偏差阈值 3 个要素利用罚函数进行光伏扶贫并网最大容量建模分析研究[11]。随后，金强、马唯婧和崔凯等人开始了基于光伏扶贫电能质量低、电压偏差大和地区电网建设落后等现象，利用节点电压考评、负载率测试和谐波抑制进行安全可靠并网策略研究[12]。张迪、苗世洪和赵健等学者将目光投向光伏扶贫项目可能带来的并网冲击和消纳不良等问题，考虑政策约束和投资行为特征，利用卡罗需—库恩—塔克条件转换方法构建符合村级利益和电网运营要求的双层优化模型，并辅以算例验证光伏扶贫布点定容优化结果[13]。李建林、牛萌和田立亭等专家计及用户需求可靠性和光伏发电随机性，以负荷失电率和能量溢出比为约束条件、电池储能功率和容量作为评价目标，模拟仿真光伏扶贫配置策略及其效果[14]。

（3）目前国内针对光伏扶贫项目规划可行性主要以光伏扶贫机理和资源环境为主，暂未形成以完整的政策导向思路。学者刘渊以贫困区域安装村级光伏电站的机理、资源和条件为基本元素，构建以成本为测度标准的光伏扶贫项目可行性评估模型[15]。随后，郭建宇和白婷结合电力过剩、投资形式、项目形态、分配方式及技术革新五方面的现状，分析光伏扶贫与产业发展、政府投资和维护追责、并网补贴和政策支持对光伏扶贫项目成效及可持续发展的作用[16]。吴素华从项目实施与贫困分布的一致性、"造血"创收能力的强度、工程建设的质量3个方面对光伏扶贫项目投资成效进行考察和评估，并做出提高光伏扶贫成效、激发项目新动能的相关建议[17]。许晓敏和张立辉结合新能源发电运营特性和相关运营模式，模拟产品技术提升和补贴推出的情景探索光伏扶贫项目未来成本收益的发展模式和路径[18]。冯明灿、马唯婧和丁羽頔等通过分析光伏扶贫市场运营情况，基于电力改革、电价市场化、补贴逐步退出的背景探究不同模式下项目收益情况[19]。童光毅、倪琦和潘跃龙等更是综合光伏扶贫机理、农业信息化建设要求以及各类典型模式的具体特点，构建出以层次分析法定权、以模糊综合评价法测算效益的收益分配模型[20]。

贫困是自社会成立以来长期存在的问题，也是世界各国极力探索和开发的重要话题。根据世界银行数据显示，中国扶贫开发40年减贫人数高达 8.5 亿，对世界减贫贡献率达 70%以上，很多国家纷纷效仿我国成功的扶贫举措。光伏扶贫作为代表性的中国扶贫经验，受到了众多国际学者赞扬。综合国外的期刊论文和学术报道，目前，国外研究主要集中在项目可行性论证、投融资及收益分配机制研究和项目成效评估 3 个方面。

（1）在可行性论证方面，国外的研究起初以资源匹配度和发电收益为研究核心，逐渐将相关政策研究纳入影响因素。布姆布埃（Mboumboue）和杰莫（Njomo）选取非洲中西部电量奇缺、极度贫困的喀麦隆共和国作为研究对象，分析表明该国的太阳辐射量约为日均 4.3 千瓦时每平方米。若以理想发电量作为估测基准，那么，其太阳能潜力相当于全国 2014 年总发电量的 12.8 万倍[21]。因此，因地制宜开发光伏发电既能满足区域负荷需求，又能促进经济发展。阿班达（Abanda）、曼加（Manjia）和埃农内（Enongene）等学者在已有研究的基础上进一步选取该国三座户用光伏电站作为研究对象，分析系统开发成本和年度收益，以明确发展光伏发电的可行性[22]。张（Zhang）、曾（Zeng）和孙（Sun）等人结合技术水平、经济形势、政策法规和社会发展四个维度对在贫困地区发展光伏发电项目的优势、劣势、机遇以及挑战进行分析，论证其开发价值和开发潜力[23]。奇兰博（Chirambo）研究能源利用与农业发展的促进作用，强调利用太阳能结合农业灌溉既能助力实现农村电气化，又能提升农业生产效率，能达到减轻贫困、促进发展并减少环境影响的作用[24]。盖尔（Geall）和沈（Shen）以青藏高原边远牧民较多的青海省贵南县，从政策落实和施行、所涉利益群体和地域实际情况 3 个方面对光伏扶贫项目理论价值和实践建议进行分析[25]。李（Li）、张（Zhang）和王（Wang）等学者对光伏扶贫项目发展现状、相关支持政策、代表性业务模型进行综合分析，得出结果：补贴延迟，基础设施不足，光伏设备质量低下等障碍极大制约了项目的发展[26]。乔希（Joshi）和纳拉亚南（Narayanan）从电网可承受性、运行维护技术及多层利益相关方伙伴关系 3 个方面对印度政府资助72个贫困片区农村家庭筹建离网型太阳能光伏电站的可行性进行讨论，并解析可采取的策略[27]。

（2）目前国外对扶贫开发投融资及收益分配机制的研究已日趋成熟，可为光伏扶贫项目机理剖析、利益相关方关系及目标诉求分析提供参考材料。萨梅尔（Samer）、卡马尔（Qamar）和哈南（Khanam）等学者结合马来西亚，巴基斯坦和孟加拉国三国的扶贫开发情况，针对性选用分层随机抽样、二进制逻辑回归和减贫测度指数论证小额信贷在推动项目落实中的重要作用[28-30]。随后，索瓦库尔（Sovacool）从运行机理、受众人数、装机情况和最终效果 4 个方面对斯里兰卡和印度尼西亚的太阳能家庭计划进行逐一对比，分析结果表明：良好的投融资策略和科学的资金结构能够保障项目的推进[31]。张（Zhang）、许（Xu）和周（Zhou）等利用动态博弈模型对政府独资、政府资助加贫困户贷款、政府资助加企业融资 3 种金融模式的扶贫收益和减贫幅度进行对比分析，以期探索出高收益的融资模式[32]。亚达夫（Yadav）、戴维斯（Davies）和阿布杜拉（Abdullah）通过对印度地区的政府主体、国家农业发展银行、地区农村合作社、光伏安装企业和贫困农村家庭 5个方面的考量，从融资渠道的角度探究如何利用扶贫补贴促进农村光伏电站建设，实现能源结构转型[33]。许（Xu）、张（Zhang）和史（Shi）结合光伏扶贫政策特点，从利益相关方视角，构建"政府—企业—贫困户"三方进化博弈模型，考察了项目在推行过程中遇到的阻碍、冲突和挑战，探索优化改进的投融资策略及分配机制研究[34]。艾拉斯-阿尔梅达（Eras-Almeida）、费尔南德斯（Fernández）等以拉丁美洲贫困区域获取电力服务困难为出发点，结合主流商业模式探讨，提出国家应如何施行干预政策、企业应如何实现高收益参与等相关策略[35]。

（3）国外针对光伏扶贫项目成效评估主要以数据包络分析为主，辅以数学统计模型测算，可为以收益为目标导向的光伏扶贫项目规划方案优选提供思路。葛（Ge）、袁（Yuan）和胡（Hu）等基于时空变化特征通过构建贝叶斯模型计算中国扶贫项目绩效情况，并指出扶贫重点为深度贫困的西部地区[36]。随后，王（Wang）、高（Gao）和李（Li）从项目投融资、开发过程、产出情况及带来的影响 4 个维度构建光伏扶贫项目绩效评估体系，以河北省张家口市具体的项目数据，辅以主成分分析方法，进行相关性处理和绩效分析[37]。库玛·M.（Kumar M.）和库玛·A.（Kumar A.）对比分析不同模式下光伏扶贫技术原理和发电系统的数学模型，可以为光伏扶贫项目性能比、容量利用率、㶲效率等参数的计算和发电性能退化过程模拟分析提供技术支持[38]。吴（Wu）、柯（Ke）和张（Zhang）等以装机容量、人力资源和光资源条件为投入要素，以年发电量和帮扶人数作为产出要素，结合皮尔逊相关系数、超效率分析技术、重抽样数据包络模型和 Tobit 回归模型对光伏扶贫项目效率进行测算和影响要素分析[39]。李（Li）、张（Zhang）和王（Wang）等学者利用多元代理复杂网络模型对光伏扶贫项目社会及经济效应进行模拟，创新性地从项目直接经济效益和社会声誉效益两大层面进行收益分析[40]。张（Zhang）、许（Xu）和吴（Wu）等通过自然资源、经济条件、生产能力、收入水平、社会保障和教育分配 6 个维度对 30 个光伏扶贫试点 2014—2016 年的统计数据进行综合分析，探索光伏扶贫管理策略[41]。王（Wang）、李（Li）和刘（Liu）等通过调研安徽、山西、河南、湖北等 8 个省级行政区的光伏扶贫项目，基于数据包络分析模型构建"规模报酬可变—超效率—灰色关联"三层综合分析模型，结合投入产出数据测算项目投产对农村贫困发生率和用电率变化的影响及其效率[42]。

1.2.2 实施区域优选方法研究现状

实施区域优选本质是政府投资工程的区位选择，解决在潜在用地确定哪些为合适区域、在何处建设收益更优的问题。由于实施区域优选所涉及的经济、社会、环境等因素，既包括可供测算的定量标准也涵盖基于经验和偏好分析的定性准则，因此，实施区域优选隶属于多属性决策方法应用板块。按照方法作用机理、对象和用途，可将常涉及的优选技术分为三类：模糊信息处理方法、定权方法和属性集结及排序方法。

（1）变量属性在数据采集和转换过程中易发生信息丢失，进而削弱实施区域优选评估的准确性和有效性，因此，国内外学者纷纷针对模糊信息处理展开研究。国内研究的模糊处理模型偏重方法的改进和算数创新，试图尽可能地采用多维度数据形式进行信息收集，呈现模糊数多样性和强算术化的特点。张强锋、吕红霞和杨宇翔考虑政府投资项目效果评价中存在的信息不确定性及模糊性，采用三角模糊数对指标的语义值进行处理[43]。高建伟、郭奉佳和张儒昊针对主观评判指标属性的不确定性和复杂性，引入直觉模糊数对电力工程项目中决策者的支持、反对和犹豫进行体现[44]。丛旭辉、郭树荣和王小钰等学者在非经营性政府投资工程多项目优选决策问题中引入云模型，借助云发生器及不确定性推理关系确定决策指标值[45]。刘吉成、韦秋霜和黄骏杰等针对协同决策中指标的定性特点，采用区间二型模糊数进行指标值的描述[46]。张文宇、杨风霞和樊海燕等弥补模糊术语集与表达习惯不符的不足，在政府投资项目的评价中引入双层犹豫模糊语言术语集来描述复杂的评价信息[47]。潘华、薛强中和梁作放等将二元语义应用于电力工程建设项目的评价问题，以弥补指标信息在处理过程中的失真与损失[48]。而国外研究则更强调模糊数的适用性和易用性，主要以三角模糊数、梯形模糊数、直觉模糊数等简单型模糊数为主。泰兰（Taylan）、巴菲尔（Bafail）和阿布杜拉（Abdulaal）等学者基于项目风险具有不确定性和模糊性的认知，明确使用精确的数字将导致信息损失，而模糊概念的应用可以尽可能保留专家语言信息[49]。阿米亚瓦（Ameyaw）和陈（Chan）利用模糊集理论有效地表达公私合营供水项目评估中模糊的、概率的或不精确的专家知识或决策信息，提高了评估科学性[50]。程（Cheng）和卢（Lu）结合专家咨询建议，采用简单模糊集对管道施工项目风险评价中的发生概率、严重性和检测概率等不确定性和不精确性数据进行处理和汇总，提高了风险识别的精准度[51]。为了更准确地评估建设项目风险的严重性，萨满特拉（Samantra）、达塔（Datta）和马哈帕特拉（Mahapatra）通过梯形模糊数处理施工项目因素的主观性并反映其不确定性特征，有效缓解了评估信息失真问题[52]。马德里格斯（Rodríguez）、奥尔特加（Ortega）和康塞普西翁（Concepción）等人利用直觉模糊集探索信息技术项目管理的最佳方案必选问题，解决了决策中不确定性和犹豫度引起的信息损失和优选失灵[53]。由此，兼具模糊概念测度和犹豫程度计量的直觉模糊数及其拓展形式既能较全面地反映数据的真实形态，又具有良好的易用性，可用以支持实施区域优选问题的信息采集工作。

（2）在定权方法方面，国内外研究步调相对一致，均朝着组合赋权方向研究。根据定权原则可以将赋权方法划分为主观型和客观型。主观定权法主要强调指标间的逻辑重要性，即基于各标准间逻辑关系的重要性排序，一般包括层次分析法及其延伸、最优最劣法（BWM）、决策与评估实验室分析法（DEMATEL）等赋权方法。卢特拉（Luthra）、戈文丹（Govindan）和卡南（Kannan）等在确定了 22 个可持续的供应商选择标准并将其分为经济、环境和社会 3 个维度之后，采用层次分析法对准则进行配对比较，成功地得到了准则权重向量[54]。为了清楚分析决策问题的实质内容和影响要素，帕克希（Parkouhi）和加迪科莱（Ghadikolaei）将相关要素分解为一个合理的四维网络层次，从而确定出 12 个评估准则及其相应的子准则标准，并利用网络层次分析法进行权重测算[55]。杨庆、尤欣赏和张再生针对人才评价中备选方案较多的特点采用 BWM 法进行权重向量的确定，在保证测算精度的同时有效减少了层次分析法带来的计算复杂度[56]。客观定权法主要用以评估准则属性的数学特征和决策贡献度，即根据各准则的信息量进行重要度排序，通常用熵权法、变异系数和基于准则间相关性定权分析法（CRITIC）来衡量。潘丹和罗帆从五个维度进行工程建设项目的安全评价，根据熵权法计算各个维度的权重[57]。卡恩（Khan）、库西-萨蓬（Kusi-Sarpong）和阿尔欣（Arhin）利用模糊香农熵确定供应商可持续性绩效评价中的可持续性标准权重[58]。卡利（Cali）和巴拉曼（Balaman）更是在此基础上利用决策信息矩阵的熵值测度和加权距离法相结合，从而确定出专家打分集和准则指标集的客观权重大小[59]。上述各类赋权方法各有其优缺点和适用性，因此，学者们开始将重心置于组合赋权方法研究中。宋（Song）、许（Xu）和刘（Liu）在面向目标的网络层次结构的基础上，同时考虑了决策问题评估指标之间的复杂相互影响关系，提出了一种结合层次分析和 DEMATEL 法的权重确定方法[60]。章光、武晓炜和胡少华等学者也应用计算简便的层次分析法确定工程建设评价中的指标权重，并引入考虑指标间相互影响的 DEMATEL 法对其改进，从而提高权重向量的精确度[61]。刘宏和孙浩在分析公私合营项目的风险因素的影响程度时，通过引入网络分析法比较准则的相对重要性来对 DEMATEL 法进行改进，弥补其视各指标为相同权重的缺陷[62]。戴桂林、林春宇和付秀梅等兼顾了指标的逻辑重要性和决策贡献度，结合主观层次分析法和客观熵权法确定资源潜力评估决策问题中的权重向量[63]。赵书强和汤善发综合考虑主观评判信息和指标数据的客观信息，提出基于改进层次分析法和 CRITIC 法的新型权重计算方法，为赋权方法理论体系开辟了新的方向[64]。由此，BWM 法和 CRITIC 法分别作为较新型的主、客观赋权方法，具备较高的运算价值和测算效率。探究其组合模式及效用既符合目前赋权方法的主流趋势，兼顾了逻辑重要性和决策贡献度的考量，又能为当前决策方法理论体系开辟新研究思路。

（3）在信息集结及排序方法方面，国内外研究侧重点和研究优势略有差异。国内针对信息集结算子的研究成果较为突出，算子形式多样且计算规则丰富。杜玉琴考虑客观世界的不确定性和模糊性，提出了直觉不确定语言环境下的 Frank 算子，根据不同的参数选择进行信息融合[65]。何霞和刘卫锋提出了广义加权指数调和平均算子，通过罚函数进行优化，使得集成数据与结果之间的偏差尽可能小[66]。沈玲玲、庞晓冬和张倩等在模糊语言集中引入 Power 算子，解决多个语言术语的集结问题，得到可比较的概率语言术语集[67]。于倩、谭玲和沈荃考虑模糊术语集中不同位置具有不同权重的特点，提出了有序加权平均算子和有序加权几何算子[68]。王军、张润彤和朱晓敏定义了广义正交模糊决策环境中的 Maclaurin 对称平均算子，可反映信息集成时多个数据间的相关关系[69]。王露、易平涛和李伟伟等提出了密度加权算子，根据信息分布的疏密程度和模糊数质心排序指标值进行聚类[70]。而国外更倾向使用已嵌套适应算子的排序方法，如基于理想点排序法则采用平均算子。综观国内外决策方法研究，其排序方法较为多样，且各自的参照原则和运算方式也大有不同，目前大多数优选排序方法都是基于效用理论和决策者完全理性的假设提出的[71]。法拉普尔（Fallahpour）、奥鲁古（Olugu）和穆萨（Musa）等人根据理想化目标与有限评价对象属性之间的贴近度，使用理想点法计算出 10 个供应商在 46 个可持续性子准则下的排名次序[72]。阿瓦斯蒂（Awasthi）、戈维丹（GoviDand）和盖伊（Guy）基于折中思想，利用妥协折中排序技术（VIKOR），致力于最大化群体利益和最小化个人遗憾的协调均衡，以此提高优选排序的合理性，并提供决策者可以接受的妥协折中解决方案[73]。钟（Zhong）和姚（Yao）通过对决策问题所归纳的影响要素指标体系间建立一整套弱序关系，利用消除与选择综合评估技术

（ELECTRE）剔除表现较劣的决策对象，并逐步缩小备选范围，从而确定出最令决策者满意的方案[74]。克里山库马尔（Krishankumar）、拉维尚德兰（Ravichandran）和塞义德（Saeid）为了避免标准可补偿性对评估结果的影响，采用偏好顺序结构化评估技术（PROMETHEE）逐一进行两两比较，基于两种方案的优缺点获得方案间的相对优先关系，从而得到适用的优选排名关系[75]。然而，在现实生活中面对风险决策时，决策者往往表现出不同的风险偏好行为，如参考依赖和损失厌恶[76]，这与传统效用理论或"理性人"假设是不一致的。由此，信息集结的算子选用应与模糊数类型相匹配。同时，随着决策研究的深入，风险偏好等因素逐渐纳入研究对象，包含参照依赖和得失感知的风险决策模型更符合决策者的实际需求。

1.2.3　项目规划决策模型研究现状

工程规划决策的核心是数学模型及寻优算法，其原理是将工程规划过程中遇到的实际问题转化为可供求解的数学模型，在收敛速度、寻优精度和时间复杂度的要求下予以求解，形成非劣的规划方案集，并根据综合评估结果得出最优规划而指导决策。所设立的数学模型符合度、求解算法效率及优选模型科学性将直接影响到工程规划的成败。自"工程管理"概念产生的时候起，工程规划决策研究便已开始。根据研究过程和研究成果，目前的研究大致可以分为三类：①模型构建类，以适应性建模为出发点，对工程实际规划问题进行梳理分析、数学转化和定量测算；②算法优化类，为提高规划决策的求解效率和寻优精度，对已建数学规划模型的求解算法进行改进；③方案优选类，作用于工程最终规划决策阶段，在组合优化所得非劣解的基础上进行综合评估模型构建。

就国内研究而言，学术态势侧重于提升算法效率和模型精度，主要表现为以下方面。

（1）能源电力项目研究备受关注，其规划模型全面考虑时间、成本等各要素，重视电网侧反馈和系统稳定性诉求，可为本研究中项目组合优化数字建模提供参考素材。李逐云、雷霞和邱少引等考虑电源供应商、配电公司及用户侧的具体利益，提出以减少网损、提高电压质量、提高收益为基准的"源—网—荷"三层协调规划模型，以期保障电力生产可靠性和用户满意度[77]。随后，黄武靖、张宁和董瑞彪等考虑了"电—气—热—冷"多能源系统的运行特征和产输关系，以能量流动和资金投入为导向，以能量守恒、电气限制、功率要求、枢纽及电气网模型为约束，进行工业园区多能源系统规划建模[78]。紧接着，蒋建勋和袁圆计及环境效益测算函数，构建出以资金投入为约束、以"环境—经济—社会"为目标的电网项目投资规划模型[79]。高鹏、陈红坤和张光亚等学者更是基于风力发电源随机波动特性结合主动管理和需求响应理论，构建出年利润最大、削减成本及中断费用最小的双层机会约束模型，以确定模糊随机环境下电源侧规划方案[80]。郭宝宁、唐平和丁泉等专家也在综合分析光伏发电、风机出力、储能及柴油发电机等计算方法的基础上，以电功率平衡和电池输入输出限制为约束制定出成本追逐型微电网规划模型，并利用西藏尼玛微电网项目作为算例进行说明[81]。仇知、王蓓蓓和贲树俊等权衡区域能源系统的负荷需求、发电出力和价格波动等不确定性，提出测度机组规划容量和系统调度情况并使得年收益最高、惩罚成本最低的双层优化模型，以期指导规划决策[82]。

（2）秉持"黑猫白猫论"，支持各类优化算法并行发展，可为本研究中智能寻优算法的改进及应用奠定重要基础。明波、黄强和王义民等基于布谷鸟优化算法的莱特飞行和偏好浮动理论，创新性地引入动态概率和变异机制，以使其更好地服务于梯级水库调度规划寻优过程[83]。乌云娜、肖鑫利和宋宗耘等通过改进光强度和吸引特性提升萤火虫算法寻优效率，以提升政府投资项目群资源规划配置模型的准确性[84]。卢睿、李学伟和陈雍君针对铁路工程招投标过程中的企业遴选问题构建综合效益最大化的规划模型，并利用改进粒子群算法满意解搜索[85]。肖子雅和刘升利用精英策略、反向学习因子和黄金正弦函数对传统鲸鱼优化算法进行改进，以满足工程优化规划的要求[86]。石建平、李培生和刘国平等基于工程规划求解精度和解集非负要求改进果蝇优化算法的嗅觉探索、视觉探索、边界处理和约束处理，并利用机械设计制造工程实例加以佐证[87]。马国丰和张灵祉将成本、进度最优化设定为工程规划数学模型的目标函数，利用依赖结构矩阵、项目搭接理论作为优化因子对传统算法进行改进，以探寻工程进度最优规划方案[88]。

（3）规划方案优选研究主要采用综合评估手段，侧重降低评估的不确定程度和信息丢失，可为本研究中方案优选模型的构建和求解提供研究思路。朱玮和吴凤平利用模糊集理论对不确定信息进行表征、熵值理论对权重进行界定，进而构建出以格序理论为核心的规划方案比模型，以科学统筹市政工程建设规划[89]。王征和余顺坤利用区间中智集收集改进优劣排序结果与顺序结构评估法，从而对北京市防灾减灾工程规划方案进行优度评估，既良好反映决策信息模糊性又解决了指标补偿问题[90]。为了反馈评估的正反论据及其信息犹豫度，冶运涛、梁犁丽和曹引等基于水系连通项目的特点，将云模型理论和 Vague 评分函数结合构建出工程规划方案优选模型，并辅以浙北案例进行论证[91]。随后，邵国霞和曹政国利用三角模糊数对工程信息的不确定性进行处理，根据规划方案与正、负理想点的距离对排序择优，最终确定"曲阜—临沂"线高铁地基工程最优规划[92]。桑惠云、谢新连和王宝义 3 名学者更是考虑到决策者的有限理性作用及规划决策的科学性要求，将偏好函数与前景理论相结合模拟出建造工程规划方案比选情景及最优模式，更符合风险决策的实际情况[93]。肖帅、张岩和章德等从经济性、安全性和适应性 3 个维度利用 14 个指标对风力发电群项目规划方案测算，建立起以灰度分析和余弦排列为基础的规划方案优选模型，用以服务湖南省山地风电群项目开发工作[94]。

较之国内研究的学术态势，国外研究的学术格局学科界限分明，能源电力在工程技术板块占据重要地位，电源供给、输配电、用户需求三侧均衡发展，规划决策方法呈现出较强的应用针对性和模型集群性，更为侧重于方法的易扩展性和有效性，具体表现为以下方面。

（1）优化算法呈现多元化，遗传算法族系的寻优算法占据重要地位，遗传算法的通用性和易拓展性得到国外学者们的广泛认可，为本研究中的自适应非支配遗传算法的优化改进提供思路。蒙加塞米（Monghasemi）、尼库（Nikoo）和法塞（Fasaee）等基于"每个建设项目的规划阶段都有多个相互冲突的准则"的假定，结合推理证据方法构建改进的第二代非支配遗传算法，以求取公路建设工程规划案例的帕累托最优[95]。随后他们又利用证据推理改进传统遗传算法对项目调度规划进行演算，得出接近最优的项目进度规划方案，进而采用反馈谈判法协助决策者识别群体满意的规划策略[96]。佩雷斯（Pérez）、波萨达（Posada）和洛伦扎纳（Lorenzana）为了降低优化过程早熟，提高寻得全局最优的概率，引入了种群的多样性模拟技术，首次提出多模态遗传算法处理资源受限的多项目调度规划问题[97]。埃米尔（Amiri）、哈吉吉（Haghighi）和埃什泰哈迪安（Eshtehardian）等学者考虑到项目工期和成本波动的不一致性，结合关键链技术构建改进的非支配遗传算法元启发式模型，从而实现项目资源规划的"时间—成本"均衡[98]。李（Li）和许（Xu）基于资源分散的特性和"个体—整体"思路，利用智能混合遗传算法生成初始本地进度表，进而基于博弈的顺序协商机制来消除全局资源冲突，以实现最优规划[99]。查德（Chand）、辛格（Singh）和雷（Ray）等学者针对管理运筹学中常见的多技能资源受限项目调度问题进行解析，利用遗传规划作为上策略改进超启发式模型，以提高寻求可行解的精度和效率[100,101]。

（2）规划方案优选研究以"投入—产出"多要素数据包络分析技术为主要的效率测度工具，侧重于各项目方案的效率对比及分析，可为本研究中将公平与效率因子转化为可供运算的数字模型提供基础素材。左格拉菲杜（Zografidou）、彼德里迪斯（Petridis）和阿拉巴特齐斯（Arabatzis）等以电力生产，投资情况，运维成本和运营时间作为经济指标、以二氧化碳减排作为环境指标、以就业机会、失业率和产值作为社会指标利用 0-1 规划模型和数据包络分析进行希腊可再生能源生产网络规划设计效率进行测算和探索[102]。吴（Wu）、任（Ren）和王（Wang）等基于工程中建设阶段复杂的内生关系及信息化建设理念，通过测算效率值、投入冗余程度和产出充分性来评估规划建设的有效性[103]。张（Zhang）、孙（Sun）和黄（Huang）等结合清洁发展机制东道国与投资国在 1990—2015 年的面板数据，以能源效率和减排效率为测度依据评估项目投资规划的成效情况[104]。达达什（Dadashi）和米尔巴哈（Mirbaha）考虑到道路建设安全改进项目预期收益受碰撞修正系数、碰撞频率和项目成本的影响极大，且这 3 个因素具有强不确定性，利用蒙特卡洛模拟技术与数据包络分析模型对工程改进规划方案进行实际模拟和效率测算[105]。乌基尔（Oukil）和戈文达鲁里（Govindaluri）两名学者基于 25 组历史数据利用数据包络分析对项目建议书进行规划成熟度和效果排序，以避免实际项目费用超支、进度超期等问题[106]。托卢（Toloo）和米尔博卢基（Mirbolouki）考虑到资源的用量限制及非无限供应的特征，以人员、资金、设备和设施要素作为投入要素，利用单一线性数据包络模型测度各项提案效率[107]。

1.3 主要研究内容和技术路径

1.3.1 主要研究内容

根据研究背景和国内外最新动态可知，以政府为主导在光能条件适宜的贫困区域有序施行光伏扶贫项目，既能极大满足电量供给需求，推动能源结构优化转型,又能有效提升产业动能,防止事后返贫现象。然而,在项目实际推进的过程中也暴露出诸如侵占农林地、选址不良和规划不当等问题。目前,大多数光伏扶贫研究集中在投融资机制、并网问题和收益测算三大方面,对于实施区域优选、组合优化及规划方案优选模型研究匮乏;传统的光伏电站建设区域确定过程未将政府主导地位、政策引导作用和公平诉求等要素纳入考虑范围,在处理光伏扶贫项目相关问题上契合度不高,优选过程略显乏力。因此,本研究以光伏扶贫项目为研究对象,结合其社会公共性和发电经营性等基本特征,提出适用的数学模型和并辅以算例进行求解过程说明,以期为相关部门有序推进项目、缩短评估耗时、提高决策精度提供智力支持。本研究的主要内容如下。

(1)政策梳理及投资机理分析。本研究通过对光伏扶贫项目基本特征、利益相关方的目标诉求以及影响目标实现的关键问题进行综合分析,浏览并收集国务院扶贫开发领导小组办公室、国家能源局及各级省市相关政策,梳理其时序发展特征,明确考虑政策引导作用的可行性和必要性;基于政策引导作用,结合政府投资方、建设承包商、贫困受助人和社会监督方 4 个主体的基本组织架构和参与方式,以利益诉求为主线,从光伏扶贫项目建设类型和融资模式分析其投资机制,厘清各决策要素之间的作用关系,论证区域优选对于规划决策整体把控的重要价值,为后续模型构建研究提供基础。

(2)基于政策引导的区域优选指标体系。立足于投资者、承包商、受益人和社会公众等利益相关方的目标诉求,结合相关政策要求,从政府决策的角度提出"政策—风险—收益—反馈"的因素搜索闭环;

基于此，从政策引导、风险规避、收益追逐和公众反馈 4 个维度对区域优选所涉及的关键影响因素进行挖掘，通过概念定义、重复因素合并和冗余因素删减等操作，构建出政策引导下否决指标和优选指标双因素框架。其中，否决指标体系主要用来对不合规的实施区域进行剔除，优选指标体系为合格的实施区域进行优选排序。由此，可确保所建指标体系的全面性，更好地为优选决策研究提供服务。

（3）考虑决策者偏好的直觉模糊组合优选方法。考虑到决策信息的模糊性和犹豫度，为减少决策信息赋值过程的信息丢失，利用直觉模糊集作为定性因素评估值确定的重要尺度；接着，结合直觉模糊环境的特点，利用矩阵一致性判断规则和熵值测算公式对传统层次分析和熵权法进行适应性调整，并对赋权结果进行线性加成，由此形成主客观组合定权方法，从而确保权重测算结果既能反映指标的逻辑重要性，又能兼顾其对决策的信息贡献度；最后，为了反映直觉模糊环境下决策者的风险规避心理，利用直觉模糊距离测度公式对风险偏好交互式决策框架（TODIM）进行适应性拓展，使其在完成数据信息集结和优选结果排序的同时，能够更好地符合决策者的心理预期。由此，可形成一整套实施区域优选方法，用以识别潜在可实施区域，为后续规划决策创建材料元素集。

（4）考虑扶贫效果和容量约束的项目组合优化研究。传统的工程项目规划常建立在资金、人力、设备等资源约束的前提下，以追逐最低成本和最高收益作为优化目标。综合项目群管理理念和项目组合优化方法，同时考虑到光伏扶贫项目兼具扶贫功能和售电业务的特点，本研究拟建立起以政策引导、电网规范和容量限制为前提，以最低成本开销和最佳扶贫效果为目标函数的光伏扶贫多项目组合优化模型；通过对主流求解算法的计算过程和优缺点进行对比分析，明确遗传算法对于求解多目标问题的重要价值；基于传统遗传算法过早收敛且求解欠佳等问题，结合精英策略、非支配排序、拥挤度计算和自适应遗传算子对其进行改进，以期提高求解算法的运行效率和测算精度。

（5）基于公平与效率的规划方案优选模型构建。常规的工程项目规划实施因不具备政府投资的特性，往往只考虑项目效率问题。本研究从项目全生命周期和多方利益相关方双重视角探讨公平与效率的具体表征，识别出公平要素和效率要素，并转化为可供测算的公平因子和投入产出变量。为确保所选方案符合公平需求，结合设置的标杆方案，利用公平因子对方案基础集进行聚类初筛；为确保所选方案符合效率诉求，基于投入产出变量对初筛所得方案集进行效率测算；为提高测算精度，利用重抽样对数据包络模型进行小样本扩容和数据纠偏。由此，可综合分析出最优规划方案，以支持项目规划决策。

1.3.2　研究技术路线

本研究以光伏扶贫项目为研究对象，以发展现状、政策情况及相关研究动态为基础导向，兼顾政府投资、穷人受惠和公众满意，构建出"潜在区域精准识别—待建区域组合优化—组合规划方案优选"的研究主线。本研究的技术路线如图 1-2 所示。

（1）立足于政策推送、要闻报道、案例查阅和项目调研，对扶贫开发现状、发展趋势和存在的问题进行阐述，论证本研究的实践意义；

通过对国内外相关文献进行收集和综述处理，对相关研究学术动态进行解析，强调本研究的学术价值；对组织架构、项目建设类型及投融资模式进行分析，明确投资机理，强调实施区域优选研究的重要价值。

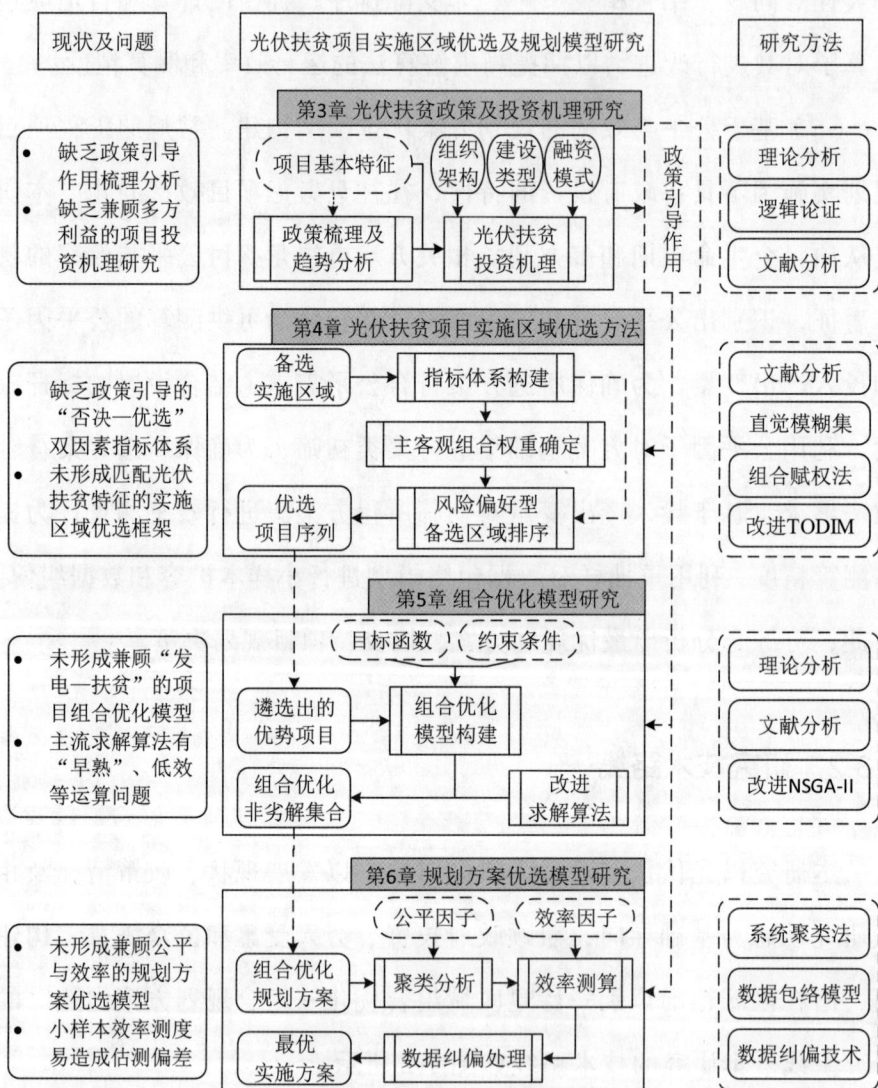

图 1-2　本研究的技术路线

（2）利用多维特征分析及要素识别技术，结合指标设立的基本原则，创建评估指标体系；为准确反映专家评估时把握程度和犹豫程度对结果的影响，利用改进的直觉模糊进行信息转化；为科学评估各指标的比重，采取主客观综合定权法进行赋权处理；为真实反映优值识别过程的有限理性和风险偏好，应用带参照依赖和损失规避心理特征的决策框架进行信息集结和排序处理。最终，形成一整套科学全面的实施区域优选方法。

（3）基于项目目标分析，构建"目标—约束"数学规划模型，以表征光伏扶贫的资源约束、并网限制、成本控制和扶贫效果追逐的特点；立足于已建的组合优化模型及其寻优求解的精度要求，引入自适应遗传算子对非支配遗传算法的交叉和变异概率进行优化改进，提升种群繁衍过程的动态性，避免过早收敛、求解欠佳和概率固化现象。

（4）面对组合优化结果的妥协性、非劣性和多种族性，利用政府投资项目所特有的公平因子改进效率分析模型，并结合数据纠偏技术，实现可行规划方案集的最优值确定，形成一整套具有强适应性和高准确度的多项目优化组合及规划方案优选模型。

1.4 主要创新点

结合本研究的研究内容和技术路线，可归纳出如下三点主要创新点。

（1）提出政策引导下光伏扶贫项目实施区域优选方法。目前关于指标体系构建的研究大多从经济、技术、社会和环境等多层面进行因素提取，这些指标提取层面具有一定的通用性，但其涉及范围过于宽广且与项目特征关联性不强，易造成指标提取困难、因素缺失或筛选偏颇等问题，进而影响决策准确性。不同于常规的指标提取过程，本文通过"政策引导—风险规避—利益追逐—公众反馈"4个目标维度进行因素挖掘，进而细分出否决指标集和优选指标集，可以提升因素指标的效率，使得所建指标体系更为科学全面；接着，利用直觉模糊集的矩阵一致性和熵值分布特征，对传统层次分析法和熵权法进行适应性调整，使得定权过程更能反映决策经验的模糊性与犹豫度，同时达到兼顾指标的逻辑重要性和决策贡献度的效果；最后，结合直觉模糊环境和决策者的风险规避心理，提出直觉模糊交互式优选排序框架，使得决策结果既能减少信息丢失，又能反映决策者偏好需求，从而提升决策方法的适用性。

（2）构建光伏扶贫项目组合优化模型并改进求解算法。目前主流的项目组合优化模型主要是以成本或收益最优为目标函数、以资源限制为约束条件而构建的，在处理光伏扶贫项目问题上略显不足：①未能很好地反映政策引导特征；②收益最大化并非光伏扶贫项目的核心目标。因此，不同于常规组合优化模型，本文以成本最低和扶贫效果最佳为目标函数，参照政策条例、资源限制和并网要求提取约束条件，从而构建多目标数学规划模型，从而提高模型的契合度。另外，针对传统遗传算法求解欠佳而非支配遗传算法概率固化的问题，本研究利用自适应遗传算子、非支配排序和精英策略对传统遗传算法进行调整和改进，避免求解过程陷入局部最优，从而提高算法的寻优精度和求解效率，可对智能算法知识体系进行丰富和补充。

（3）构建光伏扶贫项目规划方案优选模型并改进求解算法。目前规划方案优选模型研究主要立足于企业投资项目，是以效率测度为基准的，与光伏扶贫项目契合度不高：①难以反映政府投资项目在公平把控方面的诉求；②效率测算中变量设置未兼顾光伏扶贫发电和扶贫两大过程。不同于常规效率分析模型，本研究创新地引入公平因子对备选方案进行聚类初筛，识别公平表现欠佳的方案并予以剔除。同时，考虑到其社会公共性和发电经营性，设置具有高适应度的投入产出变量，使得测算结果满足决策需要。另外，考虑到小样本数据易引发效率值求解偏差，故采用重抽样纠偏技术对数据包络分析模型进行样本扩容和偏差调整，从而提高测算精度。

第 2 章
相关基础理论研究

    第 1 章已对光伏扶贫项目区域优选方法及模型研究的相关背景与研究意义进行了阐述，并以研究问题为导向，结合相关政策、时事要闻、文献综述和项目实例，明确了本研究的五大研究内容与核心技术路线。为了更好地服务于研究内容，本章首先对减贫相关理论进行整理和分析，旨在为第 3 章中的光伏扶贫项目特征和投资机理研究提供基础；随后，对风险决策相关理论进行探讨，明确不确定因素对决策方法的影响，旨在保证第 4 章所研究的区域优选方法能够贴合实际需求；最后，对数学规划模型进行研究，梳理出模型构建的基本过程、组合优化模型的特征及效率测度优选模型的拓展方向，旨在为第 5 章和第 6 章的模型构建提供理论支持。由此，可形成本章节大致的研究框架。

2.1　减贫相关理论

2.1.1　贫困的定义与划分标准

　　"贫困"一词是从人类社会诞生以来就一直存在的概念，如"无衣蔽体、无食果腹"的个人温饱问题，"财匮力尽、饿殍遍野"的民生困顿现象等。在《辞海》中，其释义为社会物质或精神生活贫乏。同时，它也是横亘在世界各国谋求社会发展的"拦路虎"。直至资本主义制度基本形成，英国学者们才首次将目光聚焦到贫困的研究中。随着研究的深入和时代的发展，贫困的概念和内涵也在不断丰富和完善，详见表 2-1[108]。

表 2-1　贫困的基本分类及其概念解析

基本概念	内涵解析	分类范畴
绝对贫困	收入水平难以维持生存资料消费，具有统一衡量数值衡量标准	物质贫困
相对贫困	较之其他社会成员，具有相对低下的经济实力或收入水平	物质贫困
能力贫困	因知识水平受限或境界不足而缺乏实现美好生活向往的能力	精神贫困
主观贫困	因心理认知偏差或价值观障碍导致常规性决策失灵或短视现象	精神贫困
权利贫困	由社会分配不均或政治制度不完善而导致部分权利丧失的情况	精神贫困
制度贫困	由政策制度不完备或不适应引发的生产动力不足等生活困境	精神贫困
移民贫困	特指移民后难以与当地文化接洽、经济兼容而引发生活困境	精神贫困

续表

基本概念	内涵解析	分类范畴
多维贫困	兼顾教育、经济、科技和制度等多要素的全方位贫困界定标准	综合贫困

纵观贫困理论研究史，比较主流的划分标准可概括为三类。

（1）以贫困成因为标准的物质贫困与精神贫困。早期的贫困理论是以物质缺乏程度为划分依据，主要认为：当家庭收入水平难以维系各家庭成员最基础的食物摄入需求时，即购买力难以满足基本生存需要时，则列为贫困家庭[109]。基于此论断，中国政府在 1986 年通过"每个国人每天生存基本能量消耗值为 2 100 大卡"的基本假设，辅以消费结构分析，制定出年收入 206 元的贫困标准线。随后，根据物价变化水平和购买力的具体情况逐年微调，到 2010 年上调为每人每年 2 300元。同时，随着时代的进步，以"贫困文化论"为划分依据的精神贫困理论也崭露头角。该理论主要认为：落后的文化资本和思想格局致使精神贫困，从而限制人的思维模式、价值观和社会认可度。目前，以收入差距为基础的贫富论得到广泛支持，而在发展中国家也主要以解决物质贫困为主基调，设法通过教育和科技提升精神文明建设水平。

（2）以购买力为标准的绝对贫困和相对贫困。根据世界银行的定义，个人收入应能满足维持基本生存的需要，否则则为穷人。基于此论断，世界银行结合购买力平价计算结果于 2015 年将国际贫困线由每人每天 1.25 美元提升至 1.9 美元。同时，中国于 2008 年将绝对贫困线和低收入线合并成统一的扶贫标准，到 2016 年折合约为每人每年 3 000元。若个人年收入值低于此标准线，则说明其购买力难以支付生存需要，被定为绝对贫困人口。而相对贫困，则是建立在人们可以满足基本生存需要，表现为社会贫富差距、收入不均、发展不平衡不充分等现象，也将会是 2020 年全面建成小康社会后的研究重点和热点。

（3）以点片特征为标准的个体贫困和区域贫困。个体贫困是扶贫开发的细节任务，也是精准扶贫概念的重要基础。利用家庭或个人收入情况与生活成本进行对比，可以论证个体是否处于贫困状态，是否需要帮扶。但是，若某片地区由于内部特质协同、功能互补或行政区划等原因形成地域区块，且该地区在现行贫困标准下贫困发生率较高、经济基础薄弱且科技落后，则视为区域贫困。以国家级贫困县为例，政府部门重点对区域人口比例，人均纯收入和人均产值进行考察和认定。而"三区三州"深度贫困区域也将是 2020 年克贫攻坚的主体对象。

2.1.2 社会主义贫困理论内在逻辑

社会主义贫困理论作为马克思主义的重要组成元素，历经了数代人的践行和拓展，逐步演化成为可用来指导扶贫开发的中国特色社会主义贫困理论。马克思基于"底本批判"原则指出，工人阶级贫困的根本原因是资本主义制度的压榨下的劳动异化；恩格斯认为，贫困是由土地公有制解体带来的分配不均和阶级分化；列宁强调，资本主义致使无产阶级的贫困；毛泽东根据国家制度和生产力情况分析得出，经济落后、工业化程度低是造成国家贫困的本质原因；邓小平称"贫困不是社会主义"，明确社会主义制度与贫困的存在没有逻辑关系；江泽民将解决贫困人口生存问题视为社会主义制度的优越性表现；胡锦涛认为，扶贫开发既是历史任务也是构建社会主义和谐社会的关键；习近平强调，扶贫要落到实处、精准到位，消灭绝对贫困是全面建成小康社会的必由之路。纵观社会主义贫困理论的发展历程，可以总结出贫困发生的主要逻辑，如图 2-1 所示。

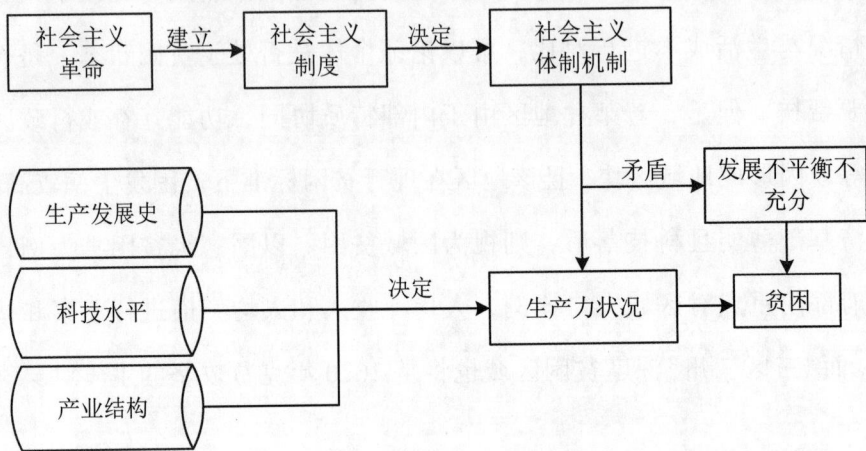

图 2-1　社会主义制度下贫困发生逻辑图

由此，生产力状况与社会主义制度先进性的匹配是造成贫困的关键原因。中华人民共和国成立以来，国家领导人先后制定"大力发展生产力""以经济建设为中心"和"改革开放"等重要方针政策，以期推动经济发展。邓小平在国际会谈时强调，社会主义就是要消除贫穷；习近平在调研重点贫困地区时再次重申，要坚定不移地解放和发展生产力，走共同富裕之路。历史的经验告诉我们，利用产业发展带动贫困区域脱贫致富是符合经济学原理和人文社会发展规律的，能从源头上解决贫困的产生，更好地展现社会主义制度优越性。

绿色发展和减少贫困是世界各国共同追逐的目标。2012 年联合国可持续发展大会重点讨论了如何充分发挥绿色经济在谋求发展和消除贫困中的作用。在消除贫困方面，据预计，到 2030 年全球农村地区的极度贫困率估计将达到 7.5%[110]。世界各国均在致力消除贫困，中国也做出了"到 2020 年末在现行标准下绝对贫困户全部脱贫摘帽"的承诺；在绿色发展方面，全球能源危机、环境变化等问题引起了全社会的高度关注，各国共同签订《巴黎协定》并承诺其节能减排目标。中国更是在"十三五"规划中明确指出要将经济发展模式向绿色化方向转变，并在社会主义建设中将生态文明发展放在突出位置。

绿色减贫是指根据扶贫开发基本路径，充分利用当地资源，寻求绿色发展和扶贫开发相结合的可持续模式，强调通过无污染生产的形式推动贫困地区产值和经济发展。中国以"绿水青山就是金山银山"为扶贫开发行动指南，围绕绿色扶贫模式和实践路径进行了深入探索，形成了两类典型特征。①创新利益联结机制，改善贫困户与投资者的作用关系，形成长效合作的互利共赢局面。具体表现为以地方龙头企业带动贫困区域产业发展，通过电商等渠道协调好利益分配关系，促使农产品宣传。②融合新技术，发展新型产业模式，充分发挥科技的生产力。具体表现为利用贫困区域良好的资源条件转化为可供支配的收入，革新区域生产模式，提高生产效率。以光伏扶贫工程为例，这一举措充分利用太阳能发电，既不产生污染物又循环可再生，符合绿色发展的理念；将电量上网收入作为帮扶资金，既缓解经济压力又持续帮扶贫困户，符合脱贫减贫的思想。

2.2 风险决策相关理论

2.2.1 风险决策的基本概念

风险决策是指决策者在分布已知规律可测的不确定信息环境下，依照特定的决策技术或理论对待评估对象进行判别和分析的过程。风险决策的过程一般包含五大要素，即不确定环境、问题描述、方法论、决策者和结果反馈，如图 2-2 所示。

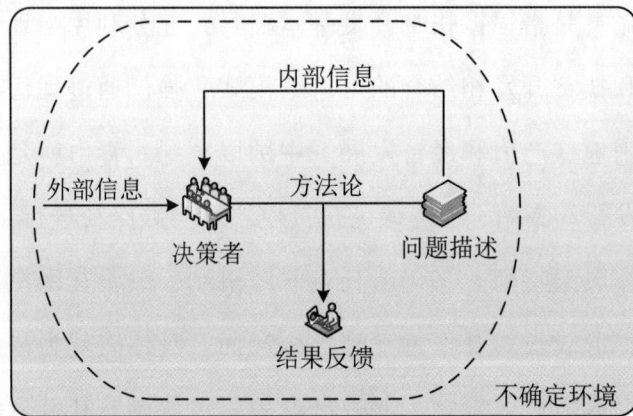

图 2-2　风险决策过程要素关系图

（1）不确定环境是指包含诸多风险因素的外界环境。目前，学术界对风险的概念界定标准不一。卡特（Carter）认为，风险是由于决策者对未来结果、预期成效及可能发生的事件的预测能力不足而造成损失的现象，理应从损失大小和发生概率两个维度进行测度[111]。而查普曼（Chapman）和沃德（Ward）创造性地从收益视角进行解读，提出：风险是由外界动态难测的因素引发，继而引起项目不幸损失或额外收

益的不确定现象[112]。就目前的研究而言，根据风险的作用机理和涉及
范围，风险定义可分类为广义内涵和狭义概念。其中，广义的风险定
义侧重研究信息不确定性，涉及得失损益等多方面；狭义的风险概念
则特指因预测或认知局限而造成决策失灵的情况。后者也是目前大多
项目风险决策的侧重点。

（2）问题描述是指确定风险评估的对象并按照其特点和需求构建
数学模型的全过程。与常规的确定性决策模型不同，风险决策侧重信
息的不确定性。风险决策建模过程需预测信息的分布或规律，因此，
决策者需要较强的信息处理能力。其中，信息知识作为建模的核心要
素，如何充分反映信息属性备受关注。从风险决策模型的角度来看，
其涵盖的信息知识常常具备如下特征：①可通过先验知识或经验判断
进行大致预测并获取预估概率；②受认知水平或数据公开的影响极大；
③其价值程度因决策者不同而呈现高低差异。因此，信息是筑建风险
和决策联系纽带的关键材料，其不确定性程度是引发风险的重要条件，
而决策者信息获取的提高将极大缓解风险的危害；信息更是将风险情
况纳入数学模型并支持决策的重要基础。信息、风险、风险决策三者
相互作用、相辅相成。

（3）方法论包括风险决策过程中处理信息的技术、集结数据的算
法以及策略分析的手段等。最早期的方法论研究集中探讨主观判断、
事实推理和规范论证遇到风险带来的不确定后果时，决策者采取各种
策略手段可能产生的结果，并以此为依据指导决策行为。由于数学科
学与决策行为的深入交融，以预估风险事件的自然概率为基础的建模
型风险决策方法诞生。传统的方法主要以期望值理论、贝叶斯决策、

效用准则等方法作为核心，探讨在自然条件不变的情况下利用测得的风险概率与预期损失或收益进行数学处理，依照数学期望或效用值进行决策评估。传统的理论过于依赖风险概率的估算精度而忽略决策者的风险偏好，易造成实际决策与预期效果的感知偏差，具有极大的局限性。目前，融合风险偏好特性的新一代风险决策方法体系已经落成，得到决策者的高度赞同。

（4）决策者是风险决策过程的发起者和服务者。决策者的价值观念和评估诉求将直接决定决策活动的方向，而其风险态度更是影响决策行为的关键指标。不同决策者面对风险因素时其偏好水平和反应态度各不相同，一般可分为风险偏好型、中立型和风险厌恶型三类。非中立型效用函数曲线如图 2-3 所示。风险偏好型决策者对于投资数额的增大呈现边际效用递增，即风险越大越易激发投资热情和获得感；中立型决策者是理性的，表现为对风险态势不偏不倚而采取逻辑估算，根据数学期望制定决策，在整个过程中效用感知不因投资数额的改变而变化；风险厌恶型决策者恰恰与风险偏好型决策理念是相反的，其效用函数曲线向上凸起，表现为随着投资数额的提高，边际效用递减。

（5）结果反馈包含决策结果和决策反馈两部分，主要解决"决策实施的效果如何""是否达到预期""如何进行改善"等总结性问题。决策结果主要由决策变量和结果状态构成。其中，决策变量主要是决策方案中涉及的因素、条目或关键节点等，而结果状态指的是施行决策后自然环境的更替或收益成效的变化。一般而言，采取不同的决策方案，其面对风险程度是有差异的，而其结果状态也是不同的。决策反馈是基于决策活动的延续性和恒久性而产生的。其中包含两层内涵：

决策过程并未达到某个节点就完成，需要不断调整，让其达到最优；决策者并非仅进行单项决策，还会涉及多项同类决策，应根据决策方案产生结果的不同而进行经验反馈，指导下一次决策实践的进行。

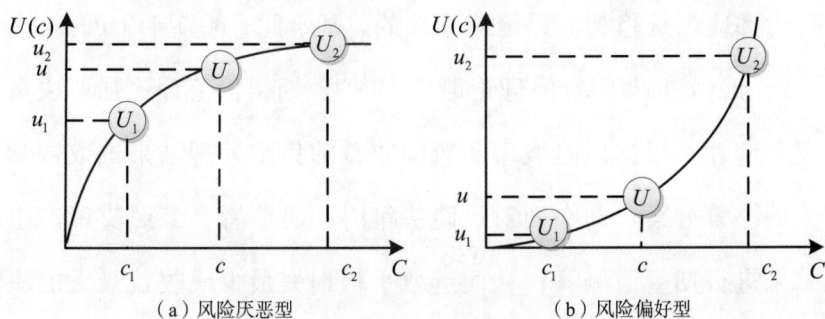

（a）风险厌恶型　　　　　　（b）风险偏好型

图 2-3　非中立型效用函数曲线图

2.2.2　关键理论及其演化路径

纵观风险决策研究史，其理论体系涵盖三大关键理论和两项重要悖论，分别为期望价值理论、期望效用理论、前景理论、圣彼得堡悖论和阿莱悖论，演化路径如图 2-4 所示。

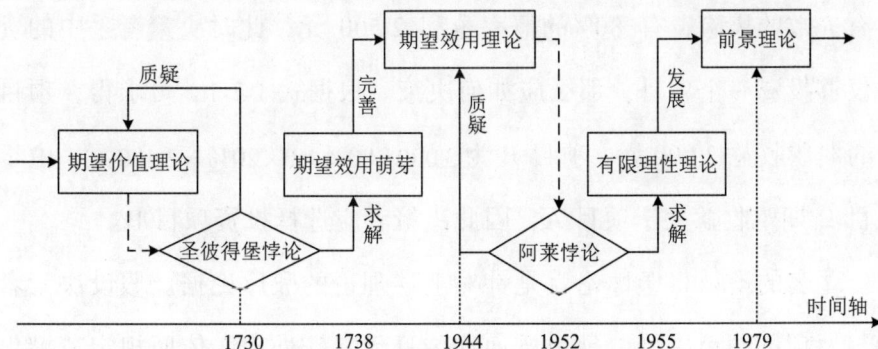

图 2-4　风险决策研究演化路径

1. 期望价值理论与圣彼得堡悖论

根据亚当斯密经济学说，决策者理应是"经济人"，将依循利己主义在自然环境和社会要求的限定下追逐利益最大化，所有涉及个体选择的行为都应该是趋利的且绝对理性的。基于此，帕斯卡（Pascal）和费马（Fermat）的期望价值理论诞生了[113]。期望价值理论强调决策者具备完全理性，根据风险概率和风险收益的集结处理结果选取数学期望较大的决策方案，即在面对风险决策时，决策者会参照决策产生的预期结果进行期望值测算，从而选取平均损失最少或收益最大的决策路径，具体计算如式（2-1）所示。

$$E(X) = \sum_{i=1}^{n} x_i p_i \qquad (2\text{-}1)$$

式中　$(x_1, x_2, \cdots, x_n)$ ——风险决策过程中各项概率事件的效益值；

　　　$(p_1, p_2, \cdots, p_n)$ ——风险决策各项概率事件的概率值，与效益值一一对应。

例如，项目 A 和项目 B 基本情况相似，起始投资额相同，唯一不同的是，投资项目 A 可直接获得 2 000 元的回报收入，而投资项目 B 具有失败的风险，有 80% 的概率盈利 2 500 元，此时决策者手中的资金仅够投资一个项目，那么应如何决策。根据式（2-1）可求得，项目 A 的期望收益 2 000 元，项目 B 为 $3\,000 \times 80\% + 0 \times 20\% = 2\,400$ 元，由于项目 B 期望收益大于项目 A，因此决策者应选择投资项目 B。

著名的圣彼得堡悖论就是针对上述理论的驳斥论据。假设决策者参与一项掷硬币决策，硬币质地均匀且无特殊处理，依照规定若掷出正面朝上则可额外再投掷一次，以此类推直至首次掷出反面朝上，游戏结束；记录游戏结束之时已透支的次数，记作 k 次，那么决策者可获得 2^k 元，那么决策者愿意花费多少金钱进行这项活动呢？根据硬币均匀特性可知，收入为 2 元的概率为 1/2，赢得 4 元的概率为 1/4……由期望值理论可得，期望收益为 $E(X)=2\times(1/2)+4\times(1/4)+\cdots+2^n\times(1/2)^n\to\infty$。然而，在实际操作过程中人们仅愿意支付有限的赌金，甚至超过 10 元的决策者屈指可数。传统的期望价值理论虽然易于操作和理解，但是难以解释上述成因，遭受了巨大的挑战，迫切需要进行调整。

对于上述悖论而言，其关键在于赢钱概率难以达到人们心中的触动点，赢得 16 元的概率为 1/16=0.0625，仅有 0.03 125 的概率赢取 32 元，而赢取数额越大其概率更是越来越小，因此出于理性认知，人们不愿花费大额金钱置于其上。

2. 期望效用理论与阿莱悖论

针对圣彼得堡悖论，丹尼尔·伯诺利创造性地引入了精神期望的概念，认为价值不等同于心理认知和效用感知。也就是说，同样价值的金币对于家徒四壁的穷人和腰缠万贯的富翁而言主观价值是不同的，所起的作用程度也是大相径庭的：对穷人可能是解决温饱的刚需而对富翁只是简单的金钱积累。丹尼尔学说强调心理感受是引导决策者行为的关键，若用 X 代表某项目或决策对象的价值，$u(x)$ 为基于价值的效用函数而 $u'(x)$ 为其增长速率，则有：①$u'(x)$ 恒大于 0，价值越大，效用越高；②随着价值的积累，心理的增益获得感下降，效用函数增长速率下降，即 $u''(x)$ 开始小于 0。虽然丹尼尔理论未切实解释圣彼得堡悖论及其成因，但其概念为后续期望效用理论的诞生奠定了基础。

在丹尼尔学说的基础上，诺依曼（Neumann）和摩根斯坦（Morgenstern）强调决策者皆为"理性人"，提出了以 VNM 效用函数为基础的期望效用理论，如式（2-2）所示[114]。在外界因素不确定的前提下，考虑决策者对价值判定的标准获得"价值—效用"函数关系，将风险概率和效用值集结后选取数学期望较大的方案作为决策指南。理论涉及的假设前提可归纳为四点：①决策方案共有的部分没有评估价值，决策者更关注决策方案集中相异的部分；②决策结果具有传递性，即当决策者认为方案 A 优于方案 B，方案 B 优于方案 C，则 A 不劣于 C；③决策者不会选取非占优方案，所选取的方案或在单个指标上具有弱占优性或在所有属性中强占优；④决策者对于同一个问题的决策结果不具有变化波动性。大体主要计算过程为，首先依照决策者价值标准获知其效用函数分布，接着根据风险特征分析预测各项决策的风险概率，随后根据期望计算公式测算各方案的期望效用，最后通过比较期望值大小做出决策。

$$U(X) = E[u(X)] = \sum_{i=1}^{n} u(x_i) p_i \qquad (2-2)$$

式中　$[u(x_1), u(x_2), \cdots, u(x_n)]$——风险决策过程中某项概率事件的效用值；

　　　$(p_1, p_2, \cdots, p_n)$——风险决策各项概率事件的概率值，与效用值一一对应。

例如，某决策者的效用函数为 $u(x) = \sqrt{x}, x \geq 0$，同样地，投资项目 A 可直接获得 2 000 元的回报收入，而投资项目 B 有 80%的概率盈利 3 000 元，有 20%的概率赔本无获利，那么可以求得 A 项目的投资效用

为 $\sqrt{2\,000} \approx 44.72$，B 项目的期望效用为 $\sqrt{3\,000} \times 80\% + \sqrt{0} \times 20\% \approx 43.82$，故与期望价值理论不同，在期望效用理论下将选择 A。

归纳上述分析可知，期望价值理论有三大内容：①决策者都是追逐效用最大化的结果；②决策者都是风险厌恶的，表征为效用函数应为凹函数，其二次导数恒小于 0；③决策者的效用基数是基于最终财富的整合。

著名的阿莱悖论就是对期望效用理论的驳斥与质疑。阿莱悖论中设置了两个模型，第一个模型中：决策方案 A 为即刻得到 100 万元，决策方案 B 是有 10% 的可能获得 500 万元，而 89% 的概率获得 100 万元；第二个模型中：决策方案 C 获得 100 万元的概率为 11%，决策方案 D 获得 500 万的可能性为 10%，其余未述情况为无获得的情形。经过对决策者行为调研可知，在模型一中人们更倾向选择方案 A，而在模型二中则选择方案 D。由期望效用理论和决策行为特征可得：$1 \times u(100) > 0.1 \times u(500) + 0.89 \times u(100) + 0.01 \times u(0)$ 、 $0.1 \times u(500) + 0.9 \times u(0) > 0.11 \times u(100) + 0.89 \times u(0)$。那么根据上述提及的剔除相同部分其决策判定不变的原则，将方案 A 和 B 同时剔除"获得 100 万的概率为 89%"的描述，则模型一满足 $0.1 \times u(500) + 0.9 \times u(0) < 0.11 \times u(100) + 0.89 \times u(0)$，而该变式无疑是相悖的。传统的期望效用理论无法解决这一问题，故而需要对该理论进行修正或拓展。

3. 前景理论及其拓展

除了阿莱悖论带来外，"决策者皆为风险厌恶"假定也遭到了质疑：

当面对损失固有损失时，决策者更期盼风险带来的损失减少。在期望效用理论的基础上，特沃斯基（Tversky）和卡尼曼（Kahneman）引入了不连续及非传递概念，基于损失和收益的偏好对决策行为进行总结和推广，提出了前景理论[115]。在前景理论中，风险决策全过程被分为编码和评估两个阶段，其中，编码阶段主要负责进行数据的搜集、梳理和归类，并基于此对风险事件进行信息编码、数字建模和知识占优分析；而评估阶段则是对不确定事件的价值和发生概率进行量度，并利用既定偏好函数进行测算，从而形成最终决策。

前景理论的核心内容可以概括为：①决策者既考虑价值的绝对量，更看重其相对增长量；②决策者厌恶影响收益前景的各类风险，而偏好于影响损失前景的风险因素；③决策者对收益和损失的价值取向是不同的，同样价值的损失较之收益对决策者产生效用影响更大；④已发生的风险结果会影响决策者的价值偏好。具体价值函数见式（2-3）[116]。

$$V(X) = \sum_{i=1}^{n} v(x_i)\pi(p_i) \tag{2-3}$$

式中　$[v(x_1), v(x_2), \cdots, v(x_n)]$——在风险影响下对某项概率事件的效用价值；

$[\pi(p_1), \pi(p_2), \cdots, \pi(p_n)]$——各项风险事件概率干扰下的决策影响权重。

根据理论的基本表述可得，①价值函数取值区间为全实数，基准点为原点，当取值为正则价值为正且表示获得，反之则价值为负而表现为失去；②面对收益则规避风险，表现为凹型曲线，面对失去则追逐风险，呈现凸型形象；③"失去"较之"获得"的风险感知更明显，损失曲线更为陡峭。一般而言，以原点作为尺度参考基准，$v(x_i) < 0$ 表征损失现象，$v(x_i) > 0$ 则反映收益情况，由此可得价值函数如图 2-5 所示。

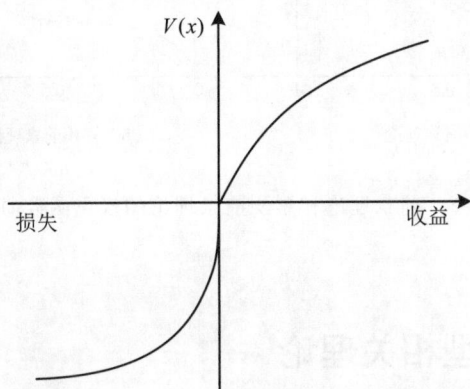

图 2-5　前景理论价值函数曲线

就前景理论的权重函数而言，也有如下特点：①决策者对于小概率事件的认知高于实际情况，而对于中高概率事件的评估远低于显示水准；②对于具有互补特性的决策事件，其决策权重加成低于确定性事件，此特点对阿莱悖论做出了有效解释；③在极小或极大概率处存在边际盲区，易造成评估失真。由此可得权重函数如图 2-6（a）所示。累积前景理论是针对前景理论难以解释极端小概率的事件的问题的改进与拓展，解释了传统理论中一阶随机占优矛盾的成因，利用四分模式更为细致对决策者的风险偏好态度进行划分，强调在小概率和中高概率时决策者的态度是截然不同的，更明确了价值和权重函数的指数取值范围，得到了较为广泛的认同。改进后的理论强调，决策者在面临尾部风险或极优决策时会赋予更大的权重，故改进后的权重函数曲线如图 2-6（b）所示。

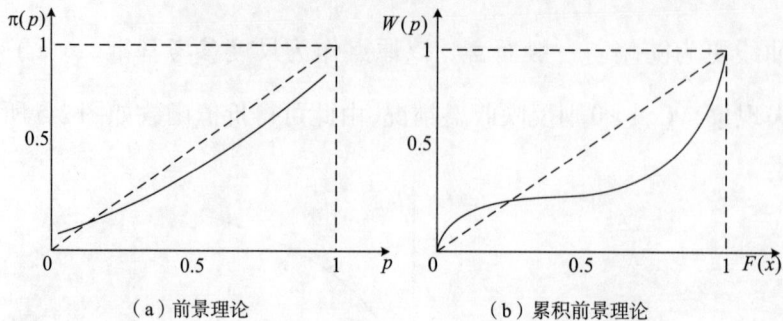

（a）前景理论　　　　　　　　　（b）累积前景理论

图 2-6　前景理论和累积前景理论的权重函数曲线

2.3　规划模型相关理论

2.3.1　数学规划模型的基本内涵

规划模型研究的基本理念是依赖变量、方程及运算公式构建出可运算的数学模型，其本质是为了应对决策优化问题，使资源得到充分配置、效率得到极大改善。为了深入探究数学规划模型的基本内涵，本小节从其基本要素、基本分类及关键概念三部分进行展开。

1. 基本要素

优化问题所涉及的三项核心要素为决策变量、目标函数及约束条件[117]。其中，决策变量指基于问题的背景描述所提取出的与决策直接相关的变量。此定义包含两项内容。①决策变量并非恒定不变的，而是与决策问题挂钩，因研究内容而异的。例如，探索产品价格优化问题时，产品售价可视作决策变量，而在研究产品生产量优化问题中产品售价并非决策变量。②决策变量隶属于变量范畴，在数值上呈现取值未定的状态，概念上与常量恰恰相反。举个例子，某企业打算生产两种产品，达到成本控制及收益优化的目的而进行数学建模，寻求最优的规划决策方案。在上述例子中虽然产品成本与预期售价与决策直接相关，但因其数值已知且恒定，故均为决策常量而非决策变量。目标函数指规划模型的价值取向，主要通过将决策变量和决策者目标诉求进行数学转化而形成。目标函数的设立直接反映决策者的切实诉求，明确决策过程的基调和方向，也对求解效率及结果可信度产生深远影响。同样地，在上述例子中若单纯以成本最低作为目标函数，可直接反映决策者在成本控制方面的诉求，但难以反映决策者的利益追逐诉求；而若同时以成本最低和收益最高作为目标函数，则价值反映更为全面，但又加大了求解复杂度。约束条件主要是指在决策过程中所涉变量的约束与限制，大多表现为资源约束，如资金、物料、人力等资源。由于资源的有限性，故而无法同时支持多任务或多线程的优化需求。随着实践的深入和管理理念的加强，约束条件的相关概念也得到补充，逐渐扩展到目标约束、技术约束和政策约束等，即：根据收益或生产目标设置最低限度，由于技术水平限制决策变量变化区间，基于政策引导与规范作用制定取值范围等。

2．基本分类

随着规划模型研究的深入，其概念划分及模型分类呈现出多元化的特征。不同类型规划模型的求解方式和适用情境也略有差别。①从决策变量来看，若某规划模型的决策变量在定义域中取值连续，则被称为数值优化模型，通常要求在一段连续的取值区间中确定出使得函数值最优的数值解。若该模型的决策变量呈现离散分布，且求解过程需对变量进行归类及排序，则视作组合优化模型。对于离散型决策变量，亦可按照其取值是否仅为整数或 0-1 变量，可进一步细分为整数规划模型和 0-1 规划模型。②从目标函数来看，若决策者仅设定一个优化目标，那么该模型称作单目标优化模型，求解结果往往可以得到单个局部最优值或全局最优值。而当决策者设置了两个及两个以上的目标函数，且各目标间相互干扰、诉求不一，那么该模型为多目标规划模型，最终往往会得到多组解集，且各解之间难以直观区分其优劣。多目标规划的目标维数越大，解集越丰富。③从约束条件来看，一般仅从有无进行判别，对于存在约束条件的规划模型则认作带约束数学规划模型，反之则为无约束数学规划模型。对于带约束的规划模型常转化为无约束状态进行计算。④从目标函数和约束条件的数学特征来看，仅存在线性函数关系的模型被称为线性规划，而存在至少一个非线性关系的则为非线性规划模型。

3. 关键概念

与规划模型求解效果直接挂钩的关键概念可分为寻优精度和时间复杂度两项测评指标。寻优精度特指规划模型求解结果的精确性。对于单目标最优化问题，若存在解集，那么其求解结果具有单一性，通过比对各种求解算法所得解的函数值可直接判定其寻优精度。而对于多目标协同规划问题，由于目标函数具有多维不一致性，故而解集呈现多样性，因此可以通过比对解集间是否存在绝对占优，或对多次测算所得解集进行统计性描述对照，进而分析其寻优精度。而全局最优和局部最优亦与寻优精度相关联的评估量，其中全局最优是整个求解问题中唯一的绝对优值，而局部最优则是求解问题中的某段定义域内的局部极值，可视作假性优值。由此可得，是否易陷于局部最优亦可作为判定寻优精度的重要标准。时间复杂度是指规划模型求解过程中的迭代耗时，主要用以判定求解效率。时间复杂度的计算通常是对于求解过程尤其是迭代过程进行细致梳理，并将其划分为若干个执行单元，并将其进行质点化。由此可将各执行单元的时间成本等同看待，并以 O 进行归纳，以此记录时间复杂度。故而，时间复杂度不等同于具体耗时。由于算法求解的具体耗时大小受到机器性能影响，时间复杂度的计算更为科学。

2.3.2　条件约束与组合优化模型

从数学描述来看，组合优化问题强调决策变量具有离散性，决策对象具有叠加价值，通过利用定量测算、筛选排序和目标优化的方法明确最终的决策解集，以此使得目标函数取值最优，其标准数学形式见式（2-4）[118]。

$$\min f(x)$$
$$\text{s.t.} \begin{cases} g_i(x) \leqslant 0 \\ h_j(x) = 0 \\ x \in D \end{cases} \qquad (2\text{-}4)$$

式中　$f(x)$——决策者依照研究背景而设定的目标函数；

　　　$g_i(x)$——决策问题中第 i 个与决策变量相关的不等关系；

　　　$h_j(x)$——决策问题中第 j 个与决策变量相关的相等关系；

　　　D——决策变量的取值范围，在组合优化问题中为有限个点的集合。

由此可知，组合优化问题的本质是从有限个点中找出使得目标函数取值最优的解。根据不同的组合结构及应用背景，组合优化可拓展为多种问题类型，常见的组合优化问题包括背包问题、旅行商问题、装箱问题、排序问题、网络流问题等。具体描述如下。

（1）0-1 背包问题是指给定一组已知重量和价值的物品[119]，每种物品选择 0 次或 1 次，在背包承重的限制内，使得背包内物品价值最高的组合优化问题，数学模型如下所示。在该模型中，若选择物品 i，则 $x_i = 1$，否则 $x_i = 0$。

$$\max \sum\nolimits_{i=1}^{n} p_i x_i$$
$$\text{s.t.} \begin{cases} \sum\nolimits_{i=1}^{n} w_i x_i \leqslant W \\ x_i \in \{0,1\} \end{cases} \quad (2\text{-}5)$$

式中　p_i——背包问题中物品 i 的价值；

　　　w_i——背包所装载的物品 i 的重量。

（2）旅行商问题本质上是寻求最短路径，是指旅行商经过多个地点且每个地点仅经过一次，并回到最初起点的最短路径选择问题，旅行商问题的数学模型如下所示[120]。在该模型中，若旅行商从地点 i 去地点 j，则 $x_{ij} = 1$，否则 $x_{ij} = 0$。

$$\min \sum_{i \in V} \sum_{j \in V} x_{ij} d_{ij}$$

$$\text{s.t.} \begin{cases} \sum_{i \in V} x_{ij} = 1 \\ \sum_{i \in V} x_{ip} - \sum_{j \in V} x_{pj} = 0 \\ \sum_{i \in S} \sum_{j \in S} x_{ij} \leqslant |S| - 1, \forall S \subseteq N, S \neq \varnothing \\ x_{ij} \in \{0,1\}, \forall i \in V, j \in V, i \neq j \end{cases} \quad (2\text{-}6)$$

式中　D——旅行商问题所涉起点的集合；

　　　N——旅行商经过的 n 个地点的集合；

　　　V——数学代号，数值上等同于起点与所经地点集合的并集，即

　　　　　$N \cup D$；

　　　d_{ij}——地点 i 和 j 之间相隔的距离。

（3）装箱问题是指将一定数量的物品放入容量一定的多个箱子中，物品的自身特点造成无法每个箱子都充分利用，通过组合优化使得物品完全装入且使用的箱子数量最少，其数学模型如下所示[121]。在该模型中，B 表示箱子的集合，G 表示物品的集合，l_{ij}, w_{ij}, h_{ij} 分别表示放入箱子 i 的物品 j 的长宽高，若使用箱子 i，则 $x_i = 1$，否则 $x_i = 0$。

$$\min \sum_{i \in B} x_i$$

$$\text{s.t.} \begin{cases} \sum_{j=1}^{n} y_j = n \\ x_i \in \{0,1\}, \forall i \in B \\ y_j \in \{0,1\}, \forall j \in G \\ \sum_{j=1} l_{ij} \leqslant l_i, \sum_{j=1} w_{ij} \leqslant w_i, \sum_{j=1} h_{ij} \leqslant h_i \end{cases} \quad (2\text{-}7)$$

2.3.3　效率测度模型及其延展

效率测度是目前主流的优选模型的重要依托。为了充分反映政府

投资项目对公平与效率的均衡把控，故而，本小节在对效率测度基本概念与模型探究的基础上，引入公平相关理论分析，以期为效率测度模型的延展及后续章节的方法改进提供研究基础。

1. 效率测度基本概念

效率一词最早出现在物理学领域，用以描述驱动获得功转化成有用功的百分比情况。从管理学的角度来看，效率指组织或其成员进行事务活动的产出与投入的比值，即单位投入内产出越多则效率越高，或是单位产出内消耗投入量越少则效率越高。从社会发展的角度来看，效率指对某项既定目标的活动，其达到效果与付出情况的比较值。

对西方效率理论体系而言，帕累托效率论占据着不可比拟的关键地位。帕累托效率概念诞生之前，与功利主义相伴相生的经济福利标准论一直统治着西方经济世界，认为社会福利就是所有个体效用感知值的加和集成反映。它利用基数效用学说测度福利制度在穷人和富翁间的效率反馈。相比于旧时关注心里感知的效用测算方式，帕累托便提出了立足于价值中立，采取客观的手段进行福利制度效率评估，即：对于既定的福利分配标准，可通过模拟各种分配变动情况来观察最终每个人的福利获得量，若变动后福利量上升，则为更有效率的分配方式，这称为帕累托标准，也形成了最早期的资源分配效率方法原型。萨缪尔森随后在帕累托标准的基础上，提出了经济效率的概念，也就是在既定科技、经济等环境条件下，产品生产量及服务质量均得到提升，则说明具有经济效率。从生产的角度来看，效率评判标准就是在现有技术水平和产品投入的限定下所形成的生产可能性边界线[122]。根据萨缪尔森学说，未达到生产边界线的生产过程即为无效活动，这为后续的效率学说提供了生产前沿面的理论雏形。

一般而言，帕累托标准效率应满足生产、消费及交易均衡三大领域最优[123]。

（1）对生产领域而言，若有企业 A 和 B 同时具有生产要素 C 和 D，其中要素总量是既定的，而生产者希望通过要素交换使产量增大，达到效率提高的作用。当要素交换促使生产曲线达到生产前沿面时，则为生产领域帕累托最优，则有下式：

$$MRTS_{CD}^A = MRTS_{CD}^B = P_C / P_D = -dD / dC \qquad （2\text{-}8）$$

式中　　$MRTS_{CD}^A$——企业 A 利用生产要素 C 和 D 的边际技术替代率。

（2）对消费领域而言，若有消费者 X 和 Y 同时购买了一定量的产品 S 和 T，而他们希望通过产品交换达到效用增强、效率提高的作用，那么当且仅当二人的边际替代率数值相同时，则为消费领域帕累托最优。基于上述论述，可得下式：

$$MRS_{ST}^X = MRS_{ST}^Y = P_S / P_T = -dT / dS \qquad （2\text{-}9）$$

式中　　MRS_{ST}^X——消费者 X 购买产品 S 和 T 所获得的边际替代率。

（3）对交易领域而言，同样地，当消费者对产品的边际替代率恰好等于生产者生产产品的边际转换率时，存在交易领域的帕累托最优，那么可列得下式。

$$MRT_{ST} = MRS_{ST} = P_S / P_T \qquad （2\text{-}10）$$

式中　　MRT_{ST} ——对于交易物品 S 和 T 所测得的边际转换率。

虽然帕累托效率为科学决策提供了重要参考，但是却因其过度理想化而难以得到现实决策的认可。随着学者们研究的深入和规划理论的渗透，西方效率测算方法不断得到拓展和升华，目前已形成参数技术和非参数方法协同发展的格局[124]。参数技术以最小二乘法和最大似然估计为核心，以随机前沿方法测算模型为代表，通过设置正态分布的随机误差项，具有允许随机冲击的优势和测量误差，但仅仅适用于单投入单产出或多投入单产出效率的决策问题求解，且需提前规定好符合数学逻辑要求的生产函数，计算结果受预设函数影响极大，求解精度波动较大；而非参数方法则以数据包络模型为主导，其计算过程不需要定义出具体的生产函数，而是基于连接输入和输出的线性编程函数的进行数学估计和分析，在进行效率求解过程具有更高的容错性。由此，针对生产函数未知、生产前沿面未明、多投入多产出的效率评估问题，数据包络模型显然更具适用性。

对于马克思主义效率理论体系而言，马克思和恩格斯重点关注劳动实践和资源配置两个层面。劳动效率论指出在既定劳动量的前提下应设法缩短耗时，从而提高生产效率，而其根本动力在于科技实力的发展；资源配置论认为不同资源配置方式会产生不同的成效，同一资源按照较高效率的配置方式可得更优的收益，而其根本动力在于管理制度的发展。沿袭马克思恩格斯效率思想，毛泽东结合中华人民共和国成立初期生产力落后、亟待发展、百废待兴的国情，对农业、手工业和社会主义工商业实行社会主义改造，解放和发展生产力从而提高劳动效率。邓小平结合社会主义初级阶段的基本特征，继续扩大生产，通过改革开放国策进一步提高生产效率，并鼓励各项促进提高效率的分配方式及生产格局。习近平更是提出"经济发展本质上是对稀缺资源配置效率的测度，从生产的角度而言，应该使用尽可能少的资源投入来获取尽可能大的效益"的重要论述。

2. 效率测度与公平理念的关系

社会公平的理念现已渗透到社会的各个角落，影响人们的生产生活方式，也对决策行为起着重要的指导作用。要科学分析公平对于决策活动的价值及其引导作用，首要工作是明确其内涵和基本定义。现从多学科、多维度出发可对公平的基本内涵做如下归纳：

根据《辞海》释义可知，公平与公正概念相似，即人们参照社会地位、背景及权利、义务约束不偏倚地对某种现象进行主观评述，或是人们在道德和法规条文的指导下不带私人偏好地对待人和事。换言之，公平要求人们不因时间或地点的改变而更替评判尺度，做到不歧视、不偏倚，以同一标准进行事件决策。

纵观西方公平理论哲学研究史，可以将公平践行过程划分为起点、机会、规则和结果 4 个阶段。其中，起点公平是指人们进行社会活动的起始条件相当；机会公平是指面对如求职岗位等追逐目标每个人都拥有同概率的机会；过程公平是指各项社会活动理应遵循一定的规则或流程进行；结果公平则指代社会利益分配或价值获取的情况公正。而从研究角度和探索程度来看较为典型的理论有三项，分别是罗尔斯正义理论、诺齐克公平学说和德沃金资源平等理论，它们之间的关系如图 2-7 所示。

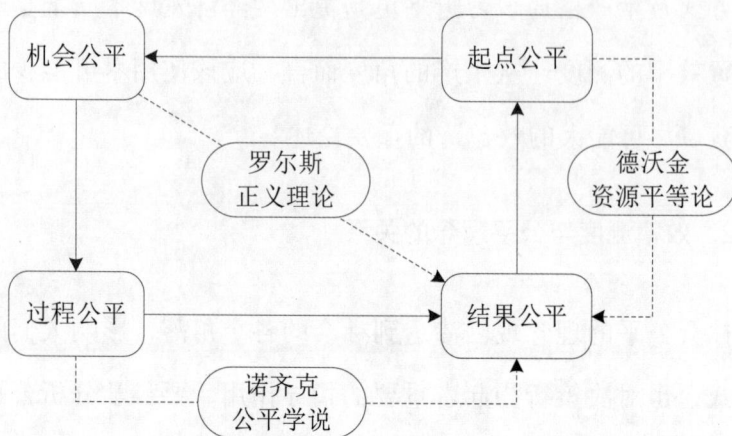

图 2-7　三大公平理论关系图

在罗尔斯正义理论提出之前，西方世界很长一段时间都沉浸在以"功利主义"为主导的氛围中，一味强调社会总福利最大化，认为多数人福利的满足足以忽视少部分人利益分配的缺失。基于此现状，著名学者罗尔斯主张：社会中每个人都应受到公平对待，而不能冠以正义的名义去牺牲个别成员的利益；社会制度的制定，尤其是收入分配制度的确定，应该以公平正义原则为前提而非优先考虑效率性或逻辑性结果；每个人都可以在自由面前拥有最广泛的权力，且不应被区别对待；允许经济层面的不公平，但是必须让弱者获得更好的对待，即差别原则；保证所有职位对外招聘的一视同仁，即机会均等原则。诺齐克是典型的罗尔斯理论反对者，他声称：过度的个人权利会导致组织秩序混乱乃至社会运行机制受阻；只需保证遵循公正的程序即得到公正对待的结果，即过程公平。德沃金在前两人的学说基础上，探索公平问题的起源，提出在全人类进化史上所有不公平现象的最初原因皆因起始资源的不均等。由此，细分出以财富为代表的可转移有形资源及以先天生理条件为代表的无形资产两大类资源特征及其均等分配策略。

从马克思主义公平学说演化过程来看，大致形成了"马克思恩格斯公平理论—中国特色公平学说"的基本逻辑框架，由马克思和恩格斯结合社会主义理论对公平进行界定，并交由历代马克思主义践行者结合中国实际开拓出中国特色社会主义公平学说与实践。

马克思、恩格斯从社会哲学观的角度对公平做出如下定义。①在社会制度中，公平表现为对等的权利关系，批判了资本主义制度中存在雇佣者对受雇人的剥削与压榨，呈现典型的生产资料占有权利不对等状态。②公平是历史发展的产物，随着时代的变迁和社会的变革，其定义和认知也会发生革新，因而公平具有相对性。例如，"按劳分配"是突破了资本主义剥削的更为公平的分配方式，在此分配机制下所有劳动者可以根据其付出劳力的大小获得对应的报酬，然则，其背后却也会存在着诸如劳动能力不等、身体条件不均等问题。③生产资料所有制是保障社会公平的重要物质基础。也就是说，经济制度的核心是生产资料占有方式，亦是社会关系中人人平等的重要表征，而资本主义制度中分配不公平是由生产资料占有者不事生产、肆意分配造成的。④公平的水准和程度是由社会生产力决定的，即社会的经济结构，以及发展的充分性和均衡性将直接影响社会的公平价值判断，正如共产主义描绘的人人富足且得以全面发展、所需即可得的共同富裕蓝图必先建立在社会层次极大发展、物资条件极大丰富的前提下。

毛泽东继承了马克思公平学说关于"公平即解决生产资料归谁所有、如何分配"的论述，结合中华人民共和国成立之初土地归属问题，施行了土地革命。通过对农村土地的支配权、占有权和使用权进行回收，并依照均等原则进行再分配，既消灭封建土地剥削制度，解放了生产力，又实现了耕者有其田，极大调动劳动积极性。邓小平基于马克思公平学说中关于"公平相对性"的论述，结合中国生产力发展现状，提出坚持按劳分配原则，主张多劳多得，且强调不能受桎梏于平均主义，提倡让一部分人先富起来而后才带动后富群众，逐步实现共同富裕。胡锦涛根据中国实践将公平的概念归结为"权利平等、机会平等、规则平等、分配平等"，指出需切实维护社会公平正义。习近平将公平理论落实于帮扶贫困，缓解社会资源不均问题，指出到 2020 年后将再无绝对贫困。

本研究的研究对象是基于政府投资特性，故而着眼点应在政府对公平与效率关系。中华人民共和国成立 70 周年以来，生产力得到了极大的解放，人们也朝着美好生活稳步向前。其间，中国共产党对公平与效率的认知逐渐加深，公平与效率的关系权衡也进行了适应性的调整，先后历经了"公平优先→兼顾效率与公平→效率优先，兼顾公平→初次分配注重效率、再分配注重公平→处理好公平与效率关系，更加注重公平"的观念革新过程。根据决策者对公平与效率的重视及把握程度，大致可以归纳为三类理论。

（1）公平优先论。这项理论是基于"有失公平的现象会对效率产生极大影响"的论据而产生的。其基本内容包括：社会生活中每个人的起点、事件机会、活动过程和分配结果都应该是公正公平的，不因人的特异性和差别性而产生分歧或偏颇；指责市场的自由竞争机制与公平相悖，认为任何竞争均应予以制止。这类学说强调社会需要绝对的公平，和且大同的运作模式。然而，公平优先论过于理想化，没有考虑社会生产力的限制，有限的资源条件难以提供绝对公平活动的物质前提。再者，在社会亟须大力发展生产力的大前提下，绝对公平论难以调动劳动者的积极性，极大地制约了效率的提升。

（2）效率优先论。这项理论以经济效率为主导，强调需大力提倡自由竞争，反对政府以各种名义参与社会资源的分配。其基本内容包括：效率是实现公平的基础，自由竞争将极大带动经济效率的发展，政府不能干扰自由竞争市场；当社会经济效率达到一定程度时，其福利将慢慢惠及大众。然而，效率优先论倡导者只强调发展生产力的重要性，而忽略了自由市场将带来的无序、混乱及恶性竞争等现象。而且，从西方发达国家的社会发展实践证明，一味地追求效率并不能惠及部分劳苦大众而带来公平；巴西等发展中国家以效率优先为准则谋求经济发展，也暴露出诸如失业率急剧上升、贫富悬殊日益加重等社会问题。因此，效率先行而后实现公平的理念也是片面、不可取的。

（3）公平效率兼顾论。这项理论认为公平与效率是推动社会发展、文明进步的两个等值尺度，不存在先后践行次序，也不存在孰重孰轻的权衡，既不能一味寻求公平，也不能盲目地追逐效率，二者辩证统一，互利共生。从国家政策施行实践来看，"兼顾公平与效率"无疑是最符合社会和谐发展要求的观念，即在重视事件经济价值和效率的同时，又强调政府的干预和公平把控，有效实现公民权益维护和生产力发展的有效权衡。

上述三种理论对于特定历史时代的政府决策都有着重要的指导意义。结合当前中国经济发展的现状及社会公平的维护进程，中国共产党提出了"兼顾公平与效率，更加注重公平"的重要论述，也成为目前政府投资项目规划决策的重要原则。

2.4　本章小结

本章作为理论基础，主要从本研究的研究内容出发，梳理出相关基础理论并予以阐述，可为后续研究的机理研究、政策引导分析、实施区域及其规划方案优选提供基础素材和支撑性论据。

首先，本章针对贫困的基本内涵进行解析，明确贫困的定义及各时代学术界对其划分标准和区分原则，分析出目前主流的减贫措施是以解决物质贫困为主基调，并设法兼顾精神文明建设的。在贫困界定的基础上，通过分析提取社会主义贫困理论的共性和内在逻辑，明确减贫发展的关键路径，可知：绿色发展和减少贫困是世界各国共同追逐的目标，而光伏扶贫项目恰恰是绿色减贫理念的产物，具有极高的优越性。基于此，可为后续进行的光伏扶贫基本内涵分析及相关投资机理研究奠定基础。

其次，由于光伏扶贫项目实施区域优选过程涉及社会多方利益，涵盖众多的不确定因素，因而指标体系构建和优选方法的确定隶属于风险决策范畴。基于此认知，本章对风险决策的基本概念和关键理论进行梳理和特征分析，明确风险决策的关键过程包括不确定环境、问题描述、方法论、决策主体和结果反馈五大要素，而考虑风险规避心理的决策方法以前景理论为主体，能够有效应对现实决策中的圣彼得堡悖论和阿莱悖论，具有较高的应用价值，也可扩展使用到第 4 章的优选方法研究中。综合可得，风险决策相关理论可以提供风险规避处理的技术手段，为区域优选方法的拓展提供理论支撑。

最后，本章阐述了数学规划模型的基本内涵，并以此为导向探究组合优化模型的基本形式和构建过程，为第 5 章的组合优化模型构建提供参考；同时，考虑到光伏扶贫的社会公共性和发电经营性，那么其优选模型构建理应包含公平与效率双尺度。接着，通过阐述效率测度模型的基本概念、主流方法和关键模型，并引入公平理论对其进行延展，梳理中国政府对公平与效率关系的决策内涵。基于此，可为后文提取公平因子、确定并改进效率算法、权衡决策公平与优选效率提供依据。

第 3 章
政府投资光伏扶贫项目政策及投资机理

    第 2 章已对贫困的基本定义及内在逻辑进行了整理和分析，引出绿色减贫的基本理念和发展路径，进而明确光伏扶贫项目是中国在探索绿色减贫道路的一大创举，一方面，光伏扶贫充分利用太阳能发电，既不产生污染物又循环可再生，符合绿色发展的理念；另一方面，它将电量上网收入作为帮扶资金，既缓解财政压力又持续帮扶贫困户，符合脱贫减贫的思想。为合理分配公共资本和社会资源、实现政府高效科学投资，有必要在减贫理论的基础上进一步厘清光伏扶贫项目内涵与基本特征，剖析其在项目投资中的利益关系、目标诉求、关键要素及可存在的问题；然后，通过汇总分析光伏扶贫相关政策，梳理政策发展趋势，明确政策引导作用。通过比较政策引导下投资决策与现有投资决策的异同，明确考虑政策引导的可行性，为后续的方法及模型研究提供理论支撑；最后，基于政策引导作用，总结归纳现有光伏扶贫项目的利益相关方组织架构、建设类型及融资模式，明确本文的研究范围，为后文开展区域优选及其规划提供机理依托。

3.1　光伏扶贫项目基本内涵

随着小康社会建设进程的不断加快，"统筹城乡发展、缩小贫富差距、促进社会公平"成为时代的主旋律，精准扶贫工程应运而生。自 2014 年开展光伏扶贫项目试点工作以来，经过近 6 年发展，取得了显著的阶段性成果，在稳定带动贫困群众增收脱贫、有效保护生态环境、积极推动能源领域供给侧结构性改革等方面形成了"一举多得"的效果，一直受到国务院扶贫办和国家能源局的推崇。本小节从光伏扶贫项目的基本特征、投资目标和关键影响因素 3 个方面进行项目基本内涵梳理及分析，并明确政策因素的重要地位。

3.1.1　光伏扶贫项目的基本特征

政府投资光伏扶贫项目是指经政府审批且纳入国家光伏扶贫目录，由政府出资资助贫困地区，在具备太阳光照、用能消纳及建设土地等条件的地区建设光伏电站，用以支持建档立卡贫困户增收就业、精准脱贫。2014 年 10 月，国家能源局会同国务院扶贫开发领导小组办公室联合印发《关于实施光伏扶贫工程工作方案》（以下简称《方案》），启动光伏扶贫工程试点工作。《方案》指出，兼顾贫困户脱贫增收需求及各地电网建设现状，完整部署、统一规划，加强国家政策引导及扶持作用，利用政府补贴、农户出资、银行优贷、可再生能源基金、电网服务等多种形式，鼓励企业履行社会责任，通过捐资或捐赠设备等方式，协力解决分布式光伏发电设备及资金问题。在建设形式方面，率先开展户用光伏扶贫，在具备条件地区开展光伏农业扶贫和光伏电站扶贫。然而，随着光伏扶贫项目的推进，诸如"补贴电费结算不及时""电站建设质量不高""后期维护欠规范"等问题涌现，部分地方还出现了"一光了之"和"一哄而上"等乱象。2018 年 4 月，国家能源局会同国务院扶贫开发领导小组办公室紧急印发《光伏扶贫电站管理办法》（以下简称《办法》），以遏制建设乱象、提高扶贫效率。《办法》强调，光伏扶贫工程主要建设类型为村级电站；由各地政府出资建设，不得负债建设，企业不得投资入股、不得向银行借款；电站产权归村集体所有，发电收益形成村集体经济由村集体、贫困户按比例分配，村集体收益部分主要用以开展公益岗位扶贫、小型公益事业扶贫、奖励补助扶贫等。由此可得，光伏扶贫工程兼具政府主导性、整体规划性、政策导向性、社会公共性和经营效益性五大典型特征。

（1）政府主导性。从资金来源和主导单位来看，光伏扶贫工程是由政府财政性资金支持或借助政府信用担保银行优贷，同时由政府享有最高决策权和规划权，而在 2018 年出台《光伏扶贫电站管理办法》后，政府更是成为光伏扶贫项目唯一出资方；从建设工程项目生命周期，光伏扶贫工程无论是在项目前期决策阶段、工程建设阶段还是后期运行维护阶段，都受到政府的引导和支持，具体包括：组织筹办项目招投标、征收土地、资金拨付、实施许可、电量全额并网保障等。因此，光伏扶贫工程具有极强的政府主导性，需要明确项目建设投入资金的来源、规范编制决策计划、强化招投标管理和项目总体设计，换言之，政府规划决策的科学与否对光伏扶贫工程的成败起着关键性作用。

（2）整体规划性。一方面，光伏扶贫项目是一项惠及民生、福及社会的建设工程，因此，无论是在项目规划还是建设运营过程中都存在极高的要求，对于项目涉及的项目收益、投资风险、建设风险及政府信誉等方方面面都应该充分重视、认真考量、全面研究和仔细论证；另一方面，光伏扶贫项目是一项合理分配社会资源、先富带动后富、推动社会经济健康发展的精准扶贫工程，因此，需要对当地实施的必要性和迫切性进行全面论证，明确其实施规划是否与城市总体规划相冲突，厘清互补性工程与替代性工程的实施特点和运营经济性。总而言之，光伏扶贫工程作为一项政府投资决策项目，应结合工业建设、电网现状和负荷需求等城市总体发展规划，综合考虑项目经济效益和风险因素，通过比对互补性工程和替代性工程的项目属性，充分论证其建设价值。

（3）政策导向性。光伏扶贫项目属于典型的政府投资项目，它的投融资来源、项目规模、项目数量、收益分配等情况，均需由政府通过政策予以限定、规范、统筹和引导，并利用其强制力保障项目顺利实施和安全并网。根据全国光伏扶贫项目发展概况显示，光伏扶贫项目政策的主要颁发部门为国家能源局和国务院扶贫开发领导小组办公室。这两大国家部门通过综合分析当前项目发展可能面临的瓶颈和桎梏，结合项目推进的实际需要，联合发布总领性支持政策，保证外部环境的平稳有序。而后，各地政府基于总体纲领和决策部署，因地制宜，结合各地的具体情况，通过制定相关政策予以帮扶。

（4）社会公共性。光伏扶贫工程是一项基于帮扶贫困人口脱贫、降低区县贫困发生率、推动小康社会发展进程的社会公共项目。项目的作用对象是社会公众，而不是仅仅服务于某个人、某个单位或是企业。同时，光伏扶贫项目兼具了政府投资和政策引导的要素，建设资金来源于纳税人，而其建设和运营也将受到社会各界的广泛关注与监督。这类政府投资项目往往具有较高的准入门槛和相对垄断性，因政策支持或补贴机制使其行业竞争较低，收益较为稳定。与普通经营项目相比，光伏扶贫工程用的是纳税人的钱、受社会的监督，常常表现出高门槛、严要求、收益相对稳定、受社会关注等特点。

（5）经营效益性。由于光伏扶贫项目主要借助太阳能发电并网而获得持续的发电收入，并以其作为帮扶贫困户脱贫、扶持村集体经济建设的核心经济来源。因此，与常规的非经营性政府投资项目相比，光伏扶贫项目具有其特殊的经营效益性，其项目收益的高低直接影响项目目标的实现。在规划决策过程中，往往需要综合考虑实施区域光照资源条件、当地的用电负荷需求和电网建设情况，以估算项目的经济成本与预期收益；在建设过程中，要严控项目费用、进度与质量，争取项目建设成本不超过投资预算限定数额，保证施工建设进度；在运维过程中，设法减少运行维护成本，降低设备损耗。

综合上述分析，光伏扶贫项目具有政府把控、政策引导、规划要求高、公众监督等典型特征，同时兼备利益相关方多、涉及范围广、管控难度大、系统动态性强等特点，其决策过程是一项复杂的系统工程。考虑到投资决策是决策活动的首要环节，而实施区域优选又是投资决策的关键任务之一。因此，本节选取光伏扶贫项目实施区域及规划模型作为研究对象，综合考虑项目的总体规划要求和动态投资管控特征，基于政策引导、优化配置及公平效率理论对政府投资光伏扶贫项目实施区域优选及规划模型进行研究分析，以期提高项目决策效率和整体把控力度，为社会资源科学利用提供强有力的推手。

3.1.2　考虑利益相关方的项目目标

光伏扶贫项目属于社会公共型的政府投资项目，涉及多层次的利益相关方。虽然项目具有一定的政策强制性，但在实际的项目设计、建设和运营等过程中都应尽可能满足各层级项目相关方之间的诉求，规避各类利益风险从而避免不必要的纠纷和不满情绪。对项目投资者（各级政府）而言，要保障项目投资顺利开展并实现预期目标，需进行有效的利益相关方价值链分析，明确各方的需求，提取其关注要点、需求共性及目标特性，定立项目目标优先级，以明确多方目标冲突时如何协调与取舍，保证项目的规划得到高效落实与执行。根据相关方的项目定位、群体特征及目标共性，具体分析如下。

（1）投资者的项目目标。在光伏扶贫工程中，政府作为唯一投资方，是项目的最初发起人和规则制定者，在拥有总体规划、整体把控的权力的同时，也担负着精准化投资费用、保证项目进度与质量、接受公众监督的义务。有别于其他利益相关方，投资者需要全程参与到项目生命周期中，应具备整体战略的思维和把控全局的目光。作为项目资金的直接供给方，要求投资估算、设计概算和施工图预算足够精准，以确保项目成本稳定运行在可控范围之内；要求项目前期决策阶段充分考虑项目可能产生的风险，做到事前控制、尽早避免、及早反馈；要求综合考虑项目施工特点、工程复杂度及建设规模，科学选取项目管理模式，同时，要全面权衡竞标者的建设技术、行业认可度、项目经历、财务实力等因素，科学选取工程代建承包商，以保障项目进度和项目质量达到预期效果；要求探索"经济发展与环境可持续"的基本原则，保护地方生态多样性，避免建设用地侵占农田和林地的决策行为，同时也要充分论证并避免"返贫"现象，保证贫困地区切实脱贫。

（2）承包商的建设目标。承包商主要是指政府通过公开招标、邀请招标等公开流程所选取的具有设计安装及施工建设资质的工程建设单位。通常而言，光伏扶贫工程常以工程总承包模式进行，项目投资者经过资质考核、项目报价等权衡，与工程承包商签订总包合同。考虑到部分建设任务具有较强的专业要求，在取得项目投资者同意后，总承包单位按照建设任务功能及分类，基于主合同规定的工程范围、工程质量及相应的权利义务关系，将部分建设任务以合同分包的形式交予项目分包单位。在项目建设期中，承包商全权负责项目建设全过程的组织管理与施工建设，接受投资者的监督与审查，以保证最终项目费用、进度和质量均达到预期水平。而承包商有一个显著的特点，即工程建设单位不直接参与到工程的规划决策及运营管理中，对项目最终受益不负有责任。作为投资者与承包商的重要纽带，合同仅对施工单位提出费用、进度和质量等方面的要求。在既定成本、工期及质量等条件下，承包商更倾向工序简单、建设环境适宜、运输条件良好的项目。

（3）受益人的利益诉求。区别于常规的建设工程项目，光伏扶贫工程的受益方与投资方分属于不同的利益群体。在常规的建设工程项目中，项目的投资者往往就是工程的利益获得者，例如，中国华电集团有限公司于 2019 年 11 月斥资约 60 亿元开工建设首个海上风电项目福清海坛海峡海上风电工程，这项工程规划装机容量 300 兆瓦，建成后年发电量预计可达 10.58 亿千瓦时，投产发电收入将归于集团公司运营收益。对于光伏扶贫工程而言，项目受益人是一类特点鲜明的群体——他们均隶属于建卡立档贫困人群，生活地区较偏僻，受教育水平较低；他们对项目的要求较为纯粹，也极为迫切。项目受益人往往更关注项目带来的切实收益，即项目是否能正常运营并增加实际收入。多数贫困地区存在强信仰现象，作为辅助性诉求，贫困户更愿意项目在不与信仰冲突的地方开展建设。

（4）社会公众的项目诉求。社会公众是政府投资项目中的特定利益相关群体。就非政府投资的经营性项目而言，多数项目不涉及社会公民的切身利益，无论是投融资还是收益都直接与企业挂钩；少数项目会直接影响周围居民权益，如垃圾发电项目具有邻避效应、零件加工厂对周围居民造成噪声污染、高楼林立会造成光污染等。而就政府投资光伏扶贫工程而言，全社会的公众作为纳税人，是幕后投资群体，依法享有项目知情权、监督权和建议权。项目的整个投资过程包含了他们对于缩短贫富差距、实现共同富裕、追求美好生活的期许，以及全面建成小康社会、实现国富民强"中国梦"的美好愿景。社会公众期盼项目的决策规划流程做到科学有据，项目的资金投入及社会资源的分配做到合理有效。

综合上述分析可得，项目规划应能保证项目全寿命周期的有序开展，项目投资应符合能源总体规划与可持续发展的要求，项目审批应符合社会建设总体布局，项目设计应支撑费用、控制及质量三要素按规定落实与验收，项目总体决策应能代表最广大人民的根本利益。一言概之，其项目目标可概括为具有稳定可靠的项目收益和良好的环境可持续性、保证项目科学高效、高质量和低成本，尽可能满足各项目相关方的利益诉求。

3.1.3 影响目标实现的关键问题

上述项目目标的实现往往不是简单无阻碍的直线型活动，而是受到项目内部驱动作用力和外部动态环境效应共同影响的复杂系统过程。通过汇总整理相关文献，参考以往的项目案例，以项目目标为导向，列出可能导致项目失败的关键事件和重要节点，并探究如何在项目实施过程予以应对。依照事件活动的具体内涵，对其进行类别划分，得出政策、资源和技术三项关键问题，具体分析如下。

（1）政策型问题。政策型问题大抵与政府部门所颁布的规章条例相关的问题，具体包括以下 5 个方面。①核准迟滞与否。由于光伏扶贫项目的审批流程复杂，涉及部门多，且须填报一定量的相关材料，因此，项目申报的相关政策规范直接决定项目核准的效率，也表现为批准程序的透明度是否得到提高，有无成功建立项目核准绿色通道，审批部门有无扁平化，审批流程有无优化，是否存在重复填报的情况等。②征地落实情况。土地征用过程可能受到用地许可或村民抗议的阻碍，因此，土地征用的相关政策会影响到土地征用乃至项目建设进度。国家作为土地所有者，应保证土地转让平台的公正、公平和开放性，帮助中标承包商合法合规并取得规划建设用地许可等资格证明。同时，还应在土地调查规模，收益分配和补偿等方面做好现场调查和项目宣传，以减少当地村民的抗拒情绪。③招标机制完善度。与承包商不良行为呈负相关。招投标相关政策越完善，那么围标和串标等不合规行为将大大减少，从而提升中标承包商的质量。由此，政府需要完善招标机制，加强监管，例如为违法操纵行为建立举报投诉渠道，并设立专门的监管部门；完善违规者处罚条例，如可根据情节轻重，处以禁止投标和罚款等处罚，以使投标人树立"公平竞争和诚信投标"的理念。④发电补贴情况。目前光伏发电的核心收益来源依赖上网电价和补贴两部分，补贴政策的高低直接影响收入水平，因此，补贴政策也是影响光伏扶贫收益和成效的重要事件。⑤权责划分情况。光伏扶贫项目涉及组件安装、发电并网、维护及部件更替等多项任务，因此，与项目权责相关的政策规定越明确，那么其项目实施过程越可得到保障，可以有效解决后期无人运维乃至不知如何拆除回收的问题。

（2）资源型问题。资源型任务是指与内部资源及外部环境直接相关的事件。设法降低资源消耗量并提高资源获取量是项目合理配置、有序推进和目标实现的基础动力。考虑到光伏扶贫项目的特殊性，其资源型任务大致涵盖如下 5 个方面。①资金筹措及融资情况。一方面，绝大多数农村贫困人口无法负担光伏发电项目的前期成本，且因其低收入、无等价固定资产等问题，他们也无力向商业银行提供抵押担保；另一方面，贫困区域往往偏远且欠发达，当地电网架构薄弱，发电经营难以得到保障，故而亦难以吸引企业投资，因此在光伏扶贫项目探索期，引入公私合营模式拟减轻政府的财政负担，吸引社会资本，从而达到改变"单一融资渠道和困难融资"的困境。②建设期资源消耗及工期控制。为控制这种风险，设计院应准确估算工程量并最终确定设计细节，以减少需求变更的可能性。此外，一支经验丰富的施工队伍和科学的成本管理系统可以成功控制项目成本。加强材料采购管理，选择经济合格的材料可以节省成本。③运营阶段并网电价问题。考虑到光伏扶贫项目的具体实施情况，政府可通过宏观调控政策，以防止电价出现异常波动，保证项目25年运行期的平稳收益。同时，国家电网公司也应该建立独立的输配电电价体系。④运维期质量保障及成本控制问题。采用先进的发电设备可以确保发电效率并降低组件故障率，但会增加资金负担，如何权衡高效运行和成本控制成为现今的研究热点。⑤光照资源及发电保障。为保障光照资源充足度，在进行项目规划建设前期应做好充分的勘测及区域比选工作。发电量是否达到理想数值，直接决定了所获得资源量的多寡，故而，系统设计人员在安装光伏系统时应参考当地的规划设计光伏模块的最佳倾斜角度予以安装，而政府部门应鼓励匿名检举不合规的建筑，并加强监督和管理，防止新建建筑的倾轧建设红线而对光伏面板造成遮挡。

（3）技术型问题。技术型问题主要指需通过技术革新或管理创新来缓解或消除的发展障碍。结合光伏扶贫项目的发电与扶贫特性，可归纳为如下 5 个方面。①如何应对恶劣气候条件。恶劣气候会对项目造成部件损坏或影响系统发电性能，由此，在管理层面，保险机构应提供综合运营保险，可以有效减少由自然因素（如表面裂缝、地面沉降、塌陷、突然的山体滑坡、泥石流、闪电、雨水、风暴、龙卷风、洪水和水灾）造成的经济损失；在生产层面，光伏模块设计应以尽可能降低恶劣气候影响为标准。例如，在暴风雪地区，光伏组件应通过 IEC 61215 要求的相关测试，这意味着它们具有承受冰雹和大风等极端天气的能力。②可行性研究和设计技术。根据文献[125]，为提高项目设计的有效性和科学性，可在设计阶段提高建筑信息模型软件的利用率，以便准确地获取早期建筑信息并提前发现设计缺陷。③物料供应和安装方面的问题。一方面，由于不合理的生产流程或过时的建筑技术，可能会出现"供应不及时""光伏零件不合格"和"建筑缺陷"等问题[126]，因此，供应商可通过革新物料生产技术来达到提高组件质量水平的目的；另一方面，政府部门可牵头收集以前项目中安装缺陷的信息（包括位置，原因和相应的处理技术），并进一步建立缺陷数据库，以使施工团队获得经验减少安装缺陷。同时，施工单位应根据安装细节和突发情况制定合理的时间表。当进度出现差异时，项目经理应进行科学调整。④运行及维护技术。如果系统运维人员缺乏运行前必要培训，则有可能造成频繁的深度放电，从而引发电池失效、寿命降低乃至系统故障等问题[127]，大大提高了项目的运维成本。另外，缺乏更换备用电池的经验会增加维护难度。而在并网方面，贫困地区电网建设相对落后，因此国家电网公司应通过支持性政策或资金对当地电网进行大修，优化和精简，利用技术创新减少"短路电流"或"不合格的电能质量"造成的系统影响。⑤储能技术问题。由于太阳能具有不稳定、间歇性和不可控的特征，因此储能设备成为光伏发电系统的关键部分[128]。受目前的储能技术限制，铅酸电池具有储能效率低、环境腐蚀性强等问题，是系统的主要储能组件。由于光伏扶贫项目位于偏远地区，那里的电网薄弱甚至没有电力供应，因此，通常会推迟或取消并网批准。为了尽快使贫困家庭受益，一般都配备储能系统。由于储能技术进步的关键是材料和化学技术的突破，政府可设立专门的电池研究基金，并鼓励高等院校和研究机构发展相关学科并培养专业人才。

综合上述分析可知，政策型问题处于首要位置，覆盖项目实施的各个方面。就项目投资决策，尤其是区域优选及规划研究而言，政策引导是首要前提，而后再进行资源优化配置研究。因此，有必要结合项目基本内涵进行相关政策梳理研究。

3.2 结合项目内涵的相关政策分析

光伏扶贫项目是一项政策利好、惠及社会的政府投资工程，能够有效应对农村电力供给困难、缓解能源危机等能源供给与结构转变问题，对于促进社会经济和生态协调可持续发展、全面建成小康社会、实现国富民强和美好生活的愿景起着重要推手作用。为进一步厘清政策特征及作用，本节从政策颁布时序规律出发，识别关键条例，明确政策引导作用及分析其可行性。

3.2.1 基于时序规律的政策特征梳理

通过政府投资光伏扶贫项目基本内涵分析可知，光伏扶贫项目是一项政策性极强的政府投资项目，在实施推行过程中需要持续不断地完善规章制度，并确立与发展态势相匹配的相关引导政策，才能使其更好地服务于小康社会、社会主义现代化和"第二个百年目标"的建设进程。从项目作用来看，光伏扶贫既是扶贫工作的新途径，也是扩大光伏市场新领域的有效措施，有利于人民群众增收就业，有利于人民群众生活方式变革，具有明显的产业带动和社会效益，而其引导政策也呈现出逐步完善、逐步精准的特征。

2015 年以前常常被视作光伏扶贫工程的萌芽起始年，在政策上主要表现为目标初探与项目试点。2014 年 10 月，国家能源局、国务院扶贫开发领导小组办公室联合印发《关于实施光伏扶贫工程工作方案》，标志着光伏扶贫项目的正式启动；2015 年 3 月，国家能源局下发了《光伏扶贫试点实施方案编制大纲》和《关于 2015 年光伏发电建设实施方案的通知》，规划光伏扶贫试点省区为河北、山西、安徽、宁夏、青海和甘肃 6 个省份或自治区，并确定光伏扶贫试点县的配套光伏电站项目数量，为持续推进和完善光伏扶贫工作进展，和后续各地编制光伏扶贫实施方案提供参考依据。

2016 年是光伏扶贫项目管理模式及发展方向的探索年，在政策上表现为模式试错与方向纠偏。2016 年 3 月，国家能源局发布《关于印发 2016 年定点扶贫与对口支援工作要点的通知》和《国家能源局关于在能源领域积极推广政府和社会资本合作模式的通知》，要求加快清洁能源发展，扩大光伏扶贫实施范围，同时鼓励在光伏扶贫工程方面推广政府和社会资本合作模式，而央行等七部门也联合发布《关于金融助推脱贫攻坚的实施意见》，鼓励精准对接金融需求，努力让每一个符合条件的贫困人口都能按需求便捷获得贷款，缓解光伏扶贫工程融资压力；同年 3 月 23 日，国家发展和改革委员会颁布了《关于实施光伏发电扶贫工作的意见》，再次明确帮扶对象、扶贫模式、建设资金来源、运维管理者、并网和消纳"绿色通道"及收益分配管理等内容，其中，重点指出在中东部土地资源缺乏地区以村级光伏电站为主（含户用），而在西部和中部可建设适度规模集中式光伏电站，地方政府可整合产业扶贫和其他相关涉农资金，统筹解决光伏扶贫工程建设资金问题，政府筹措资金可折股量化给贫困村和贫困户，鼓励国有企业、民营企业积极参与光伏扶贫工程投资、建设和管理；同年 5 月，国家能源局和扶贫办联合下发《光伏扶贫实施方案编制大纲的通知》，进一步指导地方编制光伏扶贫实施方案，提高项目申报及核准效率，推进光伏扶贫工程建设，保障光伏扶贫项目有效落实。

2017 年是光伏扶贫项目细节划分及精细处理的一年，在政策上表现为法规条目更为细致，细节考虑更为全面。2017 年 2 月颁布的《2017 年能源工作指导意见》进一步优化光伏扶贫工程布局，优先支持村级扶贫电站建设，对于具备资金和电网接入条件的村级电站，装机规模不受限制。2017 年 6 月，习近平总书记在深度贫困地区脱贫攻坚座谈会上，强调"在具备光热条件的地方实施光伏扶贫，建设村级光伏电站，通过收益形成村集体经济，开展公益岗位扶贫、小型公益事业扶贫、奖励补助扶贫"，为做好光伏扶贫工作提供了遵循方针，指明了方向。同年 8 月，国家能源局、国务院扶贫办发布《关于"十三五"光伏扶贫计划编制有关事项的通知》，指出应精准识别扶贫对象，合理选择建设规模，各省（区、市）根据自身扶贫任务、电网接入条件、政府筹资条件确定光伏扶贫建设类型和规模，作为本地区光伏扶贫年度计划报送国家能源局；9 月，原国土资源部、国务院扶贫办、国家能源局联合印发《关于支持光伏扶贫和规范光伏发电产业用地的意见》，对深度贫困地区脱贫攻坚中建设的光伏发电项目，以及国家能源局、国务院扶贫办确定下达的全国村级光伏扶贫电站建设规模范围内的光伏发电项目的用地，予以政策支持，光伏方阵使用永久基本农田以外的农用地的，在不破坏农业生产条件的前提下，可不改变原用地性质；12 月，扶贫办发布了《村级光伏扶贫电站收益分配管理办法》的通知，对村级扶贫电站的产权及收益结转办法进行了规范，国家发改委公布《关于 2018 年光伏发电项目价格政策的通知》，明确村级扶贫电站标杆电价在 2018 年不予调降。

　　2018 年以后是初步稳定/爆发的年份，是全面贯彻党的十九大精神开局之年，是全面打赢脱贫攻坚战三年行动的第一年。2018 年 1 月，《关于上报光伏扶贫项目计划有关事项的通知》，规范项目计划申报和下达流程，明确政府投资光伏扶贫项目作用范围并规定项目上网电量应被全额收购；3 月，首批在光伏扶贫领域的国家标准颁布，包括《精准扶贫村级光伏电站技术导则》《精准扶贫村级光伏电站管理与评价导则》《村镇光伏发电站集群接入电网规划设计导则》和《村镇光伏发电站集群控制系统功能要求》；同时，国家能源局会同国务院扶贫开发领导小组办公室紧急印发《光伏扶贫电站管理办法》，突出坚持以目录形式进行项目管理、做好新老规定衔接更替工作、由省级政府负总责、保证"规划、设计、施工、验收、运维"五项概念的统一、不得负债建设等五项原则，确定扶贫对象、建设模式、资金筹措、收益分配等关键问题；12 月，财政部印发《财政部贯彻落实打赢脱贫攻坚战三年行动指导意见的实施方案》实化细化财政脱贫攻坚政策措施，规范光伏扶贫发展，强调对纳入补贴目录的项目优先拨付补助资金，国家能源局和国务院扶贫办联合印发《关于做好光伏扶贫电站验收评估工作的通知》，指出项目验收评估工作应包括电站建设质量、建设资金、运行维护、收益分配等内容。

综上，对国家政策层面而言，其政策倾向阶段性变化表现见表3-1。随着国家能源局和国务院扶贫办出台多项国家扶持、引导及规范政策，各级省、市政府纷纷结合本区域内生产总值、贫困人数、太阳能资源等实际情况，下发各类辅助性规范及补贴政策，以期保障光伏扶贫项目的健康有序发展，促进项目高效运营及决策。

表 3-1　光伏扶贫政策倾向阶段变化表

阶　段	年　份	政策特点	代表性政策
萌芽初探	2015 年以前	以项目试点为主导探索光伏扶贫的现实作用和推进可行性	《关于实施光伏扶贫工程工作方案》《光伏扶贫试点实施方案编制大纲》
积极探索	2016 年	以项目目标为导向进行投融资模式探索，保证其有序推进	《关于在能源领域积极推广政府和社会资本合作模式的通知》
平稳发展	2017 年	结合已投产项目运行结果进行细节分析，规范其发展态势	《关于支持光伏扶贫和规范光伏发电产业用地的意见》
成熟完善	2018 年以后	对历年项目存在的问题进行剖析，对必要概念进行重新界定	《村镇光伏发电站集群控制系统功能要求》《光伏扶贫电站管理办法》

作为光伏发电的一种特殊的发展形式，光伏扶贫项目可谓是得到

了国家不遗余力的支持，无论是在建设规模指标的分配方面，还是税务的减免、土地的征用等事务上都提供了极大的政策优惠。自 2013 年以来，国家以出台多项相关的引导政策，表 3-2 列举了部分相关政策的牵头发文部门、制定年份和政策分类等细节情况[129]。

表 3-2　光伏扶贫政策概要表

政策规定	颁布年份	发文部门	政策分类
关于促进光伏产业健康发展的若干建议	2013	国务院	有序发展
发挥价格杠杆作用促进光伏产业健康发展的通知	2013	能源局	有序发展
建立精准扶贫机制实施计划	2014	扶贫办	贫困识别
扶贫开发文件和卡建立程序	2014	能源局	贫困识别
关于进一步动员社会力量参与扶贫开发的意见	2014	国务院	项目融资
关于实施光伏扶贫工程工作方案	2014	能源局、扶贫办	项目试点
光伏扶贫试点实施方案编制大纲	2015	能源局	项目试点
关于 2015 年光伏发电建设实施方案的通知	2015	能源局	建设规划
关于在能源领域积极推广 PPP 模式的通知	2016	能源局	项目融资
关于金融助推脱贫攻坚的实施意见	2016	中央银行	项目融资
关于实施光伏发电扶贫工作的意见	2016	国务院	有序发展
光伏扶贫实施方案编制大纲的通知	2016	能源局、扶贫办	建设规划
关于"十三五"光伏扶贫计划编制有关事项的通知	2017	能源局、扶贫办	建设规划
关于支持光伏扶贫和规范光伏发电产业用地的意见	2017	原国土资源部	有序发展
村级光伏扶贫电站收益分配管理办法	2017	扶贫办	收益分配
关于 2018 年光伏发电项目价格政策的通知	2017	发改委	税收补贴
关于上报光伏扶贫项目计划有关事项的通知	2018	扶贫办	建设规划
光伏扶贫电站管理办法	2018	能源局	有序发展

3.2.2　基于政策特征的政策引导作用

自 2014 年开展光伏扶贫项目试点工作以来，经过近 6 年发展，取得了显著的阶段性成果，在稳定带动贫困群众增收脱贫、有效保护生态环境、积极推动能源领域供给侧结构性改革等方面形成了"一举多得"的效果，一直受到国务院扶贫办和国家能源局的推崇。而诺贝尔经济学奖获得者埃里克·马斯金也曾言，要真正解决贫困问题，必须要政府介入，给无技能工人赋能，赋予他们技能和工具进入劳动力市场，才能够真正解决贫困问题。政策作为政府介入的重要手段，直接影响项目的运转模式和实施效果。为此，结合政策特征及时序发展规律可得，实施区域优选及规划模型政策引导作用主要反映在其建设类型、融资模式及相关约束条件上。而政策引导作用作为本文研究的重要基础和前提条件，在其付诸应用之前需对其可行性进行探究。具体分析如下。

（1）政策引导作用可反映投资者的切实需求。相关政策法规是经由政府有关部门综合权衡多方利益，结合项目实施内外部环境，以期切实代表最广大人民根本利益，保证项目的施行与落实而制定的；而光伏扶贫项目的投资者亦为政府部门，旨在统筹城乡发展、缩小贫富差距、促进社会公平，加快小康社会及社会主义现代化建设进程，是一项惠及大众的举措。故而，二者具有同源性，考虑政策引导作用即为考虑投资者目标诉求。2014 年 10 月首次颁布的相关政策《关于实施光伏扶贫工程工作方案》显示，光伏扶贫项目的目标为减少贫困，扩大太阳能光伏市场，增加农村就业和收入，以及改变农村生活方式。

由此可知，遵循相关政策的引导进行区域优选及规划模型研究符合投资者"促使贫困地区切实脱贫，避免返贫现象"的诉求。

（2）政策引导作用规范区域优选及其规划过程。区域优选及其规划过程是投资决策阶段的关键环节，涉及因素众多且主观影响占比较大，内生关系错综复杂且步骤过程烦琐，故而需要利用相关政策进行引导并加以规范。为治理光伏扶贫项目投资的无序现象，保证项目的健康运维，一系列相关政策予以施行。《光伏扶贫电站管理办法》主要针对政策光伏扶贫项目在实施过程中可能引发的负债无力偿还、电站建设质量欠佳、补贴及收益拖欠、并网延迟及无人运维等问题进行应对和处理，进一步规范帮扶机制，界定合理的投融资和权责分配模式，明确项目建设的主要类型。又如《光伏发电站工程项目用地控制指标》中规定：光伏电站项目拟建区域禁止占用基本耕地，且对相关政策也对其用地标准有所声明。基于此，考虑政策引导作用也是规范光伏扶贫项目决策相关流程，促进其稳定有序推进及发展的重要保障。

（3）政策引导作用可明确方法及模型的具体参数。根据《关于实施光伏发电扶贫工作的意见》的有关规定，所建光伏扶贫项目需保证拟惠及贫困人口每年增收 3 000 元；《光伏扶贫电站管理办法》也指出所建的村级扶贫电站不应超过 300 千瓦，对于受惠的贫困户而言装机规模不应超过人均 5 千瓦的基本限制；同时更有对联村乃至投资数额等相关政策规范。而相关政策所规定的数值将作为项目决策的基准和约束，对于实施区域优选及组合优化模型构建都有着重要意义。基于此，考虑政策引导作用可以明确项目组合优化中关于容量限制的约束条件，厘清项目实际运行机制，进一步提高规划模型的适用性和科学性，保证优化结果满足实际决策需求。

综上所述，考虑政策引导作用可提高所建方法及模型的契合度和可用性。无论是投资机理还是优选方法或模型都需要以此为导向进行研究，才可保证所得成果落到实处。

3.3　政策引导下光伏扶贫项目投资机理研究

光伏发电因其清洁环保、安全可靠、循环可再生等特点，在应对能源危机、缓解环境问题等方面具有无可比拟的优势，受到了各级政府的高度支持和社会各界的广泛关注。整个光伏行业在近 10 年间享受着空前的发展机遇，以蓬勃的姿态光速发展，据统计数据显示，截至2018 年底，中国光伏装机总量达到 174.19 吉瓦，年复合增长率超过 73%，较之 2012 年的 6.5 吉瓦增长约 26 倍。而在光照资源较好的贫困地区因地制宜开展光伏扶贫项目建设，既符合精准扶贫、精准脱贫方略，又符合国家能源发展战略。本节针对项目的组织架构、建设类型和投融资模式 3 个方面对投资机理进行剖析与探究。

3.3.1　项目利益相关方的组织架构

从利益相关方层面出发，结合政策制定和落实的全过程，综合历年进展情况可知，光伏扶贫项目涉及的组织机构可以分为以投资和决策为核心任务的政府部门、辅助机构、负责安装光伏系统的承包单位和代表贫困户利益的村集体四大类。社会公众虽然作为监督方参与到项目实践中，但由于其不具有复杂的组织架构，故而不做细致讨论。

政府部门主要包括以能源发展规划为主营业务的国家能源局，以扶贫开发规划为要务的国务院扶贫开发领导小组办公室，以及各省市县的相关支持部门，如图 3-1 所示。就光伏项目申报、规划及建设而言，国家能源局核心业务是核准新能源发电建设规模，尤其是太阳能光伏装机总量，使其与能源发展规划相匹配；国务院扶贫办的特色业务是针对建档立卡的贫困户进行精准识别。两大部门相互协调、互为补充，共同为核准光伏扶贫项目申报材料技术及管理可行性，针对项目推行时暴露出的问题及时处理或纠偏，并以法令的形式进行规划和统筹。根据 2016 年罗田县部门分工来看，县发改局负责总承包施工和监理合同的编制，工程招投标事务与合同签订，项目的备案采集和记录，实施过程的总体监督与协调等，一整套与项目组织、协调、监督、评估和验收相关事宜；县级扶贫办负责确定受惠人及项目名录，并进行实地调研和摸底调查，保证贫困户落实在案，扶贫资金用到实处；县财政局将依照上报条目和预算进行统筹和拨付项目资金，享有对资金使用的监督权力；县地税及国税局明确项目税收情况及赋税相关政策的落实；县级国土资源局、环保局、林业局及城乡规划局根据项目用地和实施的项目报告进行核准和审批。

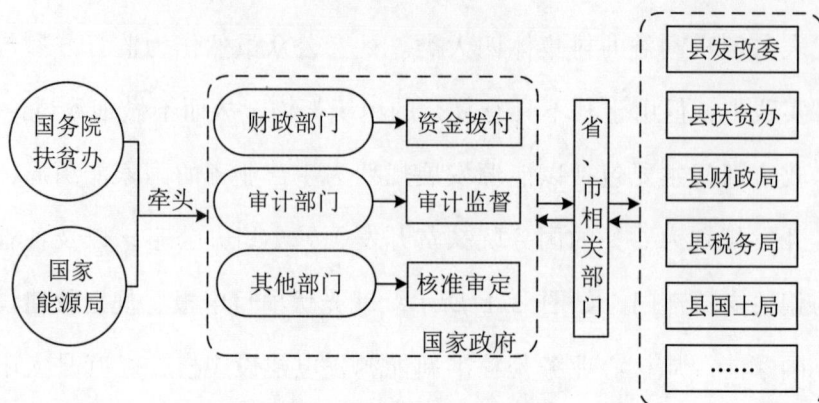

图 3-1　光伏扶贫项目相关政府部门运行图

　　辅助机构主要包括以输配电为主营业务的电网公司、以项目咨询和工程设计为主的设计研究院及各大金融机构，其各自的作用关系如图 3-2 所示。国家电网公司、南方电网公司及其下属的二级、三级单位等电网企业一方面要为政府相关部门编制项目计划提供技术支持，为项目并网运行及发电消纳制定应对措施，确定计划内的项目电量能够全额且顺利上网；另外，也需协助核准申报备案光伏扶贫项目的技术可行性，包括村级电站是否满足电能质量要求、建设方案是否满足最优倾角及排布、当地电网是否具备接纳扶贫电量的能力、接入系统计划书是否合理等。除此以外，电网公司还将承担改造架构落后、电线老旧、欠发达农村电网的职责。以国家开发银行、农村合作社、农业发展银行等为代表的金融机构需为光伏扶贫项目受助对象提供优惠乃至免息的贷款政策，以支持项目启动前的资金缺口，保障项目的资金到位和顺利开展。电力设计院及工程设计院作为工程咨询单位，将提供具体项目进行概况收集、目标确认、模式及实施路径分析、项目方案设计等内容编制与汇报，保证项目具体开展有序有理。

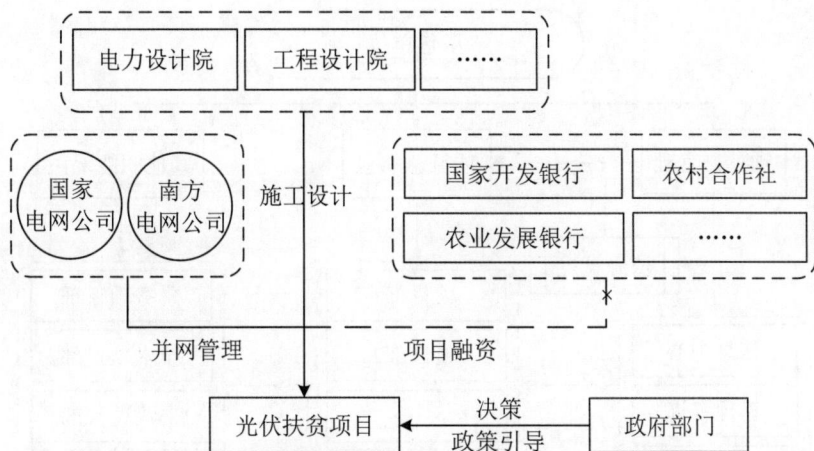

图 3-2　光伏扶贫项目相关辅助机构运行图

承包单位是指通过编制标书、提供报价参与到招投标过程中且成功中标承建的项目公司，如图 3-3 所示。一般而言，机构完善的承包单位会包括金融项目部、技术项目部、采购项目部、施工/建设项目部、资源调配项目部等。金融项目部主管财务支出，包括预算编制、花销凭证收录、成本收益分析、企业年报统计等。技术项目部中有两大业务分支，一方面是与设计院对接，负责项目设计相关事宜；另一方面是与信息化对接，负责系统平台构建、信息流的传递和业务数据的整合。采购项目部顾名思义即为项目物资采购及相关工程设备的租赁等，需光伏组件、逆变器、组装线等安装材料达到国家检测认证机构相关检测标准。施工项目部即对项目进行建设和实施，搭建成型可用的光伏系统，以保证其良好发电，同时需保证建设及运维人员具有足够的资质。资源调配项目部，是因项目群而产生的特殊部门，主要针对项目群间资源冲突的问题进行处理，保证项目资源在不与总体目标产生偏差的前提下物尽其用，达到最优资源分配的效果。

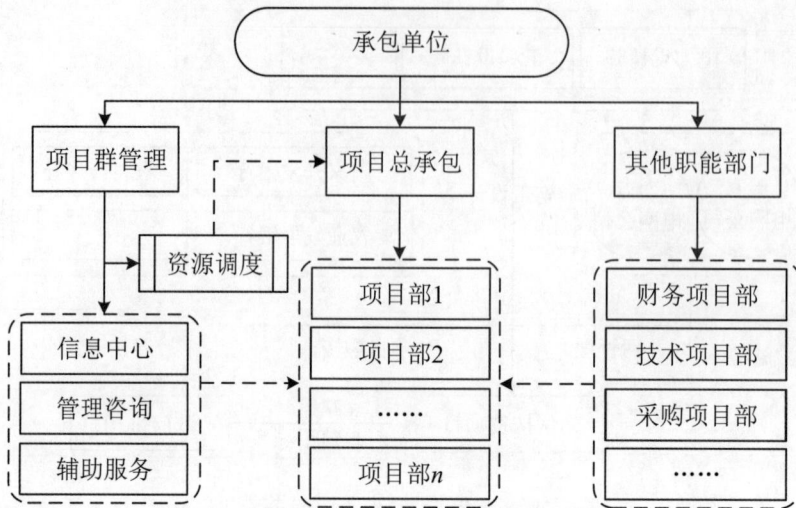

图 3-3 光伏扶贫项目承包单位架构图

村集体是针对村级电站运维而发挥效益分配和统筹价值的村落组织。不同于户用式、集中式或农光互补光伏扶贫项目,村级扶贫电站所形成的发电收益由村集体进行协调分配。除了额定标准 3 000 元/人的基本扶贫消耗外,富余发电收入由村集体统一持有并用以完善村落建设,促进村级经济发展。因而,村集体是村级光伏扶贫项目的重要权力机构。村集体涉及两个重要概念,村委会和村民大会。村委会作为服务村民、管理村落的基层单位,主要负责贫困人口数量的核实、贫困资助的公示、相关须知的宣传、项目进程的监督,以及部分项目推进事宜的上传下达;村民大会则是以全民参与为理念的会议,旨在征集村民意见和建议,推选村委会成员及光伏扶贫项目重要事项的公布等。

3.3.2 光伏扶贫项目的建设类型

光伏扶贫工程是由政府牵头拨付建设款项并规划实施的项目。从覆盖面来看，光伏扶贫项目是一项全国性工程，第一批光伏扶贫项目计划涵盖 14 个省（区）的建档立卡贫困户、预计建设 8 689 个村级光伏扶贫电站惠及约 236 个贫困县，第二批项目计划涉及 15 个省（区），预计建设 3 961 村级电站惠及 165 个贫困县；从项目性质来看，光伏扶贫工程可以理解成一个由省级政府按照本省贫困区县的具体情况制定建设规划方案并利用现代化管理手段及方法进行统筹管理的项目群。汇总统计 2015—2018 年已建成的项目可得，项目建设类型大体可以分为户用式、集中式、农光互补型及村级电站。四类建设类型的装机容量、并网电压、投资规模等信息见表 3-3。基于政策引导的考量，本节围绕村级电站的内涵和特点进行研究。

表 3-3 光伏扶贫项目建设类型特征

	户用式	集中式	农光互补型	村级电站
政策阶段	萌芽初探期	积极探索期	平稳发展期	成熟完善
装机容量	3~5 千瓦	1 万千瓦以上	1 万千瓦以上	100~300 千瓦
电压等级	220 伏	35 千伏	35 千伏或 10 千伏	380 伏或 10 千伏
投资额度	10 万以内	数以亿计	数以亿计	三百万以内
扶贫效率	较低	一般	较高	较高
帮扶精度	较高	一般	较低	较高
运维管理	无保障	管理一般	管理一般	管理高效

户用式光伏扶贫项目是指在房屋屋顶结构及承重良好、院落空余位置适宜的前提下取用贫困户房屋顶部或空地进行太阳能光伏系统安

装，其发电装机大体在 3~5 千瓦。该模式主要流程如下：县级扶贫办以人均 3 000 元作为项目实施的基准条件组织开展，条件适宜且有意愿的贫困户自行申报，县级扶贫办与供电公司派专员对已报项目所在地点的建筑物承重、可安装面积和电网构架等情况进行实地考察并如实上报，而光伏扶贫工作小组进行总量控制处理后确定最终名单。该项目的产权及发电收益归贫困户所有，属于典型的"自发自用，余量上网"模式，如图 3-4 所示。因其建设周期短、成本低且易操作的特点，在光伏扶贫项目初探期颇有成效，迅速受到了贫困户的响应，在安徽、河北、西藏等地的试行项目中成效尤为显著。但随着项目的不断推进和深入落实，户用式建设类型逐渐暴露出后期运维无人负责、发电效率不佳和电能质量堪忧的弊端，给用户和电网都带来了极大压力。而且，建设条件要求过高难以惠及全部贫困户。

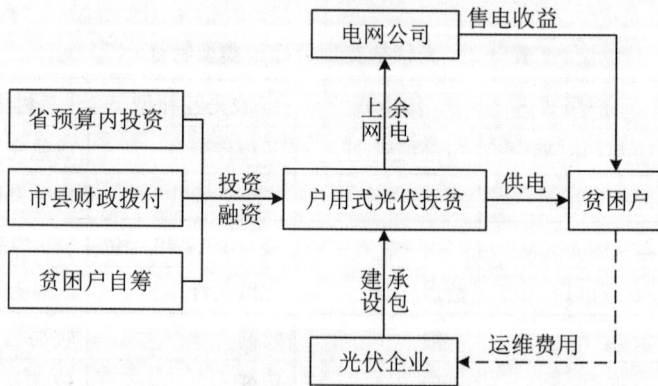

图 3-4　户用式光伏扶贫项目建设模式图

集中式光伏扶贫项目是指在部分未开发的荒地进行 1 万千瓦以上的大型地面电站建设，其中，由土地类型规划说明可知，该类型项目主要集中在除耕林牧等农用地和城乡规划用地外的沙漠、荒原、滩涂、山坡地等区域,其建设模式如图 3-5 所示。该模式主要流程如下:由省市级政府对贫困区域的贫困发生率、无劳动能力人数占比、已建或待建电站项目进行考量和评估,分配并制定集中式光伏扶贫项目计划,企业可通过招投标形式申请项目,亦可通过申请将名下已建成的普通电站转为光伏扶贫项目。该项目采用集中发电并网获取盈利,盈利归企业所得,按照惠及人数及户均 3 000 元的标准交予政府部分股权,而政府则通过股权收益扶持贫困。随着光伏扶贫项目实践的推进,2016年 3 月国家发展改革委等五部门颁布《关于实施光伏发电扶贫工作的意见》鼓励适度建设集中式光伏电站,自此集中式项目走上历史的舞台。文件一出台便迅速得到了各地的响应,在 2016 年 11 月的项目计划中,以山东、云南、湖北等地为代表的集中式项目预计建设容量规模竟高达普通村级项目建设指标的两倍以上。

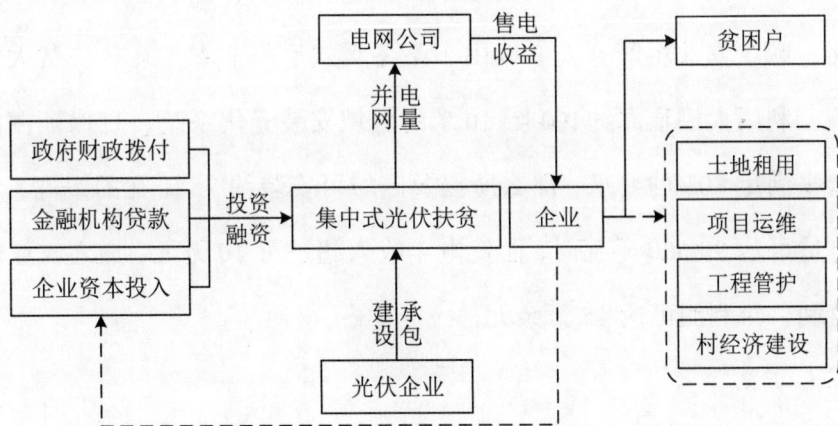

图 3-5　集中式光伏扶贫项目建设模式图

农光互补型光伏扶贫项目是指在不改变农用地根本性质的前提下，增设光伏发电系统，并以此提升农业生产效率且创造发电营收价值，主要包括依托种植大棚顶端建设、借助渔业池塘架空建设和畜牧业畜禽大棚顶部建设等安装类型，其建设模式如图 3-6 所示。该类型主要流程如下：由农业专家对当地气候、农作物、养殖业特点进行综合评估，权衡架设光伏系统对其损益情况，由企业编制项目建议书、环境评价报告、项目安装计划、并网及总体情况、发电估算及可行性分析等上报政府相关部门，并交由地方扶贫办和供电公司对实际情况进行考察予以审批；或由政府部门根据农户贫困水平和农业生产情况进行项目规划编制，通过招投标方式确定建设企业，并予以施行。与集中式项目，农光互补型项目并网发电收益归由企业分配，按照贫困户年均 3 000 元的标准对收益予以分配。从项目收益来看，农光互补型项目综合价值最高，既可获得扶贫效果，又能从侧面补充农业生产的电热消耗，减少农业生产开支。以山东某冬暖式反季节农光互补扶贫大棚为例，利用大棚顶部约 100 米×10 米的区域安装光伏系统，且保证棚内透光率满足 80% 的要求，那么所提及区域可安装约 75 千瓦的组件，年发电量可达 90 000 千瓦时，而发电年收入超过了 10 万元，加之农业产值盈利，年利润可达 18 万余元。

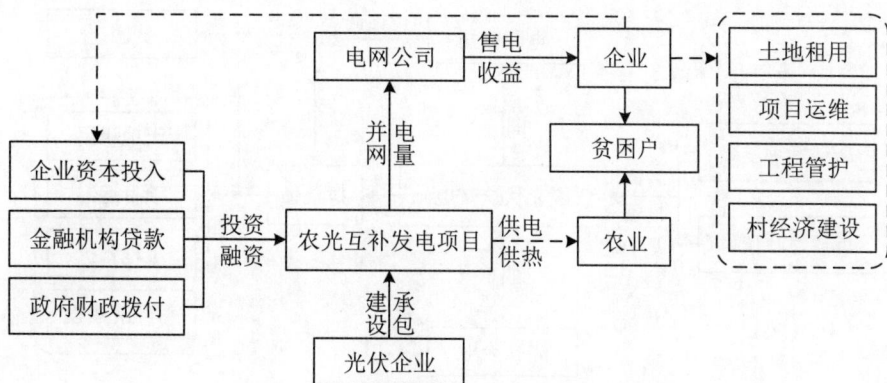

图 3-6　农光互补光伏扶贫项目建设模式图

随着光伏扶贫实践的深入，户用式建设类型推进过程中遇到了房屋承重不足、屋顶基础差、无院落或其他空余处所、项目分散不利于统一维护等障碍；集中式建设类型也显露出初始资金融资、企业干扰、追责及监督困难、总体效率不佳等弊端；农光互补模式也面临基础设施落后、技术难度高、扰乱生态等问题。由此，2018 年国务院扶贫办颁布《光伏扶贫电站管理办法》，申明将以村级电站形式作为光伏扶贫项目主导模式，以期规范建设类型、提升扶贫效率。村级电站是指以村落为单位在村集体土地上建设光伏电站，其装机规模视村内贫困人数及建设面积许可而定，一般为 100 千瓦到 300 千瓦不等，具有规模适中、运维可靠等特点，其建设模式如图 3-7 所示。该模式下项目产权归村集体所有，利益由村集体按照村落贫困户进行标准分配，剩余资金用以支持村落经济发展，既有效地保证了资金分配和使用的合理性，又保证光伏系统运行和维护的有序落实。

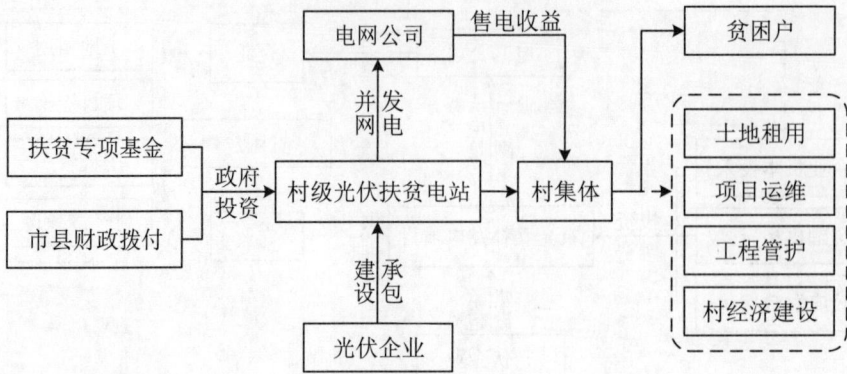

图 3-7　村级光伏电站建设模式图

3.3.3　光伏扶贫项目的融资模式

自光伏扶贫项目开展以来，投融资模式以政府主持为核心历经多次探索，融资构成多样，2017 年又是光伏扶贫项目蓬勃发展、争相装机的年份，根据政策分析可得，各省市在投融资方面呈现较大的分歧[130]，表 3-4 节选了部分光伏扶贫项目的投融资信息。

表 3-4　部分光伏扶贫项目的投融资信息表

项目名称	装机容量	扶贫户数	融资构成
山东冠县光伏扶贫项目	70 兆瓦	2 333 户	政府：20%，贷款：80%
山西岚县光伏扶贫项目	30 兆瓦	1 200 户	政府：10%，企业：10%，贷款 80%
湖北随县光伏扶贫项目	20 兆瓦	4 000 户	政府：20%，贷款：80%
云南兰坪光伏扶贫项目	20 兆瓦	815 户	政府：10%，企业：10%，贷款 80%

续表

项目名称	装机容量	扶贫户数	融资构成
江西信丰光伏扶贫项目	20 兆瓦	800 户	政府：10%，企业：10%，贷款80%
安徽砀山光伏扶贫项目	20 兆瓦	800 户	政府：10%，企业：20%，贷款70%
山西浑源光伏扶贫项目	20 兆瓦	800 户	政府：6%，企业：14%，贷款80%
安徽太湖光伏扶贫项目	20 兆瓦	667 户	政府：10%，企业：10%，贷款80%
吉林贺龙光伏扶贫项目	10 兆瓦	1 200 户	政府：6%，企业：14%，贷款80%

结合上述已建成及待建的光伏扶贫项目融资特征和出资方数量特点，大致可以分为单方资助、双方协同、三方联合三种投融资模式，具体如图 3-8 所示。基于融资模式的实践效果和政策引导作用，本研究仅针对由政府单方投资和主导控制的模式进行研究。

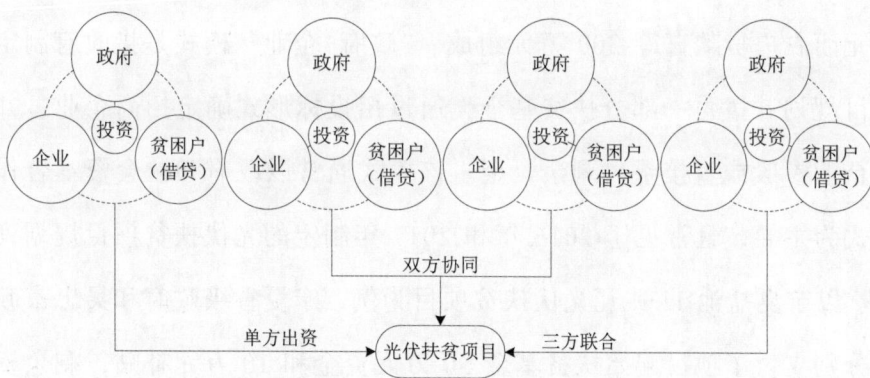

图 3-8 光伏扶贫项目融资模式图

单方出资主要是指政府作为资助方，通过中央扶贫基金和地方资金支持进行财政拨付，以满足光伏扶贫项目初始建设的费用需求；通过招投标的形式确定承建单位，令其以工程总承包的形式进行工程建设和后期维护；贫困户无须额外支付任何费用，项目收益由政府或村级部门按标准分配到各个贫困户手中。以安徽合肥地区规模户均 3 千瓦的光伏扶贫项目为例，该项目帮扶达 100 户人口，而起始投资 300 万元均由市县财政拨付，最终项目电量全额上网，发电收益归贫困户所有。

双方协同是指由政府和受益人或企业共同出资支持光伏扶贫项目的投建工作。"政府+受益人"模式是指政府通过财政拨付形式提供一定量的初始扶贫基金，而贫困户利用存款、亲友帮衬和在政府的担保下向农村合作社、商业银行等金融机构进行无息贷款相结合的形式进行剩余资金自筹，电站的产权和收益归属于用户。与政府出资不同的是，贫困户除了获得发电年收益外，还需将部分盈利用于偿还早期贷款。以云南红河 0.9 兆瓦光伏扶贫项目为例，初始投资由政府拨付 600 万元而农户贷款自筹 300 万元组成。"政府+企业"模式是指政府制定项目规划并拨付一部分扶贫基金，通过招投标形式确定招商企业，并由企业参股或直接垫付剩余资金。该模式通常以政府和社会资本合作模式为主导，且常见于 2016 年和 2017 年制定的光伏扶贫项目规划列表。以宁夏盐池 11 兆瓦光伏扶贫项目为例，宁夏省级政府和吴忠市政府分别支付了项目起始扶贫基金 50 万元资金和 10 万元补贴，剩余资金均由中国民生投资集团进行企业垫付。

三方联合是指由政府支持部分项目启动需要并牵头进行项目招标和贫困户贷款担保，即政府、企业和贫困户各支付部分项目资金。在这种模式中，一般根据企业垫付数额及比重进行产权确定和收益分配权衡，对贫困户而言年收益 3 000 元是基准线。以内蒙古自治区乌审旗 5 兆瓦光伏扶贫项目为例，该项目预算为 1 500 万元，分别由政府财政支持、苏木投资和嘎查村民筹集得到，预计年均发电营利达 230 万元。

但是，项目启动资金的多元融资结构渐渐显露出其弊端。就金融机构及银行等贷款方而言，一方面，受光伏扶贫项目投资回收期的限制，贫困户难以在短时间内偿还贷款，而免息或低息的机制加大了贷款机构的财务和运营压力，严重打击其放贷动力；另一方面，借贷人仅有政府担保而无可供抵押的实物资产，过于依赖项目的正常运营，抗风险能力低，若产生不良或坏账现象，贷款机构难以追讨而政府的财政压力也会大大提高。对垫付企业而言，一方面，需进行垫付的项目往往无论是资金还是工程量都是极大的，因此，企业垫付后对自身的流动比、速动比和资产负债率都有很大的影响；另一方面，当企业参与到光伏扶贫项目中并获得收益支配的主导权时，会侵害扶贫效率，甚至可能会产生挪用财政补贴等不良行为，加之当企业运营不善时加强其运维的不可靠性。同时，企业的渗透更是挑战了政府的控制力量，对项目材料采购、施工质量、运维效果等都会产生不利的影响，也会引发项目开展的无序性，具体表现如：2017 年部分不良项目迅速上马，耗费了大量资源和政府投入，但由于其质量原因而被迫中止。由此，2018 年颁布的《光伏扶贫电站管理办法》强调项目开展以政府投资为主，鼓励企业以总承包模式进行施工，但不得负债建设。依照此模式，既能有效保证启动资金稳定的来源，又能避免企业的无序参与、保证政府的控制权和项目的健康实施。

3.4　本章小结

光伏扶贫项目是经由政府统一投资、监督和领导，服务于扶贫开发、社会经济发展和社会主义现代化建设的发电工程项目，具有涉及利益相关方层次分明、目标诉求丰富、政策引导作用大、投资机理复杂的特点。为保证所建模型的契合度和适用性，本章首先对光伏扶贫项目的基本特征进行分析，得出：光伏扶贫项目兼具政府主导性、整体规划性、政策导向性、社会公共性和经营效益性五大典型特征。基于上述基本特征，探究投资者、承包商、受益人和社会公众等利益相关方在项目实施过程中的需求，从而得出"项目规划应能保证项目全生命周期的有序开展，项目投资应符合能源总体规划与可持续发展的要求，项目审批应符合社会建设总体布局，项目设计应支撑费用、控制及质量三要素按规定落实与验收，项目总体决策应能代表最广大人民的根本利益"的结论，并以此作为本研究评估指标提取、优选方法确立和规划模型构建的基础；接着，以项目目标为导向，进一步探究影响目标实现的关键问题，依照事件活动的具体内涵，对其进行类别划分，归纳出政策型、资源型和技术型三类关键问题，并探究其相应的应对措施，明确政策型问题处于首要位置，覆盖项目实施的各个方面，从而引出探究政策分析的必要性。

通过基本特征、项目目标和关键发展障碍问题探究，完成基本内涵分析。随后，在项目基本内涵分析的基础上，汇总相关政策发文时间和内容条目，梳理出光伏扶贫政策的萌芽初探、积极探索、平稳发展和成熟完善四大发展阶段，归纳各阶段的政策特点、发展倾向和代表性政策等，并明确光伏扶贫项目在建设规模指标的分配、税务的减免、土地的征用等事务上所取得政策支持及引导。进一步地，在实施区域优选及其规划模型构建问题中考虑政策引导作用的可行性和必要性，明确出政策引导作用在"反映投资者的切实需求""规范区域优选及其规划过程"和"方法及模型的具体参数设置"三大方面的功效。最后，总结归纳现有光伏扶贫项目的利益相关方组织架构、建设类型及融资模式，结合政策引导的具体作用，明确本研究的研究基调和范围限制，即本研究研究的建设类型为村级光伏电站、融资模式为政府单方出资。

第4章
政策引导下光伏扶贫项目实施区域优选方法

    第 3 章已对光伏扶贫项目的投资机理及政策引导作用进行深入分析，明确光伏扶贫项目目前主流的建设类型为村级光伏电站、融资模式为政府单方出资。相比于普通光伏发电项目，光伏扶贫工程在实施区域优选问题上需要更加全面地考量生态影响、公众满意度，以及是否符合城市建设总体规划等方面的内容。同时，繁多的影响因素也加深了其选址问题的复杂性。再者，由于光伏扶贫工程具有一定的强制性和政策引导性，在实施区域的土地获取方面具有便捷性，进一步扩大了可选范围，也增加了选址问题的难度；相比于常规政府投资项目，光伏扶贫工程在实施区域优选问题上需要着重考虑项目的收益及扶贫的效果。同时，由于光伏扶贫工程隶属于十大精准扶贫工程，其替代工程和互补工程也成为其选址问题的重要考虑因素。《中共中央国务院关于打赢脱贫攻坚战三年行动的指导意见》指出，主要以村级扶贫光

伏电站建设为核心，在条件适宜的地区有序开展光伏扶贫工程。"条件
适宜"一词在数学论中属于模糊性较强的词汇，那么，什么样的地区
属于"条件适宜"是一个值得研究的课题。如何选取实施区域成为光
伏扶贫工程前期决策的关键环节，其选址的合理性和有效性也将直接
影响到项目收益和扶贫效果，光伏扶贫项目实施区域优选流程如图 4-1
所示。

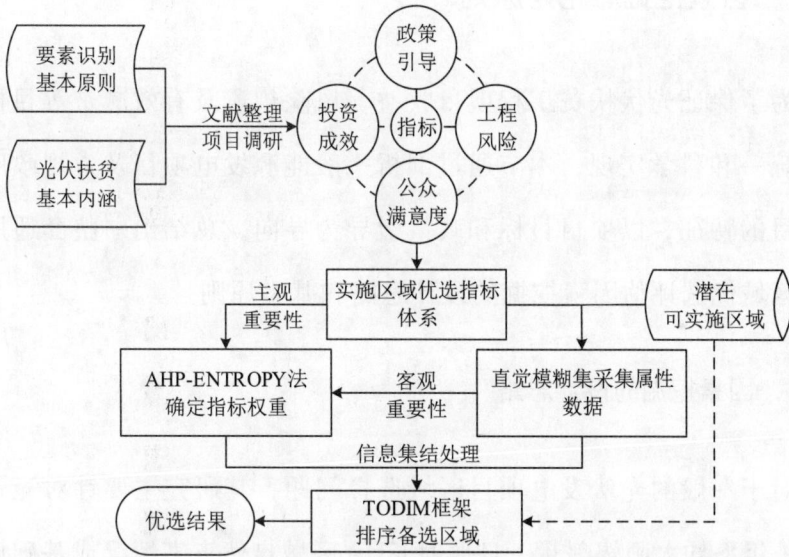

图 4-1　光伏扶贫项目实施区域优选流程图

4.1　关键影响因素识别与分析

光伏扶贫项目利益相关方较多，兼具政府主导性、整体规划性、
政策导向性、社会公共性和经营效益性等典型特征，因此，它在实施
区域优选过程中涉及的因素繁多而复杂。本小节主要结合光伏扶贫项

目的内涵和特征，根据要素识别及构建原则，利用文献综合分析与调查、项目报告概览与提取、政策规程阅读与挖掘，整理汇总关键影响因素，并基于各指标间的相互影响关系、取值范围、特征内涵等方面进行相关分析和归类，最后构建出符合项目规划决策目标的政府投资光伏扶贫项目实施区域优选评估指标体系。

4.1.1　因素挖掘思路与原则

为了保证光伏扶贫工程项目收益、风险规避及有效减贫等目标的协调统一和科学实现，本节通过剖析一般能源发电项目及常规政府投资项目的特征，以项目目标和政策引导为导向，总结出一整套适用于实施区域优选评估因素挖掘的设计思路和基本原则。

1. 因素挖掘的设计思路

对于一般的光伏发电项目区域选择问题，其研究主要针对光资源状况（年平均太阳辐射量、日照时长）、区域自然灾害情况或基础设施建设情况等方面进行指标识别，以确保项目在预算范围内顺利开展，并得到稳定持续的收益；对于常规的政府投资项目实施区域选择问题而言，研究重点围绕公众满意度、社会发展贡献率等方面展开指标提取。为了实现项目与帮扶贫困、及时并网、环境保护和经济发展相协调，使得项目在满足基本建设标准及技术经济要求的前提下顺利开展，降低项目潜在建设及运维风险、提高项目整体收益和成效。本章立足于"投资者—承包商—受益人—社会公众"利益相关方的目标特征，基于"政策—风险—收益—反馈"闭环进行因素挖掘,具体流程如图 4-2 所示。

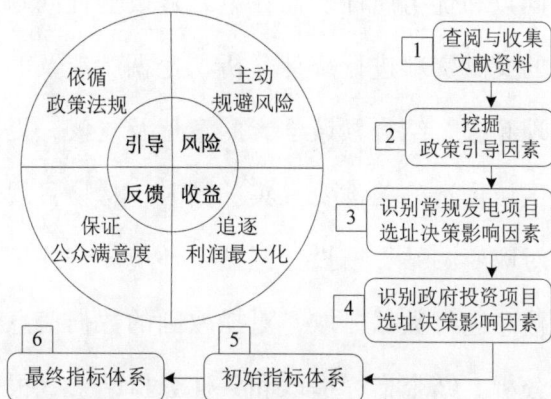

图 4-2　因素挖掘流程图

文献资料是所有科研工作的基础材料及重要支撑,因此,在因素挖掘和指标体系构建过程中应首先开展相关资料收集和文献查阅工作。相关资料的详尽与否、全面与否将直接决定所建指标能否真实反映项目评估的需要。结合光伏扶贫工程的基本定义与项目内涵,本章通过对近 5 年政策法规、精准扶贫相关规划文件、光伏行业报告、光伏扶贫项目可研报告与项目验收报告、国内外学术论文与相关专著及问卷调查汇总报告等文献资料进行归类整理,梳理光伏扶贫工程项目特性,厘清政策规范及引导作用,识别投资决策过程中的关注核心点,为后续步骤中的因素识别提供挖掘基础和参考材料。

政策引导是光伏扶贫项目的核心特征,在所有要素中起主导性作用。本章通过对政策法规进行综合分析,汇总出在政策层面上关于项目建设用地的宏观要求;对农业基本用地、军事区、自然保护区等相关规划文件进行整理，明确建设红线和用地红线；对"精准扶贫"系列法律法规进行查阅，分析光伏扶贫工程的互补项目及替代项目在选址规划上的异同点和优劣属性。而在电站建设选址问题上，通过对与光伏发电相关的文献资料进行统计分析，挖掘所涉及的各类影响因素及其相应的出现频次，结合领域学者的意见及建议，提取出影响光伏发电项目建设区域优选的关键要素集。同时，从项目规划的风险性与经济性出发，对政府网站、招投标网站、环境影响评价网等网页中项目概况和基本信息进行数据抓取，对抓取到的数据信息进行选址规划的共性提取与分析。结合指标提取和共性分析结果，根据风险与收益两个维度，构建出项目选址决策的风险因素集和收益因素集。在政府投资项目实施区域选择问题上，通过对与政府投资相关文献分析，利用出现频次分析和专家意见整合得出政府投资项目规划决策影响因素集。接着，立足于项目实施的流程和投资关键点，结合政务公开的历年数据，分析影响政府投资项目规划成效的关键因素。根据各因素属性及内涵，划分出公众满意度和社会效益两大因素集。

综合上述文献分析研究、项目调研及专家意见整合得到政策引导因素集、风险因素集、收益因素集、公众满意度因素集及社会效益因素集，进而形成政府投资光伏扶贫项目初始指标集。随后，根据指标筛选基本原则进行科学性和合理性筛选；根据因素与光伏扶贫项目匹配度进行指标精简；根据相关性和可靠性分析，对意思相近、内涵相似的因素进行合并，对表意不明、作用力弱的因素进行删除，对挑选后的因素进行总体划分与整合，得到切实可行的政府投资光伏扶贫项目指标体系。

2. 因素挖掘的基本原则

光伏扶贫项目是一项兼具能源发电与政府投资特性的复杂系统工程，受政治、经济、环境、社会多方面的共同作用，呈现相关要素多、因素间作用力强、影响关系复杂的特点。因此，在进行实施区域优选综合评估时，应科学有序、全面系统地进行要素挖掘、提取、分析和整理，最终形成符合光伏扶贫项目选址规划需求的科学指标集，为进行精准评估、高效选址、合理规划奠定可靠的决策基础。兼顾以往文献提出的指标确定一般性原则，结合光伏扶贫项目内涵与特点，本文设计出实施区域优选要素挖掘的四大原则。

（1）科学直观性。任何因素提取和指标设计过程都应以科学合理为前提，即评估时挖掘和识别要素应做到有理有据、有迹可循。所有纳入考察范围的指标因素不是凭空产生或者自建自造的，而是应该立足于评估任务的基本目标和具体特征，并得到相关学术论文、专业著作、专家意见等资料支持及辅证，能切实反映待评估对象的实际内容。同时，指标的设计，尤其是定性要素的设计，应充分考虑受访对象的理解能力、表达能力和知识范畴，尽量做到形象直观，便于理解和评估。对于过于生僻冷门的因素，在考虑其必要性和可替代性之后，采取指标替代或详尽功能描述的处理方法。

（2）系统全面性。在进行因素挖掘和指标提取时，应该遵循科学的方法及流程，系统地考量项目各个层面的诉求和决策需要。对于结构复杂的决策的问题，宜采用分层概念，而所选取的每个要素均能反映待评估对象的特定内涵，具有清晰的逻辑目标和层次结构定位，尽量做到互不干扰、功能互补、层次分明；同时，最终形成的选址要素集应能全面刻画待评估项目的每一个方面，如项目经济性、环境友好程度、并网安全性等，尽量做到不遗漏、全覆盖。当然，系统全面性并不单纯强调因素数量多，而是要求所选要素需能考虑待评估项目的各方各面并反映出关键信息与核心问题。

（3）精炼导向性。一方面，选取因素数量较多会加大指标运算与综合评估的复杂性；另一方面，若选取因素较少时又难以全面评估对象属性，进而导致评估结果出现偏差。因此，在选择评估要素时，应该充分关注要素所反映的内容。在保证全面系统性的前提下尽量精简指标个数，既能充分反映评估各个侧面，又能降低评估过程的复杂度，例如：对代表性较弱且不具有评估导向性的指标予以删除，对反映内容相似、功能相近的指标予以合并，对有明确因果或相关关系的指标进行充分考量后取舍。最终形成的选址要素集中的每个元素应具有良好的综合代表性，且不与其他元素信息交叉或重叠。

（4）可测可比性。由于决策因素挖掘是光伏扶贫项目实施区域优选过程的首要环节，提供最原始的资料支持。因此，因素的可测可比性将直接影响到后续模型测算的顺利开展。因素可测是指所有提取的要素应能根据某一标准进行测度和分析，包括直接观测、统计分析和专家评估等。对于不可获取属性数据的指标因素，不予以考虑。因素可比是指所有提取的要素应在同一维度下可进行比较，且对于不同的项目具有差异性的数值属性。数值相近或相似的指标包含信息量较少，一般不予以考虑。

4.1.2　关键影响因素识别与挖掘

　　从光伏扶贫项目内涵出发，结合因素挖掘的基本思路，构建出包含政策引导、投资成效、工程风险及公众满意度 4 个维度的关键影响因素识别多维模型，如图 4-3 所示。通过相关引导政策的分析和思考，兼顾投资成效维、工程风险维、公众满意度维的指标特性，在考虑政府、承包商、贫困户及社会公众诉求的基础上结合光伏扶贫项目的工程实际，从而勾勒出适用性强、科学合理的实施区域优选评估指标集，即深蓝色平行四边形部分。

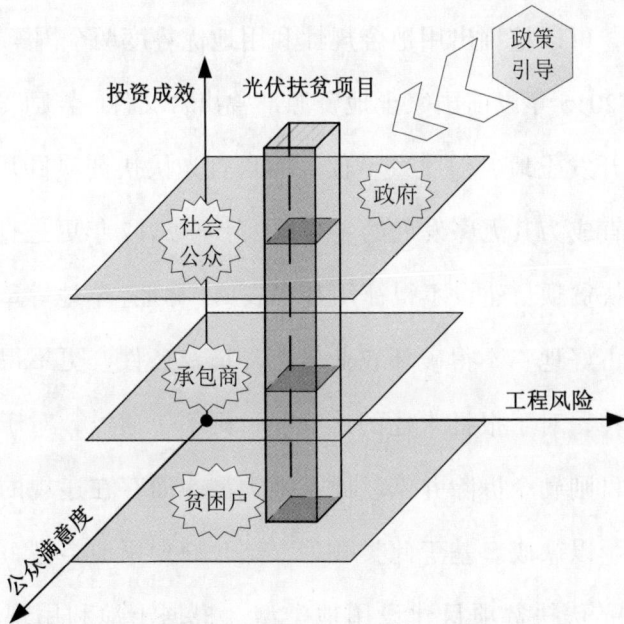

图 4-3　关键影响因素识别的多维模型

1. 政策引导维因素集

基于第 3 章政策梳理及分析结果，对涉及光伏扶贫项目实施区域
优选的法规条文提取可得，具备规范作用的典型法规分为用地类型引
导和扶贫项目类型引导两类。其中，用地类型引导政策措施类型纷繁
复杂，大体围绕什么地方允许建设光伏扶贫项目问题进行声明，包括
《关于支持深度贫困地区脱贫攻坚的实施意见》和《关于支持光伏扶贫
和规范光伏发电产业用地的意见》等；扶贫项目类型引导政策主要围
绕什么地方更适宜建设光伏扶贫项目的问题进行阐述，以精准扶贫十
大工程的公布和推行为代表。

由此，可以挖掘出用地合规性和用地优势度两个因素集。

虽然 2015 年以前国家土地资源部曾出台文件，鼓励光伏项目征用
荒漠等未开发土地，但收效不佳。而自打光伏扶贫项目开展以来，用
地混乱一直成为其无序发展的主要原因。而 2017 年更是直接出台意见
责令光伏扶贫项目建设不得征用基本农田、林地、草地等基本农用地，
也不得侵占好地；不得破坏农业生产环境及条件，更不得干扰农业生
产正常运转；对于报批未建的违规项目则不予通过，对于已建未并网
的违规项目则勒令拆除并恢复原土地类型，而存在违规的企业将纳入
失信目录予以惩戒。基于此类政策，结合规划用地类型，可以确定政
策允许下光伏扶贫项目建设用地类型。根据土地利用现状分类标准
GB/T 21010—2017，常见的规划用地类型及所属分类如图 4-4 所示。
对于不符合要求的则视为用地不合规，且该因素具有一票否决权。

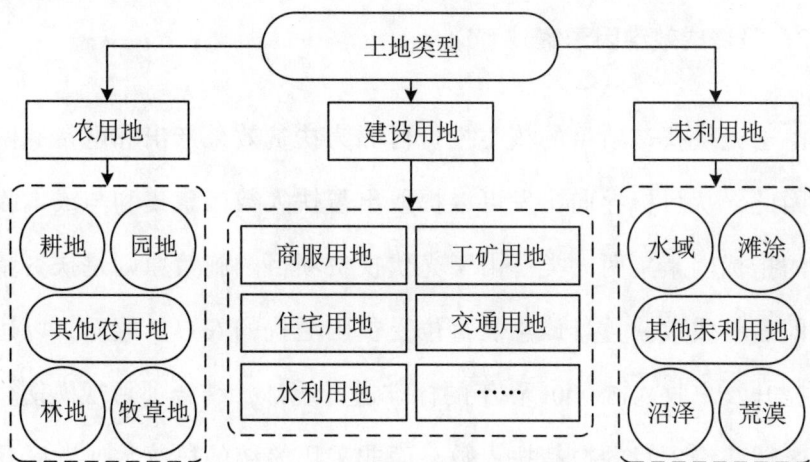

图 4-4　土地类型及其分类图

2015 年 1 月，时任国务院扶贫办主任的刘永富发表声明将因地制宜地采用干部驻村帮扶、职业教育培训、扶贫小额信贷、易地扶贫搬迁、电商扶贫、旅游扶贫、光伏扶贫、构树扶贫、致富带头人创业培训、龙头企业带动等十项工程对贫困户精准扶持。也就是说，对于贫困区域而言，决策者除了考虑建设光伏扶贫项目的可行性外，还将比对光伏扶贫项目和其他九种模式的投资水平、预期成效和可持续影响等情况。基于该政策的引导，用地优势度作为比对光伏扶贫项目建设优势的重要因素集被纳入考虑范围。对于用地优势度进一步划分可得项目可替代性和基础建设水平两个方面。其中，项目可替代性顾名思义指的是光伏扶贫项目可被其他模式取代的程度；基础建设水平着重强调与光伏扶贫工程互补的基础性工程发展情况，如道路建设、电网建设等。互补性工程建设越全面，那么光伏扶贫项目开发的成本消耗将越低，也更易于其顺利开展。

2. 投资成效维因素集

由于光伏扶贫项目的核心投资目标为扶贫效果产出和电量并网收入，因此，从目标导向出发可以提取出帮扶人数因素集和与成本收益相关的指标因素集两大类。由于光伏扶贫项目的施策原则是扶贫精准化，即需将成效获益具体惠及每位受贫困滋扰的农户。故而，以达到帮扶提升农户收入 3 000 元/年的标准进行统计，结合项目规模估算出各个区域建设项目的拟帮扶人数，而非采用笼统的村落数或者区县数进行量化测度。

对于成本收益指标集而言，由于光伏扶贫项目的基本运作是太阳能发电过程，参考历年光伏电站选址研究的指标体系，可归纳如下。①太阳能潜力因素，一般利用该区域总体辐照度和区域日照时长来表示。一般而言，光伏电站接收到的太阳辐射越大则发电量越高，从而提高项目收益。总体辐照度指的是单位时间每平方米面积所获得的辐射能量，其数量上等于太阳光通过云层直接投射、经由物体反射及散射产生的辐照加和，如图 4-5 所示。而日照时长一般通过测算该区域一年内获得阳光投射的时间和。②环境因素，包括除光照条件外其余作用于发电成效的自然指标，一般采用平均气温和地形地势进行评估。温度是影响光伏组件效率的关键因素之一[131]。而且，当环境气温高于 30 摄氏度时，模块的发电特性将受到限制，致使产能下降，更会对组件的自然寿命造成影响，因此选择适宜的气温环境很重要。地形地势因素中常需要考虑坡度大小及坡向走势问题，一般而言，在地势平坦或坡度平缓的区域建设光伏电站将有助于避免高坡度地区所需的高建设成本，而坡向走势常难得地形更易获得充足光照。如若坡势及坡向能极大满足最优安装倾角的要求，更减少了项目支架架设等开销，达到降低成本的效果。③ 经济成本因素，表征为在不同区域进行建设而造成投资数额差异，大体可以分为初始投资、运维成本及富余利润三大类。初始投资是根据建设区域的实际情况而造成的投资预算不同，包括用地成本、材料运输成本、建设开销等差异。举个简单的例子，如若某地建设难度较大，那么其相应的预算也会更大。而运维成本则是指项目运营之后产生的正常运转、保养或失灵维护等开销。对光伏扶贫电站而言，过高的起始投资或运维成本都会带来极大的财政压力。不同于常规的光伏发电项目，光伏扶贫项目会将一部分收益转化为扶贫消耗，支持贫困。若单纯地将电站的年收益用来作为测度指标，那么会与帮扶人数指标产生测算重叠，即夸大了效益值。因此，这里的富余利润是村集体每年最终获得并用以支持村落发展的收入，在数量上等于电站每年运营收入与帮扶资金之间的差值。

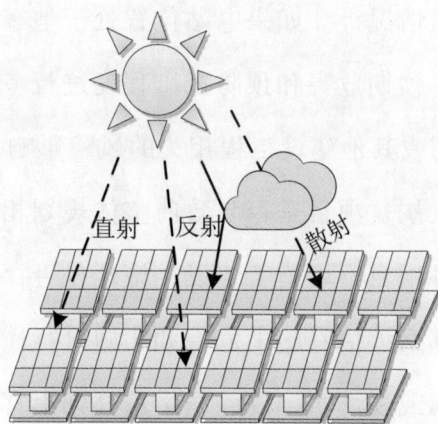

图 4-5　太阳辐射的作用机理

3．工程风险维因素集

根据因素挖掘原则中可测可比性的要求，对光伏扶贫项目工程风险维关键要素进行区域特征聚类。若某风险要素不受区位条件的影响或所受影响较小，如设计不当主要由前期评估不足、设计单位技术水平影响，风险建设费用超支风险主要由设计不科学、施工无序等原因引发，那么，则将这类风险要素归类为五区域特征因素并予以剔除。结合光伏扶贫项目的具体特征，工程风险维包括自然风险和人文风险两大因素集。

自然风险因素集主要指的是由自然环境带来的不可抗力影响，而光伏系统受自然影响较大，如霜冻可能降低组件运行寿命、大风可能对支架造成损害等。决策者应该根据该实施区域历史灾害水平及自然条件综合分析，最终做出可靠的经验评估。决策中需明确的自然风险信息包括但不限于：该地是否自然灾害频发，有无临近江河湖海或洪涝危险，有无积雪欺压或冰雹侵袭的历史，年降水量、暴雨发生率、雷电及狂风等气候情况等。如果电站位置处于地震活跃带，则还需要对地震发生概率、预期危害和预防抵御程度进行考虑和权衡。人文风险特指与统一规划或其他建设工程相关的风险影响，主要解决 3 个问题：该地建设光伏扶贫项目是否与政府整体规划相悖，若冲突，则该区域被一票否决且项目不可施工建设；该地是否存在已建好的基础设施网络，若有，那么评估其施工危害和实施可行性；该区域若与天然管道等易发生泄漏或爆炸基础设施网络重叠则不宜建设；该地是否存在影响发电效率的其他项目，如果实施区域的安全区域线内建有高大建筑，则可能对光伏面板造成阴影覆盖而降低理论发电量。

4．公众满意度维因素集

根据利益相关方分析可知，社会公众通过直接或间接的方式参与到光伏扶贫项目实施区域优选决策的监督事务中。根据公众与光伏扶贫项目的接触媒介，可以将其划分为直接相关型和间接相关型两类。直接相关型公众包括土地占有者和受惠的贫困户，项目投资及收益将直接作用于其身上；而间接相关型公众则泛指除此直接相关者外的所有社会成员。由此，公众满意度维可归纳成公众支持度和社会服务度两大因素集。

公众支持度特指直接相关型公众对项目的认可程度。通过论文背景介绍可得，间接相关公众对于光伏扶贫项目存在广泛认同。对于不同实施区域优选的项目，间接相关公众成员构成无巨大变动，故而支持度结果存在极高的同质性。如若考虑数量基数较大的间接相关公众稀释实际结果，进而影响因素的评估质量。由于部分未开发的荒地可能涉及圈地围养家畜、地方信仰、墓园或宗族关系，这一现象可能引发部分直接相关型公众的抗议，进而削减其支持度。对于不同实施区域而言，直接相关公众具有质的差别而其对于土地的情感也是不同的，因此，考虑公众支持度可以提升项目的惠民价值。

社会服务度因素集主要针对公众所关注的能源供消问题和社会经济发展问题，可以分为能源消纳压力和村落经济发展两类因素集。虽然，按照规定光伏扶贫项目所发电量应全额交由电网企业收购，但是，若该区域存在极大的电量富余或已存在部分弃能限电情况，那么增加光伏扶贫发电量，则必定会削减竞争力弱的发电企业的发电份额，造成营运不善，而引发地区产值下降；若某地存在电力消费缺口，那么建设光伏扶贫项目则是一举多得的行为。对村落经济发展因素集而言，光伏扶贫项目的基本要求是扶持贫困并助其脱贫，然而其还有更深层次的目的：带动村落产业经济，提高村县乃至区市的整体产值。村落作为最直接的利益相关体，其经济发展率的高低将直接反映项目带来的社会经济效益。经济发展率越高的地方，说明项目对当地经济促进效果更好，更适宜建设。

4.1.3 实施区域优选指标体系

基于挖掘出来的因素集，结合测算原则进行特征描述及细分，可得两类指标体系：一是以政策规范、人文要求或技术局限为主导，用以甄选并直接排除不合格实施区域的否决指标体系，见表 4-1；二是以政策引导、自然条件、经济效益和发展可持续为主导，用以对合格实施区域进行择优的优选指标体系，见表 4-2。

表 4-1　实施区域优选否决指标体系

指标名称	许可标准线	指标类型
是否基本农用地	不许侵占耕地、林地或草地	定性指标
是否为自然保护区	不许影响当地野生动植物的多样性	定性指标
是否为军事区	不许与军事基地等冲突	定性指标
是否为名胜古迹或考古遗迹	不可对人文景观进行毁坏	定性指标
是否与其他城市规划冲突	不可占用省道、国道、水路等	定性指标
是否与危险性建设工程冲突	不可与天然气传输管道等产生交叠	定性指标

表 4-2　实施区域优选排序指标体系

一级指标	二级指标	隶属维度	指标类型
政策引导(X1)	项目可替代性(X11)	政策引导维	定性指标、成本型指标
	基础建设水平(X12)	政策引导维	定性指标、效益型指标
	帮扶人数(X13)	政策引导维	定量指标、效益型指标
自然条件(X2)	总体辐照度(X21)	投资成效维	定量指标、效益型指标
	日照时长(X22)	投资成效维	定量指标、效益型指标
	环境温度(X23)	投资成效维	定量指标、中间型指标
	地形地势条件(X24)	投资成效维	定性指标、效益型指标
	自然灾害风险(X25)	工程风险维	定性指标、成本型指标
经济效益(X3)	初始投资(X31)	投资成效维	定量指标、成本型指标
	运维成本(X32)	投资成效维	定性指标、成本型指标
	富余利润(X33)	投资成效维	定性指标、效益型指标
可持续性(X4)	公众支持度(X41)	公众满意度	定性指标、效益型指标
	能源可持续性(X42)	公众满意度	定性指标、效益型指标
	经济发展促进性(X43)	公众满意度	定性指标、效益型指标

优选指标体系中各要素的具体释义如下。

项目可替代性（X11）：较之其他类型扶贫模式，该区域建设光伏扶贫项目被取代的可能性；基础建设水平（X12）：与光伏扶贫工程互补的基础性工程发展情况，如道路建设、电网建设等，若基础工程越完备则实施光伏扶贫的项目外投资越少；帮扶人数（X13）：该区域建设光伏扶贫项目后预期可帮扶的贫困对象数目；总体辐照度（X21）：该区域年平均太阳辐射总强度，单位为瓦特/平方米；日照时长（X22）：该地年平均日照小时数；环境温度（X23）：该地的年平均气温，单位为摄氏度；地形地势条件（X24）：基于坡度大小、坡向走势等地形地势条件进行适宜度评估；自然灾害风险（X25）：综合该区域发生自然灾害的频率和其危害程度的评估结果；初始投资（X31）：在该区域建设光伏扶贫项目所需的起始投入资金，单位为万元；运维成本（X32）：在该区域建设光伏扶贫项目的运维开销水平；富余利润（X33）：光伏扶贫项目可为当地村集体带来的发展收入水平；公众支持度（X41）：主要反映项目利益相关型公众对该地实施光伏扶贫项目的认可度；能源可持续性（X42）：项目的实施对该区域缓解能源开发、供应和消纳压力所起的作用；经济发展促进性（X43）：项目的实施对该地村落产业经济发展的带动作用。

4.2　直觉模糊环境的因素评估值采集

就光伏扶贫工程实施区域优选问题而言，因素的评估值作为评估模型的重要参数，不仅反映潜在实施区域的相关信息，还直接参与到数据集结和项目方案排序等决策模型的计算中。因此，其采集和确定的过程对最终的优选决策结果起着重要作用。本节通过对评估值类型及其相应的采集过程的整理分析，充分考虑专家意见采集过程的模糊性和犹豫性，基于信息丢失最小化原则确定光伏扶贫项目实施区域优选因素评估值。

4.2.1　评估值类型及采集流程

评估体系的指标因决策问题的不同而千差万别，根据指标因素的评估值采集方式及数据表现形式，可将其划分为定性因素和定量因素两大类别。

定量因素指的是能够利用精准的数值或区间值去定义、衡量和公式计算的因素。在本章研究中，评估体系所涉及的定量因素主要包括帮扶人数、总体辐照度、日照时长、环境温度、初始投资、运维成本和富余利润等指标。通过调查报告、统计年鉴、政务公开网站、国内外知名数据共享网站，以及地理信息系统等渠道可获取到定量因素的相对评估值、绝对评估值或公式计算所需参数值。根据定量因素的定义及评估标准，可以划分为四大类，即效益型定量因素、成本型定量因素、中间型定量因素和区间型定量因素，四种因素分类之间无交集存在。为处理因素之间的不可公度、有效解决评估体系的因素集结问题、提高模型运算的效率，常将除效益型定量因素外的其余 3 种因素类型通过公式处理转换成可公度的效益型定量因素。

（1）对于成本型定量因素而言，可通过引入最大量值或取倒数处理，转化公式为：

$$X^* = M - X \qquad (4\text{-}1)$$

$$X^* = 1/X \qquad (4\text{-}2)$$

式中　X ——决策问题中涉及的成本型定量因素，若有 k 个取值则

$X = (x_1, x_2, \cdots, x_k)$；

M ——指标 X 的上确界，数值大小与该因素属性最大值

$\max\{x_i\}, 1 \leqslant i \leqslant k$ 一致。

（2）对于中间型定量因素而言，一般视作均匀分布进行转化处理，其计算公式为：

$$X^* = \begin{cases} \dfrac{2 \times (X-m)}{M-m}, m \leqslant X \leqslant \dfrac{X-m}{2} \\ \dfrac{2 \times (M-X)}{M-m}, \dfrac{X-m}{2} \leqslant X \leqslant M \end{cases} \quad (4\text{-}3)$$

式中　X——决策问题中涉及的中间型定量因素，若有 k 个取值则

$X = (x_1, x_2, \cdots, x_k)$；

m——指标 X 的下确界，数值大小与该因素属性最小值

$\min\{x_i\}, 1 \leqslant i \leqslant k$ 一致。

（3）对于区间型定量因素而言，一般视作均匀分布进行转化处理，其计算公式为：

$$X^* = \begin{cases} 1 - \dfrac{q_1 - X}{\max\{q_1 - m, M - q_2\}}, X < q_1 \\ 1 \qquad\qquad\qquad , q_1 \leqslant X \leqslant q_2 \\ 1 - \dfrac{X - q_2}{\max\{q_1 - m, M - q_2\}}, X > q_2 \end{cases} \quad (4\text{-}4)$$

式中　X——决策问题中涉及的区间型定量因素，若有 k 个取值则

$X = (x_1, x_2, \cdots, x_k)$；

q_1——根据指标内涵及特性得出的最佳区间的区间下界；

q_2——根据指标内涵及特性得出的最佳区间的区间上界。

同时，对于同一个评估体系，不同定量因素之间常常因为因素内涵、单位或量纲的不同，而呈现出较为悬殊的数值差距，严重影响了因素间的可比性、加深了因素集结难度。为确保综合评估流程得以顺利进行，需对定量因素进行无量纲化处理。考虑原始数据的基本情况和样本数量的大小，本章采用比重公式对数据量纲所带来的影响进行清除和处理，具体计算公式为：

$$\mu_{ij}^k = x_{ij} / \sum_{j=1}^{s} x_{ij} \qquad (4-5)$$

式中　　x_{ij}——决策问题中第 j 个备选方案中第 i 个要素的属性值；

　　　　s ——决策问题中备选方案的总数量；

　　　　k ——决策问题中评估要素的总数量。

定性因素与定量因素恰恰相反，其指标因素往往难以直接量化。定性因素的评估值通常采取专家研讨会、问卷调查、头脑风暴等形式进行采集和确定。由于专家经验表达往往采用语言值形式，因此评估值带有原生的模糊性。学者扎德（Zadeh）认为社会生活中现实问题并非"非此即彼""非黑即白"，而经典集合无法很好地反映客观事物的不确定性，提出模糊集理论[132]。模糊集理论常取用[0,1]数据集合中的任意数值表示元素隶属于模糊集合的程度，而区间最大值与该数的差值即为非隶属度。通过隶属度和非隶属度的采集和运算，不确定或不完全的评估信息可转变成量化模糊概念，提供运算的可能。

为了充分反映专家意见、提高评估值的准确性，国内外学者们相继针对了模糊集理论进行了大量研究。经典模糊集常采用精确数值对模糊属性或概念进行量化，这类模糊数通常与模糊综合评价方法相结合使用，表现出运算简单、易于掌握、先验知识要求低等优点，适用于涉及因素或属性较多的评估实践活动。马克斯（Marks）、孔佩尔（Kumpel）和郭（Guo）基于文献案例分析、项目调研和全行业人员问卷调查，采用经典模糊数对 40 个农村供水项目的可持续因素的评估结果进行数据采集与确定[133]。吴（Wu）、李（Li）和许（Xu）等综合考虑中国秸秆发电项目的投资机理，利用经典模糊数对项目风险因素在发生可能性和受影响程度两个维度上的表现进行专家打分和数据收集，识别出项目最关键风险因素组群并提出相应的规避策略[134]。区间模糊数是建立在经典模糊数的基础上，利用数值区间表示专家意见及偏好水平的模糊集，具有计算量较低、可扩展性强等特点，常用于要素较多、评估精度要求不高的评估过程。福鲁泽什（Foroozesh）、塔瓦库利（Tavakkoli）和穆萨维（Mousavi）为科学判断仓库选址方案的优劣程度，利用区间模糊数对供应链中各个要素特征进行数据采集和分析，得出选址决策最优方案[135]。吴（Wu）、胡（Hu）和林（Lin）等学者利用区间模糊数对中国海上风电发展障碍因素属性进行确定和计算，识别出关键要素并提出相应的战略措施[136]。三角模糊数、梯形模糊数作为区间模糊数的扩展，认为在给定区间内取值可能性是不一样的，即通过评估得出的数值上限、数值下限及最有可能的数值确定出其隶属函数和隶属关系。较之经典模糊数和区间模糊数，它们更能反映模糊概念的现实情况，具有更少信息丢失，但是需预先知道模糊因素的大致分布情况，对数学功底要求也相对较高。桑（Son）通过对三角模糊数运算规则、模糊测度及算子方面进行分析，探究其在评估活动的可扩展性和优化方向[137]。马（Ma）和肖（Xiao）基于三角模糊数的特点，论证了其在应对不确定问题的作用，以及与信息挖掘、聚类分析算法、机器学习等方面的融合可能[138]。佩雷拉（Pereira）等利用梯形模糊数对大城市中零售地点模糊属性的隶属度和非隶属度进行获取，有效减少信息丢失，提高选址决策的准确度[139]。云模型是通过模拟思维活动行为，基于期望值、熵值及超熵值完成不确定信息的定量转变。它能够很好地处理数据的不确定性和随机性，不同于常规的模糊集，它强调数据因不可预测而引发的不确定，而非表达上的不确切，常用于涉及数据挖掘、数值预测等评估活动中。周坦、胡建华和匡也基于岩体质量分级要素，利用云模型优化岩石系统工程的模糊外延表达方式，有效弱化了评估结果的主观性[140]。夏鹏、刘文颖和张尧翔等考虑风力发电的难预测性和不确定性，基于云模型理论对离散化的发电数据进行多维序列运算处理及调度优化[141]。

犹豫模糊集理论是 2009 年由著名学者托拉（Torra）补充创立，认为在确定某个模糊规则的隶属关系时，评估专家因其知识领域和认知犹豫性，而在多个数值或区间中难以抉择[142]。犹豫模糊数在理论上可以充分反映专家在多个等价区间摇摆不定的真实情况，能更好地反映数值特征和经验评估，适用于专家经验不足、因素评估难度大、指标界限不明朗且因素体系繁杂的评估情境。但是，由于犹豫模糊集运算及距离测度过程存在过大的人为干扰因素，客观说服力不足，导致其推广和应用受到了极大的阻碍。曾（Zeng）、李（Li）和殷（Yin）通过比较不同犹豫模糊元素之间的犹豫度差异和元素敏感性，提出改进的距离及相似性度量模型并辅以算例进行有效性校验[143]。赵（Zhao）、许（Xu）和王（Wang）等通过最小化主观偏好与客观实际的差值，提出改进的犹豫模糊集的距离测算及权重确定模型，从而将计算过程中的人为影响程度量纳入考虑范围[144]。李贺和江登英更是在正负理想点集的基础上，综合考虑因素个数及元素方差，定义出基于符号距离的犹豫模糊数距离测算方法及价值函数，极大程度降低了决策者主观干扰对评估结果的影响[145]。

直觉模糊数是目前最为常用的评估模糊集之一。它在数值表示上囊括了隶属度、非隶属度和犹豫程度多项信息，具有表意明确、符合客观评估需要和信息完备等特点，适合因素数量不多且评估精度要求较高的情境。孟（Meng）、唐（Tang）和藤田（Fujita）利用语言隶属度和非隶属度来表示决策者的定性偏好和非偏好判断，并应用实例证明语言直觉模糊偏好关系在多属性评估活动中的重要作用[146]。高建伟和郭奉佳考虑决策者的语言模糊性、评估犹豫度及有限理性，提出了基于直觉模糊环境和前景理论的创新多准则决策模型，并辅以案例论证[147]。纳拉亚纳穆尔蒂（Narayanamoorthy）、吉莎（Geetha）和拉基亚藩（Rakkiyappan）将语言值转化成直觉模糊，进而对专家意见偏好汇总构建出群体决策矩阵，以支持工业机器人选择决策问题研究[148]。毕达哥拉斯模糊集是对传统直觉模糊集的扩展和推广应用，继承了传统直觉模糊集基本要素和对偶特性，具有信息丢失少、评估精度高等优点[149]。相比于传统直觉模糊集，毕达哥拉斯模糊数能够直观反映隶属度与非隶属度之和大于 1 而其平方和等于 1 的情况，能精准描述管理决策中事物属性的不确定性和模糊偏好程度，但较高的运算能力不利于决策者理解和评估，如图 4-6 所示[150]。刘卫锋、常娟和何霞将加权几何和加权平均算子推广到毕达哥拉斯模糊数中，二者成功的结合为该模糊集在决策方法的应用提供可能[151]。随后，刘（Liu）、全（Quan）和史（Shi）等学者利用区间型毕达哥拉斯模糊集与定性多准则决策相结合，提出基于贴进度的优选方法，有效反映决策信息的不确定性[152]。

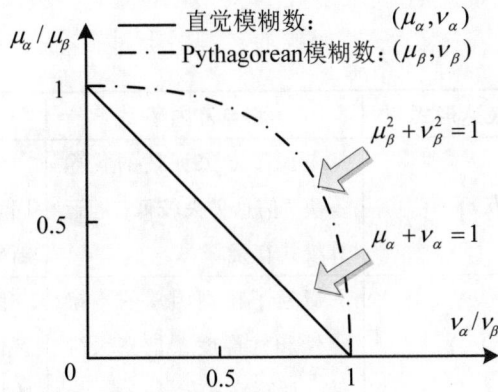

图 4-6　直觉模糊数边界曲线图

针对不同决策情境和参数模型，各类方法各有其特色和适用范围。

表 4-3 罗列了几类常见的模糊集概念、内涵特征及适用场景等信息。

表 4-3　常见模糊集概要信息分析及汇总

模糊集	表达形式	特点及内涵	适用场景
经典模糊集	$1,2,3,\cdots$	运算简单、易于掌握、先验知识要求低，但信息丢失严重	涉及因素较多且评估精度要求不高的评估模型
区间模糊集	$[\underline{a},\overline{a}]$	函数分布均匀，运算简单、方法成熟、易于掌握，信息丢失较严重	涉及因素较多且评估精度要求不高的评估模型
三角／梯形模糊集	$(\underline{a},a,\overline{a})$ ；$(\underline{a},a_1,a_2,\overline{a})$	隶属函数分布不均匀但规则，信息丢失较少，评估结果可靠，但对专家先验知识要求较高	已知模糊因素大致情况且分布较为规则的模型
云模型	(Ex,En,He)	能应对评估因素的随机性和难预测性，信息丢失极低，运算复杂	强调数据规律及随机性特征的评估情境

模糊集	表达形式	特点及内涵	适用场景
犹豫模糊集	$\{a,b,c,\cdots\}$	考虑了专家评估的犹豫不决，信息丢失较低，但运算模式存疑	专家经验不足、因素界限不明朗的新领域评估
直觉模糊集	(μ_x,ν_x)	囊括了模糊因素的不确定性和犹豫度，信息丢失低，计算略复杂	因素数量不多且评估精度要求较高的评估情境

4.2.2 直觉模糊环境的评估值确定方法

由于光伏扶贫工程涵盖国家财政拨付、涉及公平正义、惠及社会经济发展，政府作为项目投资人对调研专家的学术背景、评估结果的精度等做出了较高的要求。基于上述各类模糊集的特征及使用场景描述，权衡评估因素体系所涉指标数量及模糊界限水平，考虑决策实用度和效率性，本章采用直觉模糊集作为定性因素评估值确定的重要支撑。

定义 1[153]：直觉模糊集 $P=<\mu_{PFS},\nu_{PFS}>$ 的任一给定论域 X，存在任意 $x\in X$，有：

$$0\leqslant \mu_{IFS}(x)+\nu_{IFS}(x)\leqslant 1 \tag{4-6}$$

$$\pi_{IFS}(x)=1-\mu_{IFS}(x)-\nu_{IFS}(x) \tag{4-7}$$

式中　　$\mu_{IFS}(x)$——隶属度，用以表示某问题的评估结果隶属于该模糊范畴的程度；

$\nu_{IFS}(x)$——非隶属度，取值范围与隶属度取值区间一致，均为 $[0,1]$；

$\pi_{IFS}(x)$ ——犹豫度或直觉指数，代表专家意见在模糊评估中的
不确定程度。

定义 2[154]:对于任意正数 λ，直觉模糊集 $P_1 = < \mu_{PFS-1}, v_{PFS-1} >$ 和
$P_2 = < \mu_{PFS-2}, v_{PFS-2} >$ 均存在如下叠加、乘积和数乘的运算法则：

$$P_1 \oplus P_2 = < \mu_{PFS-1} + \mu_{PFS-2} - \mu_{PFS-1}\mu_{PFS-2}, v_{PFS-1}v_{PFS-2} >$$
$$P_1 \otimes P_2 = < \mu_{PFS-1}\mu_{PFS-2}, v_{PFS-1} + v_{PFS-2} - v_{PFS-1}v_{PFS-2} >$$
$$\lambda P_1 = < 1 - (1 - \mu_{PFS-1})^{\lambda}, v_{PFS-1}^{\lambda} >$$

定义 3[155]：直觉模糊集 $P_1 = < \mu_{PFS-1}, v_{PFS-1} >$ 和 $P_2 = < \mu_{PFS-2}, v_{PFS-2} >$
的欧式距离为：

$$d(P_1, P_2) = \sqrt{\frac{1}{2}[(\mu_{PFS-1} - \mu_{PFS-2})^2 + (v_{PFS-1} - v_{PFS-2})^2 + (\pi_{PFS-1} - \pi_{PFS-2})^2]} \quad （4-8）$$

4.3　直觉模糊主客观组合权重计算

在项目实施区域优选决策中，因素权重的大小直接反映了该因素
在评估体系中的价值占比。权重大的要素往往具有一定的决策导向性，
表现为决策者在管理决策过程中优先考虑的要点或尽力规避的风险点，
极大程度上影响最终决策结果的确认和施行。因此，充分利用专家经
验和属性信息，明确全面科学的权重计算方法显得尤为重要。

4.3.1　权重确定方法介绍与分析

权重确定是管理决策活动中的惯常性操作，除了自带权重计算模
型的数据包络分析方法外，几乎所有多准则决策模型都需针对因素权

重进行测算。常用的权重确定方法包括特征值系列方法、BWM 法、DEMATEL 法、离差最大化法、熵权法和 CRITIC 法。

1. 特征值系列方法概述与分析

特征值系列方法主要以层次分析法和网络层次分析法为代表。层次分析法通过将复杂的决策系统按照要素类型进行层级划分，形成"目标—准则—备选方案"三层架构，进而对同一层次的要素进行两两重要性比较并生成判断矩阵，若矩阵通过一致性检验，则由特征值进行权重计算。网络层次分析法认为简单层级关系难以表征复杂决策问题中要素相关作用，除了要权衡同一层级要素相对重要性外，还需对高层级要素对低层级要素的控制影响，以及低层级要素对高层级要素的反馈作用进行测度。因此，网络层次分析法在传统层次分析计算过程的基础上添加了层级间影响系数而构造出网络型超矩阵，随后结合重要性的成对比较矩阵进行特征值计算，并利用归一化后的特征向量进行加权超矩阵的计算，最终根据极限求幂保证矩阵向量元素处于稳定状态而得到可用的极限超矩阵，此时所得矩阵列向量数值上表示在特定标准下各元素的相对重要程度。计算步骤如下。

步骤①：制定相对重要性等级及打分规则。一般而言，均采用萨蒂（Saaty）在 1980 年基于人们普遍认知偏好和决策习惯创设的等级评估模式进行相对重要性比较和判断。

步骤②：专家根据评估规则，针对两两因素的相对重要性进行打分，得到判断矩阵。

$$A = \begin{bmatrix} a_{11} & a_{12} & \cdots & a_{1n} \\ a_{21} & a_{22} & \cdots & a_{2n} \\ \vdots & \vdots & \ddots & \vdots \\ a_{n1} & a_{n2} & \cdots & a_{nn} \end{bmatrix} \tag{4-9}$$

式中　n——决策系统中的指标总数量，数值上反映判断矩阵的阶数；

　　　a_{ij}——因素 i 较之因素 j 的重要程度，满足 $a_{ij} > 0$，若 $a_{ij} > 1$ 则因

　　　　素 i 更为重要。

步骤③：为保证判断前后连续性，利用以下公式测算一致性系数。

$$A \cdot W = \lambda_{\max} \cdot W \tag{4-10}$$

$$CI = (\lambda_{\max} - n)/(n-1) \tag{4-11}$$

式中　$\lambda_{\max}$——判断矩阵 A 的最大特征值；

　　　W——判断矩阵 A 最大特征值对应的特征向量；

　　　CI——一致性系数，该系数越接近于 0 则一致性越高，当 $CI = 0$

　　　　则完全一致。

步骤④：为了衡量 CI 值代表的波动程度，因此该方法设置了随机系数 RI，其数值大小受判断矩阵的阶数影响，若阶数越大则一致性偏离可能性越高。

计算判断矩阵的评估一致性，即评估要素相对重要性时有无违反传递性原则而存在前后矛盾的现象，例如：令 $i > j$ 表示元素 i 重要于元素 j，当在已有评价 $i > j$ 且 $j > k$ 的基础上，专家更做出了 $k > i$ 的判断；结合评估随机因素的影响，该方法基于一致性系数和随机系数的比值得到检验系数 CR，并经由实验演算确认以 0.1 作为判定阈值，即当 $CR < 0.1$ 时，该判断矩阵满足评估连续性和一致性，符合科学运算的要求。

$$CR = \frac{CI}{RI} \qquad (4\text{-}12)$$

步骤⑤：若判断矩阵达到检验标准，则利用下式进行归一化并测得权重向量 $\bar{W}$ 。

$$\bar{W} = W / \sum_{i=1}^{n} w_i \qquad (4\text{-}13)$$

2. BWM 法介绍与分析

BWM 法于 2015 年由雷扎伊（Rezaei）提出[156]，也是一种基于两两比较思想进行要素相对重要性确定的求权方法。设某决策问题有准则体系为 $X = \{X_1, X_2, \cdots, X_n\}$ ，那么大致步骤可以概括为：①从 n 个准则中识别出最重要和最次要的要素，分别记作 X_{best} 和 X_{worst} ；②同样地，结合特征值系列方法中萨蒂的 1—9 标度表，记录最重要要素对于其他要素的相对优先程度 $A_{\text{best}} = (a_{b1}, a_{b2}, \cdots, a_{bn})$ ，并记录其他要素对于最次要要素的相对优先程度 $A_{\text{worst}} = (a_{w1}, a_{w2}, \cdots, a_{wn})$ ；③假设最终求得的权重向量为 $\bar{W} = (w_1, w_2, \cdots, w_n)$ ，那么可列出数学规划方程式，如式（4-14）所示：

$$\min \ \max_{1 \leqslant i \leqslant n} \{| \frac{w_{\text{best}}}{w_i} - a_{bi} |, | \frac{w_i}{w_{\text{worst}}} - a_{wi} |\}$$

$$s.t. \begin{cases} \sum_{i=1}^{n} w_i = 1 \\ w_i \geqslant 0, i = 1, 2, \cdots, n \end{cases} \qquad (4\text{-}14)$$

式中　w_{best} / w_i ——决策问题中最重要要素对于要素 i 的相对重要性；

w_i / w_{worst} ——决策问题中要素 i 对于最次要要素的相对重要性。

BWM 法是基于 w_{best}/w_i 和 a_{bi}、w_i/w_{worst} 和 a_{wi} 数值趋同的假定。即对于任意 $i \in (1,2,\cdots,n)$，取 $|w_{best}/w_i - a_{bi}|$ 和 $|w_i/w_{worst} - a_{wi}|$ 中最大值作为目标函数，并求出令其取值最小的权重向量 $W^* = (w_1^*, w_2^*, \cdots, w_n^*)$，且该向量各个元素非负，加和恰好等于 1。对于整个算法的比较结构而言，其时间复杂度仅有 $(2n-3)$ 次，远小于传统特征值法两两比较过程的 $n(n-1)/2$ 次，大大缩减了时间成本。随着要素个数的增多，特征值系列方法渐显颓势，而 BWM 法的计算优势越明显。这两类方法所需的比较次数如图 4-7 所示。

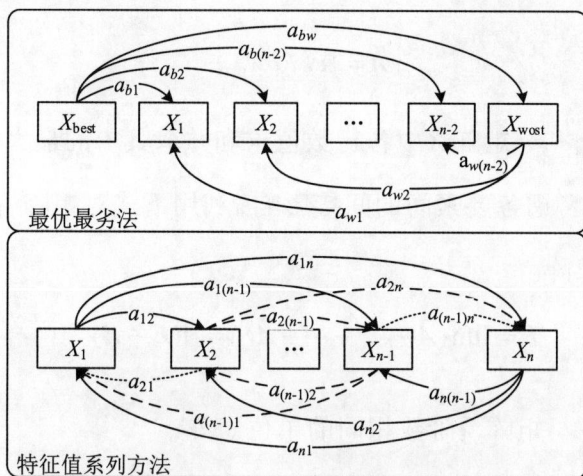

图 4-7　BWM 法和特征值系列方法的比较次数

3. DEMATEL 法计算过程介绍

这是基于带权图论思想和矩阵计算的系统性因素研究方法。其具体步骤如下。

步骤①：决策者根据系统要素内生关系及经验评估出直接影响矩

阵 $A = \{a_{ij}\}_{n \times n}$，而矩阵元素 a_{ij} 表征决策空间中因素 i 对因素 j 的影响程度，且应满足非负要求。且当 a_{ij} 等于零时则说明因素 i 和因素 j 之间无影响关系。区别于上述两种方法，其判断矩阵元素基于两两影响关系求得的。同样地，可采取扩展萨蒂的评估等级规则进行数据采集。

步骤②：依照以下两个公式对直接影响矩阵 A 进行规范化处理。求得行和最大值，再利用该值对矩阵 A 进行规范化处理，即规范影响矩阵。

$$Row_{\max} = \max(\sum_{j=1}^{n} a_{ij}) \tag{4-15}$$

$$\overline{A} = A / Row_{\max} \tag{4-16}$$

式中 $Row_{\max}$ ——矩阵 A 中各行数值求和并取其中的最大数值。

步骤③：考虑各要素间的间接影响，利用下式对矩阵 $\overline{A}$ 进行自乘，并求得综合矩阵。

$$T = \lim_{\lambda \to \infty}(\overline{A} + \overline{A}^2 + \cdots + \overline{A}^{\lambda}) = \overline{A}(E - \overline{A})^{-1} \tag{4-17}$$

式中 E ——与矩阵 $\overline{A}$ 阶数相同的单位矩阵；

λ ——取值趋于正无穷的自然数，表示矩阵 $\overline{A}$ 的自乘次数；

T ——综合影响矩阵，记作 $T = \{t_{ij}\}_{n \times n}$。

步骤④：通过下列式子计算决策指标体系间的影响度、被影响度、原因度和中心度。其中，中心度表示某要素对整个系统的重要性，也是定立要素权重的关键依据。

$$R_i = \sum_{j=1}^{n} t_{ij} \tag{4-18}$$

$$C_j = \sum_{i=1}^{n} t_{ij} \qquad (4\text{-}19)$$

$$Rr_i = R_i - C_i \qquad (4\text{-}20)$$

$$Dr_i = R_i + C_i \qquad (4\text{-}21)$$

式中　R_i——因素 i 对其他因素的综合影响程度，又称影响度；

　　　C_j——因素 j 被其他因素影响的程度，又称被影响度；

　　　Rr_i——因素 i 的原因度，若其数值为正则该因素为原因因子，否则则为结果因子；

　　　Dr_i——因素 i 的中心度，反映各个因素在体系中的定位。

步骤⑤：利用式（4-22）计算各要素的权重值，而后将权重值综合可得权重向量。

$$w_i = (R_i + C_i)/\sum_{j=1}^{n}(R_j + C_j) \qquad (4\text{-}22)$$

4. 离差最大化法方法介绍与说明

本方法是从决策问题的评估效果出发，认定当备选项目的差距越大，则评估效果越好。同时，参照要素的可测可比性原则，若各备选项目在某要素下的属性值差异越大，那么该要素在决策问题中所占的比重也越大。基于此，其演算步骤可概括为：

步骤①：若某决策问题存在 n 个评估要素和 s 个备选项目，根据平均加权原则计算项目方案的评估结果，具体公式如式（4-23）所示。

$$E_k = \sum_{i=1}^{n} w_i v_{ik}, \ k = 1,2,\cdots,s \qquad (4\text{-}23)$$

式中　w_i——要素 i 的预设权重值，由此可得决策空间权向量为

$$W = (w_1, w_2, \cdots, w_n) ;$$

v_{ki}——在第 i 个要素下备选项目 k 的评估值，则决策空间属性矩

阵为 $V = \{v_{ij}\}_{n \times s}$。

步骤②：利用式（4-24）计算各要素下所有项目的离差加和，即要素总离差。

$$V_x = \sum_{y=1}^{s} \sum_{k=1}^{s} |v_{xy} - v_{xk}| \cdot w_x, \quad x = 1, 2, \cdots, n \qquad （4\text{-}24）$$

步骤③：当总离差最大化时，项目方案间差异最明显且各要素评估效果最好。由此，可构建数学规划模型如式（4-25）所示。

$$\max \sum_{x=1}^{n} \sum_{y=1}^{s} \sum_{k=1}^{s} |v_{xy} - v_{xk}| \cdot w_x$$

$$\text{s.t.} \begin{cases} \sum_{x=1}^{n} w_x^2 = 1 \\ w_x > 0, \quad x = 1, 2, \cdots, n \end{cases} \qquad （4\text{-}25）$$

5．CRITIC 法概述与介绍

CRITIC 法又称基于准则间相关性定权分析法，是在要素可测可比性原则的基础上突破性地引入要素相关关系的客观定权方法。同离差最大化法理念相似，它通过标准差计算考虑了同一要素下不同方案的属性差距，即对比强度。特殊地，它还以要素相关性作为其冲突强度的衡量标准，即如若两要素间存在明显的相关关系，那么其冲突性极低。

由此，其常规步骤可归纳为三项基本过程。

步骤①：结合某一决策问题的 n 个要素、s 个样本对应的信息矩阵

$V = \{v_{ij}\}_{n \times s}$ ，利用下列公式求得对比强度矩阵 $A = (a_1, a_2, \cdots, a_n)^T$ ，而 a_i 反映决策系统中要素 i 标准差情况。

$$a_i = \sqrt{\sum_{j=1}^{s}(v_{ij} - \sum_{j=1}^{s}v_{ij}/s)^2/s} \qquad (4\text{-}26)$$

步骤②：计算决策系统的指标要素冲突强度，具体如式（4-27）所示。

$$r_{ik} = \frac{\sum_{j=1}^{s}[(v_{ij} - \overline{v}_i) \cdot (a_{kj} - \overline{v}_k)]}{\sqrt{\sum_{j=1}^{s}(v_{ij} - \overline{v}_i)^2} \cdot \sqrt{\sum_{j=1}^{s}(v_{kj} - \overline{v}_k)^2}} \qquad (4\text{-}27)$$

式中　r_{ik}——要素 i 和要素 k 之间的相关系数。

步骤③：结合"若某要素拥有较大的标准差则将被视为所含信息量更大，而应分配较大的权重参数；而当其数值越大则说明相似性越大而包含信息量越少，那么理应设置较小的权重参数"的基本认定，根据下列公式可测得最终权重向量 $W = (w_1, w_2, \cdots, w_n)$ 。

$$c_i = a_i \cdot \sum_{k=1}^{n}(1 - r_{ik}) \qquad (4\text{-}28)$$

$$w_i = c_i / \sum_{j=1}^{n}c_j \qquad (4\text{-}29)$$

6. 熵值法介绍与说明

熵值法又称熵权法，是以信息论为基础根据决策信息的无序程度设立权重的方法。如若一个决策系统越混乱无序，则将表现为信息熵取值越大，而其承载的可用信息量也越小且越不助于决策活动[157]，因此，可取用熵值的大小进行要素权重判定，步骤为：

步骤①：选取容量为 s 的待评估样本，而决策评估空间维度为 n，决策者依照要素价值判断的信息矩阵 $V = \{v_{ij}\}_{n \times s}$，利用式（4-30）对其标准化，可得标准矩阵 $\overline{V} = \{\overline{v}_{ij}\}_{n \times s}$。

$$\overline{v}_{ij} = \frac{v_{ij} - \min\limits_{1 \leqslant k \leqslant s}\{v_{ik}\}}{\max\limits_{1 \leqslant k \leqslant s}\{v_{ik}\} - \min\limits_{k}\{v_{ik}\}} \text{或} \frac{\max\limits_{1 \leqslant k \leqslant s}\{v_{ik}\} - v_{ij}}{\max\limits_{1 \leqslant k \leqslant s}\{v_{ik}\} - \min\limits_{1 \leqslant k \leqslant s}\{v_{ik}\}} \quad （4\text{-}30）$$

式中　$\max\{v_{ik}\}$——第 i 维决策空间中所有样本的最大取值，满足 $1 \leqslant k \leqslant s$；

　　　　$\min\{v_{ik}\}$——第 i 维决策空间中所有样本的最小取值，满足 $1 \leqslant k \leqslant s$。

步骤②：测算决策系统的熵值水平，具体过程依照如下两个公式进行计算。

$$p_{ij} = \overline{v}_{ij} \left/ \sum_{j=1}^{s} \overline{v}_{ij} \right. \quad （4\text{-}31）$$

$$e_i = -\frac{1}{\ln(n)} \cdot \sum_{j=1}^{s} p_{ij} \ln(p_{ij}) \quad （4\text{-}32）$$

式中　p_{ij}——第 i 维决策空间中样本 j 取值占据的比例大小；

　　　　e_i——第 i 维决策空间的信息量情况，又称为系统熵值。

步骤③：基于各要素熵值大小，利用如下两个公式测算决策要素的权重。

$$q_i = 1 - e_i \quad （4\text{-}33）$$

$$w_i = q_i \left/ \sum_{j=1}^{n} q_j \right. \quad （4\text{-}34）$$

式中　q_i——第 i 维决策空间的变异程度，反映信息冗余情况。

　　针对不同决策情境和参数模型，各类方法各有其特色和适用范围。综合上述定权算法的计算过程和描述，本节对相关方法的基本信息进行简单归纳，详情见表 4-4。

表 4-4　常用的权重确定方法特征分析

定权方法	所属类别	内涵特征	适用场景
特征值法	主观定权	系统全面，运算原理简单，易于掌握，对定量知识要求低，演算时间消耗略高	涉及指标数量不多、定性指标占较高的指标体系
BWM	主观定权	原理简单，易于掌握，但涉及模糊概念时求解尤为复杂，需要较高数学功底	涉及因素适中、定性指标占比较高的指标体系
DEMATEL	主观定权	能够梳理系统内生关系，可表示系统指标间的影响度和被影响度，但无法反映指标间的相对重要程度，易发生偏颇	系统要素关系复杂且强度较大、要素目标相对统一且无须关注单个指标重要性的情境
离差最大化	客观定权	符合要素构建原则，计算过程相对复杂且过于依赖属性分布情况，扩展性较差	要素个数有限且定量要素占比较高、数据典型的评估情境
CRITIC	客观定权	既考虑信息特征又考虑要素关系，但若决策数据过多，计算复杂度将大大增加	定量要素占比大、需考虑要素间关系、精度要求较高的情境
熵值法	客观定权	避免主观臆断的影响，但取决于数据的离散程度，难以准确反映要素重要程度	要数个数适中决策数据离散性和典型性较高的情境

4.3.2　直觉模糊环境的组合定权方法

　　基于上述方法适用情境和基本内涵分析，本节拟采用兼顾相对重要程度和信息量大小的主客观组合定权方法。结合直觉模糊集的基本特征，组合定权方法步骤如下。

步骤①：E_1 名专家组合评估小组，小组成员根据两两要素之间的相对重要程度等级，进行语言值打分。根据隶属度越高则其相对重要程度越大的原则，若选取某决策问题中要素 X1 对 X2 的相对重要性为例，那么其语言值转化规则见表 4-5 [158]。

表 4-5　相对重要性语言值转化规则

语言值	评估内涵	直觉模糊数	语言值	评估内涵	直觉模糊数
EG	X1 比 X2 绝对重要	<0.90,0.10>	F	X2 与 X1 同等重要	<0.50,0.40>
VG	X1 比 X2 尤其重要	<0.80,0.15>	MP	X2 比 X1 稍微重要	<0.40,0.45>
G	X1 比 X2 相当重要	<0.70,0.20>	P	X2 比 X1 相当重要	<0.30,0.60>
MG	X1 比 X2 稍微重要	<0.60,0.25>	VP	X2 比 X1 尤其重要	<0.20,0.75>
EF	X1 与 X1 绝对一致	<0.50,0.50>	EP	X2 比 X1 绝对重要	<0.10,0.90>

根据上述转化规则可将语言变量矩阵转化为直觉模糊判断矩阵 A，具体形式为：

$$A = \begin{bmatrix} <\mu_{11},v_{11}> & <\mu_{12},v_{12}> & \cdots & <\mu_{1n},v_{1n}> \\ <\mu_{21},v_{21}> & <\mu_{22},v_{22}> & \cdots & <\mu_{nn},v_{nn}> \\ \vdots & \vdots & \ddots & \vdots \\ <\mu_{n1},v_{n1}> & <\mu_{n2},v_{n2}> & \cdots & <\mu_{nn},v_{nn}> \end{bmatrix} \quad (4\text{-}35)$$

式中　μ_{ij}——要素 i 对要素 j 相对重要性的隶属度，取值空间为 $0 \leqslant \mu_{ij} \leqslant 1$；

v_{ij}——要素 i 对要素 j 相对重要性的隶属度，取值空间为 $0 \leqslant v_{ij} \leqslant 1$。

步骤②：若存在多专家分别估值的情况，考虑到具有较大犹豫指数的专家在评估中具有较高的不确定性，应给予较低的置信度的理论[159]。因此，遵循基于信息熵的置信度函数，进而确定各专家的评估权重并进行信息集结，具体公式如下所示。

$$b_k(\pi) = -1 / (\sum_{i=1}^{n} \pi_i^k) \ln(\sum_{i=1}^{n} \pi_i^k) \qquad (4\text{-}36)$$

$$w_k(\pi) = -b_k(\pi) / \sum_{k=1}^{E} b_k(\pi) \qquad (4\text{-}37)$$

$$A = \sum_{k=1}^{E} b_k(\pi) \cdot A^k \qquad (4\text{-}38)$$

式中　k——专家编号，取值范围为 $0 \leqslant k \leqslant E_1$；

　　　π_i^k——专家 k 在要素 i 评估中的犹豫程度，数值上等于

　　　　　$(1 - \mu_i^k - v_i^k)$；

　　　$b_k(\pi)$——专家 k 在本轮评估中的信息涵盖量。

步骤③：构建直觉模糊积性一致性矩阵 $\bar{A} = \{< \bar{\mu}_{ij}, \bar{v}_{ij} >\}_{n \times n}$，计算方式如下[160]。

$$\bar{\mu}_{ij} = \begin{cases} \dfrac{\sqrt[j-i-1]{\prod_{t=i+1}^{j-1} \mu_{it} \mu_{tj}}}{\sqrt[j-i-1]{\prod_{t=i+1}^{j-1} \mu_{it} \mu_{tj}} + \sqrt[j-i-1]{\prod_{t=i+1}^{j-1} (1-\mu_{it})(1-\mu_{tj})}}, j > i+1 \\ \mu_{ij}, j = i+1 \\ 0.5, j = i \\ \bar{v}_{ji}, j < i \end{cases} \qquad (4\text{-}39)$$

$$\bar{v}_{ij} = \begin{cases} \dfrac{\sqrt[j-i-1]{\prod_{t=i+1}^{j-1} v_{it} v_{tj}}}{\sqrt[j-i-1]{\prod_{t=i+1}^{j-1} v_{it} v_{tj}} + \sqrt[j-i-1]{\prod_{t=i+1}^{j-1} (1-v_{it})(1-v_{tj})}}, j > i+1 \\ v_{ij}, j = i+1 \\ 0.5, j = i \\ \bar{\mu}_{ji}, j < i \end{cases} \qquad (4\text{-}40)$$

步骤④：为保证判断评估连续性，引入一致性系数 ξ，一般取值为 0.1。当评估集与标准集的差距小于给定的阈值范围，则该评估集矩阵通过一致性检验。距离公式为：

$$d(A, \overline{A}) = \frac{1}{2(n-1)(n-2)} \sum_{i=1}^{n} \sum_{j=1}^{n} (|\mu_{ij}^2 - \overline{\mu}_{ij}^2| + |v_{ij}^2 - \overline{v}_{ij}^2| + |\pi_{ij}^2 - \overline{\pi}_{ij}^2|) \quad (4\text{-}41)$$

步骤⑤：利用检验后的评估集 A 计算直觉模糊向量，计算公式如式（4-42）所示。

$$S_j = \left(\sum_{j=1}^{n} \mu_{ij} / \sum_{i=1}^{n} \sum_{j=1}^{n} (1-v_{ij}), 1 - \sum_{j=1}^{n} (1-v_{ij}) / \sum_{i=1}^{n} \sum_{j=1}^{n} \mu_{ij} \right) \quad (4\text{-}42)$$

步骤⑥：利用式（4-8）计算直觉模糊向量 S 中各元素与最劣直觉模糊数<0,1>之间的距离，得到主观权重向量 $WS = (ws_1, ws_2, \cdots, ws_n)$。

步骤⑦：邀请 Ee 名专家组成评估小组，小组成员依照指标体系的释义说明及具体情况进行信息收集和经验评估，进行信息集结后得到混合信息矩阵 $VA = \{va_{ij}\}_{n \times s}$。

步骤⑧：计算混合信息矩阵下各指标的概念均值，具体公式如下。

$$\overline{va}_i = va_{i1} \oplus va_{i2} \oplus \cdots \oplus va_{is} / s = \begin{cases} \sum_{j=1}^{s} va_{ij} / s, va_{ij} \in \Omega_1 \\ <1 - \prod_{j=1}^{s}(1-\mu_{ij})^{1/s}, \prod_{j=1}^{s} v_{ij}^{1/m} >, va_{ij} \in \Omega_2 \end{cases} \quad (4\text{-}43)$$

式中　　Ω——因素类型，第一类为精确定量指标，第二类为直觉模糊定性指标。

步骤⑨：将样本数据与概念均值的距离代入式（4-31）和式（4-32）求取信息熵。

步骤⑩：基于样本熵值结合式（4-33）和式（4-34）求得客观权重 ***WO***。

步骤⑪：对所得的主观权重和客观权重进行归一化及集结处理，具体如下式所示。

$$W = \alpha \cdot WS + \beta \cdot WO \qquad (4-44)$$

4.4　基于 TODIM 集结框架的区位优选排序

信息集结的模式指在决策矩阵信息已知、要素权重已得的前提下如何获取综合决策结果的步骤和过程；优选排序则是在信息集结结果的基础上进行效用、偏好等主观感知的处理，得出综合优选值并基于此执行排序。信息集结及排序方法的科学合理性直接决定了最终评估决策的适用性和有效性。一般而言，有效的方法能够充分利用采集的决策信息矩阵，使优势项目与劣势项目的评估结果在数值上极大地区分，以便决策者挑选出各方面表现俱佳的项目予以投资。因此，权衡客观认知与主观偏好，科学地考究信息集结及排序方法对于有效决策的落实具有重要价值。

4.4.1　信息集结及排序技术特点

信息集结及排序方法的功能主要是将因素权重和决策信息矩阵按照合理的规则进行综合，从而得出决策方案的优选评价值。信息集结方法一般采用各类算子进行运算；而常用的排序手段包括逼近理想点排序方法（TOPSIS）、VIKOR、ELECTRE、PROMETHEE、改进累积前景理论、TODIM 决策框架等。根据各类方法基本原理、核心理念及相关计算过程，可以将其归纳为 4 类：利用算子运算的信息集结方法、基于理想效用的排序方法、考虑级别高于关系的排序算法和结合风险偏好理论的排序手段。

1. 利用算子运算的信息集结方法

信息集结算子是排序技术的基础模块，主要根据决策信息及权重的数据特性进行信息整合处理，从而得出带权决策信息矩阵。令 $W = (w_1, w_2, \cdots, w_n)^{\mathrm{T}}$ 表示决策问题要素空间的权重向量，而 $V = \{v_{ij}\}_{n \times s}$ 为信息矩阵，表征备选项目在特定要素下的取值信息。根据是否需对信息矩阵进行重新排序可分为一般算子和有序算子。常见的集结原则包括算术平均、几何平均和调和平均。由此可得，一般算子计算公式为：

$$WAA_j = \sum_{i=1}^{n} v_{ij} w_i \qquad (4\text{-}45)$$

$$WGA_j = \prod_{i=1}^{n} (v_{ij})^{w_i} \qquad (4\text{-}46)$$

$$WHA_j = 1 / \sum_{i=1}^{n} \frac{w_i}{v_{ij}} \qquad (4\text{-}47)$$

式中　WAA_j——利用属性与权重直接加成求和的加权算术平均算子；

　　　WGA_j——以属性为底、权重为指数并求乘积的加权几何平均算子；

WHA_j ——将权值与属性倒数直接加成求和并取倒数的调和平均算子。

若令 $Value^* = \{v_{ij}^*\}_{n\times s}$ ，v_{ij}^* 表示备选方案 j 的第 i 大属性值，即对于任意 $a < b$ 且 $1 \leqslant j \leqslant s$ 满足 $v_{aj}^* \leqslant v_{bj}^*$ ，基于以上 3 个公式可推得有序加权平均算子 OWA_j 、有序几何平均算子 $OWGA_j$ 和有序调和平均算子 $OWHA_j$ 的算式。学者们更是针对模糊数特性结合取大、取小、求和、求积、幂指等操作创设出拓展集结算子。除了部分自带集结机制的排序技术或求解特殊要求外，惯常使用 WAA 、OWA 或算数加权拓展算子进行信息集结。

2. 基于理想效用的排序方法

基于理想效用的排序方法主要以 TOPSIS 和 VIKOR 技术为代表。如若将决策问题的 n 个评估要素视为一个维度，那么该决策问题可形成稳定的 n 维空间，s 个备选项目依照其属性取值对应空间内 s 个点。那么，根据理想点的定义，每一维度下最低取值和最高取值则被视作理想劣状态和理想优状态，当空间内存在项目各属性均满足理想劣状态，则称负理想解；而空间内某点的属性值均为理想优状态时则为正理想解。基于理想点的基本概念衍生出的 TOPSIS 法和 VIKOR 法计算过程如下。

步骤①：对信息矩阵 $V = \{v_{ij}\}_{n\times s}$ 进行预处理，求得决策信息矩阵 $V^* = \{v_{ij}^*\}_{n\times s}$ 。首先，式（4-2）将所有要素转化为效益型测度标准，得到矩阵 $\tilde{V} = \{\tilde{v}_{ij}\}_{n\times s}$ ；接着，用式（4-5）调整测度标准并使其达到一致后，

通过数据归一化消除要素间的量纲冲突，得标准矩阵 $\overline{V} = \{\overline{v}_{ij}\}_{n \times s}$；最后，通过式（4-48）算得决策信息矩阵。

$$v_{ij}^* = \begin{cases} w_i \cdot \overline{v}_{ij}, V \in Q_1 \\ \overline{v}_{ij}, V \in Q_2 \end{cases} \qquad (4\text{-}48)$$

式中　w_i——决策问题中要素 i 对应的权重值；

　　　Q_1——决策问题所采用的排序方法为 TOPSIS；

　　　Q_2——决策问题所采用的排序方法为 VIKOR。

步骤②：识别决策信息矩阵中的正、负理想状态，勾勒出理想元素向量，则有下式：

$$Ideal^+ = (v_1^+, v_2^+, \cdots, v_n^+) = (\max_{1 \leq k \leq s}\{v_{1k}^*\}, \max_{1 \leq k \leq s}\{v_{2k}^*\}, \cdots, \max_{1 \leq k \leq s}\{v_{nk}^*\})^T \qquad (4\text{-}49)$$

$$Ideal^- = (v_1^-, v_2^-, \cdots, v_n^-) = (\min_{1 \leq k \leq s}\{v_{1k}^*\}, \min_{1 \leq k \leq s}\{v_{2k}^*\}, \cdots, \min_{1 \leq k \leq s}\{v_{nk}^*\})^T \qquad (4\text{-}50)$$

式中　$Ideal^+$——决策问题中解集空间的正理想状态；

　　　$Ideal^-$——决策问题中解集空间的负理想状态。

步骤③：求解各备选项目到理想方案的距离，若令 $P_k = (v_{1k}^*, v_{2k}^*, \cdots, v_{nk}^*)^T$ 代表项目 k 的各项属性，而 d^+ 和 d^- 分别表征具体项目到最优和最劣理想状态的距离，那么则有：

$$d_k^+ = d(Ideal^+, P_k) = \sqrt{\sum_{i=1}^{n}(v_i^+ - v_{ik}^*)^2}, \ k = 1, 2, \cdots, s \qquad (4\text{-}51)$$

$$d_k^- = d(Ideal^-, P_k) = \sqrt{\sum_{i=1}^{n}(v_i^- - v_{ik}^*)^2}, \ k = 1, 2, \cdots, s \qquad (4\text{-}52)$$

$$d_{\max} = d(Ideal^+, Ideal^-) = \sqrt{\sum_{i=1}^{n}(v_i^+ - v_i^-)^2}, \ k = 1, 2, \cdots, s \qquad (4\text{-}53)$$

步骤④：计算最终的备选方案评估得分，并以分值高低作为排序依据。若为 TOPSIS 排序过程，则依照"越逼近理想优值状态，越远离概念最劣状态，则为项目方案越好"的原则进行测算；若为 VIKOR 排序过程，则需先计算总体效用值和要素最大遗憾值，并经由效用获得与遗憾减免折中考虑进行测度。计算方程如下。

$$S_k = \sum_{i=1}^{n} \frac{w_i d_k^+}{d_{\max}} \quad (4\text{-}54)$$

$$R_k = \max_{1 \leq i \leq n} \left\{ \frac{d_k^+}{d_{\max}} \right\} \quad (4\text{-}55)$$

$$Score_k = \begin{cases} \dfrac{d_k^-}{d_k^+ + d_k^-}, \ V \in Q_1 \\[3mm] \rho \dfrac{S_k - \min\limits_{1 \leq k \leq s}\{S_k\}}{\max\limits_{1 \leq k \leq s}\{S_k\} - \min\limits_{1 \leq k \leq s}\{S_k\}} + (1-\rho) \dfrac{R_k - \min\limits_{1 \leq k \leq s}\{R_k\}}{\max\limits_{1 \leq k \leq s}\{R_k\} - \min\limits_{1 \leq k \leq s}\{R_k\}}, \ V \in Q_2 \end{cases} \quad (4\text{-}56)$$

式中　S_k——决策问题中方案 k 的总体效用值，又称群体效用；

　　　R_k——决策问题中方案 k 的要素最大遗憾值，又称个体遗憾；

　　　ρ——决策者的决策折中系数，取值范围为 $0 < \rho < 1$。

3. 考虑级别高于关系的排序算法

考虑级别高于关系的排序算法主要分为两个族系：ELECTRE 族系和 PROMETHEE 族系。对于理想效用理论而言，考虑级别高于关系的排序算法利用决策者知识和经验把握程度对方案属性值进行比对和优选关系划分，并基于指标次序出发分析备选项目优势度。目前的 ELECTRE 族系的方法已进化数代，相比于第一代和第二代 ELECTRE 排序方法，ELECTRE Ⅲ 创造性利用定量化的思想赋值弱次序关系，

令方案属性矩阵为 $Value = \{v_{ij}\}_{n \times s}$ ，则其演算过程如下。

步骤①：经由综合评估要素特性和经验分析，预先给出无差异阈值 ρ 、严格优于阈值 σ 和否认阈值 ϑ ，即若在要素 i 下方案 a 和 b ，存在 $|v_{ia} - v_{ib}| \leqslant \rho_i$ ，则认为两方案在该指标下无支配关系 $A_i \sim B_i$ ；若存在 $|v_{ia} - v_{ib}| \geqslant \vartheta_i$ ，则不再认可两方案的弱支配关系。

步骤②：利用式（4-57）计算方案属性差异距离矩阵 $\boldsymbol{D} = \{d_{ij}^*\}_{n \times g} = \{\{d_{ij}\}_{n \times (s-1)}\}_{1 \times s}$ 。

$$\boldsymbol{D} = \{d_{ij}^*\}_{n \times g} = \{\{v_{ij} - v_{ik}\}_{n \times (s-1)}\}_{1 \times s} \qquad (4-57)$$

式中　k ——公式变量，数值上等于除 j 外第 j 大的正整数；

　　　g ——公式变量，反映矩阵 $\boldsymbol{D}$ 的列数，在数值上等于 $s \times (s-1)$ 。

步骤③：计算非一致优先次序矩阵 $\boldsymbol{M} = \{m_{ij}\}_{n \times g}$ 和一致矩阵 $\boldsymbol{C} = \{c_{ij}\}_{(n+1) \times g}$ ，公式为：

$$m_{ij} = \begin{cases} 0, d_{ij}^* \geqslant \rho_i \\ \dfrac{\rho_i - d_{ij}^*}{\vartheta_i + \rho_i}, \ -\vartheta_i < d_{ij}^* < \rho_i \\ 1, d_{ij}^* \leqslant -\vartheta_i \end{cases} \qquad (4-58)$$

$$c_{ij} = \begin{cases} 0, i \leqslant n \,\&\&\, d_{ij}^* \leqslant \rho_i \\ \dfrac{d_{ij}^* - \rho_i}{\sigma_i - \rho_i}, \ i \leqslant n \,\&\&\, \rho_i < d_{ij}^* < \sigma_i \\ 1, \ i \leqslant n \,\&\&\, d_{ij}^* \geqslant \sigma_i \\ \dfrac{\sum_{i=1}^n w_i c_{ij}}{\sum_{i=1}^n w_i}, \ i > n \end{cases} \qquad (4-59)$$

步骤④：参照式（4-60）计算优先关系置信矩阵 $\boldsymbol{S} = \{s_{ij}\}_{1 \times g}$ 。

$$s_{ij} = \begin{cases} c_{(n+1)j}, \text{ for } \forall i, \; m_{ij} \leqslant c_{(n+1)j} \\ c_{(n+1)j} \cdot \prod_{i \in M(i,j)} (1 - m_{ij}) / (1 - c_{(n+1)j}), \text{otherwise} \end{cases} \quad （4-60）$$

式中　$M(i,j)$——决策系统中所有 $m_{ij} > c_{(n+1)j}$ 的要素集合。

步骤⑤：根据置信矩阵确定出最大值 λ，由专家制定可测优度阈值 ξ，统计置信取值大于 $(\lambda - \xi)$ 的优先关系并画出有向图，基于备选项目流入及流出弧个数进行排序。

$$\lambda = \max\{s_{ij}\} \quad （4-61）$$

4. 结合风险偏好理论的排序手段主要以前景理论为核心

正如相关基础理论分析所得，累积前景理论作为前景理论的拓展，它不仅可以考虑决策者的有限理性，而且可以避免一阶随机优势现象，它提出了风险态度的 4 种模式，可细致划分风险偏好方案。目前，结合理想点概念与累积前景理论排序技术受到了较为广泛的认可，大致过程如下。

步骤①：与理想效用排序方法的前序工作一样，将信息矩阵 $V = \{v_{ij}\}_{n \times s}$ 中所有因素转化为效益型测度标准并消除量纲影响，从而得到标准信息矩阵 $Value^* = (v_{ij}^*)_{n \times s}$。

步骤②：为了更好地考虑决策者的风险态度，方法选用了正、负理想点的属性作为参考系，即：在求得标准信息矩阵后，进一步提取其最优取值 $\max\{v_{ij}^*\}$ 和最劣取值 $\min\{v_{ij}^*\}$，根据要素的次序将提取的优值和劣值分别组合，参照式（4-49）和式（4-50）确定出正理想方案 $Ideal^+ = (v_1^+, v_2^+, \cdots, v_n^+)^T$ 和负理想方案 $Ideal^- = (v_1^-, v_2^-, \cdots, v_n^-)^T$。$Ideal^+$ 代表每个属性都令人满意的解决方案，当选择它作为参考点时，决策者往往会因损失而寻求风险。相反，$Ideal^-$代表每个属性均最差的解决方案，当它被用作参考点时，决策者会因为受益而表现出规避风险。

步骤③：利用式（4-62）测算正、负前景值矩阵。

$$p_{ij} = \begin{cases} (d(v_{ij}^*, v_i^-))^\alpha, x > 0 \\ -\theta(d(v_{ij}^*, v_i^+))^\beta, x < 0 \end{cases} \quad （4\text{-}62）$$

式中　x——备选方案在该指标下的表现估值，当其大于零则表现为收益，反之则损失；

　　　α——风险决策中与收益相关的系数，一般取 0.88；

　　　β——风险决策中与损失相关的系数，一般取 0.88；

　　　θ——风险规避指数，反映损失曲线比收益曲线陡峭水平，一般取 2.25。

步骤④：结合已得的权重向量，利用式（4-63）测算前景权重向量。

$$\Phi(w_i) = \begin{cases} \dfrac{w_i^\mu}{(w_i^\mu + (1-w_i)^\mu)^{1/\mu}}, x > 0 \\ \dfrac{w_i^\xi}{(w_i^\xi + (1-w_i)^\xi)^{1/\xi}}, x < 0 \end{cases} \quad （4\text{-}63）$$

式中　w_i——常规权重，即在不考虑风险偏好情况下所测得指标 i 的权值大小；

　　　μ——面对收益的风险态度系数，指数范围为 $0 < \mu < 1$，一般取值为 0.61；

　　　ξ——面对收益的风险态度系数，指数范围为 $0 < \xi < 1$，一般取值为 0.69。

针对不同决策情境和优选排序需求，各类方法各有其特色和适用范围。综合以上描述，本节对该方法的核心原则、内涵特征和适用场景进行简单归纳，详情见表 4-6。

表 4-6　常用的信息集结及排序方法特征分析

方法名称	核心原则	内涵特征	适用场景
各类平均算子	信息集结	以算术平均、几何平均和调和平均理念为基础而衍生出各式算子，扩展性强，用途广，计算简单	无须额外考虑决策信息且不同指标间属性数值完全互通的情境
TOPSIS	效用理论	易于使用和理解、样本量和指标数量无限制，但求解结果过于数学平均化、无法反映决策者的偏好	无须考虑决策者偏好且优劣指标间可补偿兼容的决策情境
VIKOR	效用理论	考虑团体利益最大化和个人后悔最小化，未考虑决策者的风险偏好	适用于准则冲突但解决方案折中的情况
ELECTRE	级别优于关系	能够处理指标补偿问题、计算过程尤为复杂且涉及较多判定参数，决策者需有较强的数学逻辑	决策者需求明确且具备知识干预能力，各指标不能补偿的评估情境
PROMETHEE	级别优于关系	无须处理原始数据、信息丢失少、易于使用和理解，但无法充分利用决策信息，难以明确改进方向	数学分布已知或可测，仅需进行比较排序而无须额外分析的情境
累积前景理论	风险偏好理论	考虑了决策者有限理性，融合参照依赖及损失规避，更适合于风险决策过程，但运算较困难	决策者对于劣势要素较为敏感、更关注优劣差异数值的决策问题

4.4.2　直觉模糊环境的 TODIM 优选排序方法

TODIM 优选排序方法是基于前景理论提出的，主要通过构建多准则函数来描述各备选项相对于其他选项的优势水平，能充分反映决策者在面对损失的风险规避行为[161]。为了解决混合信息环境下的风险决策排序优选问题，本节结合直觉模糊集的基本内涵与定量数据的运算特征，探索混合信息环境下 TODIM 优选排序方法，具体如下。

步骤①：邀请 Ee 名专家组成评估小组，小组成员依照指标体系的释义说明及备选实施区域的具体情况进行信息收集和经验评估，从而获得混合信息矩阵 $A = \{a_{ij}\}_{n \times s}$。

步骤②：将决策信息矩阵中的成本型、中间型和区间型定量指标属性根据式（4-2）、式（4-3）、式（4-4）进行标准化处理，而对于直觉模糊集则按照式（4-64）进行调整，从而得到标准信息矩阵 $A^* = (a_{ij}^*)_{n \times s}$。

$$a_{ij}^* = \begin{cases} a_{ij} = <\mu_{ij}, v_{ij}>, I \in \Omega_B \\ a_{ij}^c = <v_{ij}, \mu_{ij}>, I \in \Omega_C \end{cases} \quad （4-64）$$

步骤③：通过下列公式计算指标 i 下潜在实施区域 j 对区域 k 的相对优势度。

$$\phi_i(A_j, A_k) = \begin{cases} \sqrt{\dfrac{w_j^* \cdot d(a_{ij}, a_{ik})}{\sum_{j=1}^n w_j^*}}, a_{ij} > a_{ik} \\ 0, a_{ij} = a_{ik} \\ -\dfrac{1}{\theta}\sqrt{\dfrac{\sum_{j=1}^n w_j^* \cdot d(a_{ij}, a_{ik})}{w_j^*}}, a_{ij} < a_{ik} \end{cases} \quad （4-65）$$

式中　$d(a_{ij}, a_{ik})$——对于 i 指标，实施区域 j 与实施区域 k 决策属性值距离差异；

w_j^*——相对权重，在数值上等于 j 指标权重与最大权重的差距；

θ——损失的衰减指数，该值越小则说明决策者损失规避程度越高。

步骤④：对各指标的相对优势度进行加和，求得总体优势度矩阵 $\Phi = \{\Phi_{jk}\}_{s \times s}$。

$$\Phi_{jk} = \sum_{i=1}^{n} \phi_i(A_j, A_k) \qquad (4\text{-}66)$$

步骤⑤：利用总体优势度矩阵计算各实施区域的价值得分，如式（4-67）所示。

$$Score_j = \frac{\sum\limits_{k=1}^{s} \Phi_{jk} - \min\limits_{1 \leqslant j \leqslant s} \left\{ \sum\limits_{k=1}^{s} \Phi_{jk} \right\}}{\max\limits_{1 \leqslant j \leqslant s} \left\{ \sum\limits_{k=1}^{s} \Phi_{jk} \right\} - \min\limits_{1 \leqslant j \leqslant s} \left\{ \sum\limits_{k=1}^{s} \Phi_{jk} \right\}} \qquad (4\text{-}67)$$

步骤⑥：依照各实施区域的价值得分高低进行优选排序。

4.5　算例分析

A 县具有较为丰富的未开发土地资源，地势较为平坦，多年太阳平均总辐射量达 4 962 兆焦耳/平方米，日照时长多年均值为 2 480 小时；雨热同期，多年平均降雨量在 1350 毫米左右；平均气温约为 17.2 摄氏度，年均无霜期在 253 天左右；平均风速约为 1.8 米/秒。对照《太阳能资源评估办法》（QX/T 89—2008），该地属于第三类太阳能资源区，具有较强的太阳能开发潜力。A 县政府为提高当地贫困户收入，促进地区新能源发展和第二产业经济建设，拟建一个装机规模为 300 千瓦的村级光伏扶贫电站。为此，专门成立了相应的专家评估小组，旨在对 A 县各未开发区域所拥有的指标属性进行评估和比较。算例数据取自文献[162]、光伏扶贫项目环境影响评价报告和中国气象数据网。

1. 优选评估计算

首先，评估小组对优选指标体系中两两指标的相对重要程度进行估值打分。为提高估值效率，参照表 4-5 所提供的转化规则进行语言值评估，专家小组提供的评估分值结果见表 4-7。其中，EG 表示绝对一致重要，F 表示同等重要，MG 和 MP 分别表示略微重要和略微不重要，G 和 P 则表示相当重要和相当不重要。

表 4-7　指标间相对重要性评估表

	X11	X12	X13	X21	X22	X23	X24	X25	X31	X32	X33	X41	X42	X43
X11	EG	MP	MP	F	MP	MG	F	MP	F	MP	F	F	MP	MP
X12	MG	EG	MP	F	MP	F	MG	F	G	MG	F	F	MP	F
X13	MG	MG	EG	MP	MP	MG	F	MP	F	MP	F	F	MP	F
X21	F	F	MG	EG	MP	F	F	MG	F	F	F	F	F	F
X22	MG	MG	MG	MG	EG	MG	F	MP	F	F	MG	F	MP	MP
X23	MP	F	MP	F	MP	EG	F	MP	MG	F	F	F	MP	MP
X24	F	MP	F	F	F	F	EG	MP	F	MP	F	F	MP	MP
X25	MG	F	MG	F	MG	MG	MG	EG	G	MG	MG	MG	MG	MG
X31	F	P	F	MP	MP	MP	F	P	EG	MG	MP	F	P	P
X32	MP	MP	MG	F	F	MG	MG	MP	EG	MG	MP	MG	MG	
X33	F	F	F	F	F	F	MG	MG	F	EG	F	MP	MP	
X41	F	F	F	F	MP	F	MG	F	MP	F	EG	MP	MP	
X42	MG	MG	MG	MG	MG	MG	G	MG	MG	MG	MG	EG	MG	
X43	MG	F	F	MG	MG	F	G	MG	MG	MG	MG	MP	EG	

随后，根据表 4-5 的转化规则将上表的语言值转化为可供运算操作的直觉模糊矩阵（见表 4-8），并按照式（4-39）和式（4-40）获得对应的积性一致性直觉模糊矩阵标准集。接着，引入一致性检验系数 ξ，并取值为 0.1。利用式（4-41）进行计算评估集与标准集的差距，计算得一致性指数为 0.0795，由于 0.0795<0.1，差距小于给定的阈值范围，故该评估集矩阵通过一致性检验，无须进行纠偏处理即可直接使用。

表 4-8　完美积性一致性直觉模糊矩阵

	X11	X12	X13	…	X41	X42	X43
X11	<0.50,0.50>	<0.40,0.45>	<0.40,0.45>	…	<0.47,0.40>	<0.46,0.41>	<0.46,0.41>
X12	<0.45,0.40>	<0.50,0.50>	<0.40,0.45>	…	<0.52,0.35>	<0.51,0.36>	<0.51,0.37>
X13	<0.45,0.40>	<0.45,0.40>	<0.50,0.50>	…	<0.47,0.41>	<0.46,0.42>	<0.47,0.41>
X21	<0.42,0.45>	<0.42,0.45>	<0.45,0.40>	…	<0.51,0.38>	<0.51,0.38>	<0.51,0.38>
X22	<0.43,0.43>	<0.43,0.43>	<0.47,0.43>	…	<0.54,0.33>	<0.53,0.34>	<0.52,0.35>
X23	<0.38,0.47>	<0.42,0.45>	<0.41,0.47>	…	<0.48,0.41>	<0.47,0.41>	<0.47,0.41>
X24	<0.39,0.48>	<0.39,0.48>	<0.41,0.48>	…	<0.48,0.42>	<0.47,0.42>	<0.47,0.42>
X25	<0.40,0.47>	<0.39,0.48>	<0.41,0.47>	…	<0.59,0.28>	<0.59,0.28>	<0.59,0.27>
X31	<0.40,0.47>	<0.36,0.52>	<0.41,0.47>	…	<0.45,0.43>	<0.43,0.45>	<0.42,0.46>
X32	<0.40,0.45>	<0.33,0.51>	<0.41,0.45>	…	<0.51,0.37>	<0.50,0.38>	<0.49,0.38>
X33	<0.40,0.47>	<0.35,0.52>	<0.41,0.47>	…	<0.50,0.40>	<0.49,0.40>	<0.48,0.41>
X41	<0.40,0.47>	<0.35,0.52>	<0.41,0.47>	…	<0.50,0.50>	<0.40,0.45>	<0.46,0.43>
X42	<0.41,0.46>	<0.36,0.51>	<0.42,0.46>	…	<0.45,0.40>	<0.50,0.50>	<0.60,0.25>
X43	<0.41,0.46>	<0.37,0.51>	<0.41,0.47>	…	<0.43,0.46>	<0.25,0.60>	<0.50,0.50>

评估小组通过否决指标体系（见表 4-1）剔除基本农用地、自然保护区、军事区、名胜古迹、规划冲突地等不合格的实施区域，甄选出 S1、S2、S3 和 S4 4 个可行的区域，并对各备选区域进行属性收集及经验评估，得到决策信息矩阵见表 4-9。

表 4-9 备选实施区域属性表

	S1	S2	S3	S4
X11	<0.7,0.2>	<0.8,0.2>	<0.9,0.1>	<0.7,0.2>
X12	<0.8,0.2>	<0.7,0.3>	<0.7,0.2>	<0.8,0.1>
X13	58	65	76	72
X21	4780	4800	5004	4964
X22	2501	2460	2554	2485
X23	16.7	17.4	17.2	15.6
X24	<0.9,0.1>	<0.6,0.3>	<0.8,0.2>	<0.7,0.3>
X25	<0.7,0.2>	<0.7,0.3>	<0.8,0.1>	<0.8,0.1>
X31	250	300	280	200
X32	<0.8,0.1>	<0.7,0.2>	<0.7,0.3>	<0.8,0.2>
X33	<0.9,0.1>	<0.8,0.1>	<0.9,0.1>	<0.8,0.2>
X41	<0.8,0.1>	<0.7,0.2>	<0.8,0.1>	<0.6,0.3>
X42	<0.7,0.2>	<0.8,0.1>	<0.8,0.1>	<0.7,0.2>
X43	<0.8,0.2>	<0.8,0.1>	<0.7,0.2>	<0.9,0.1>

基于标准化的决策信息矩阵，利用式（4-43）计算概念均值，并将各指标属性与均值的距离值代入式（4-31）和式（4-32），计算得各指标的熵值分布，见表 4-10。

表 4-10 各指标距离及熵值分布

	距离 $d(S1,\bar{S})$	距离 $d(S1,\bar{S})$	距离 $d(S1,\bar{S})$	距离 $d(S1,\bar{S})$	信息熵
X11	0.067	0.006	0.075	0.067	−0.864
X12	0.032	0.041	0.039	0.031	−0.994
X13	0.135	0.038	0.115	0.059	−0.921
X21	0.021	0.017	0.023	0.015	−0.990
X22	0.000	0.016	0.021	0.006	−0.744
X23	0.000	0.038	0.027	0.066	−0.754

续表

	距离 $d(S1,\overline{S})$	距离 $d(S1,\overline{S})$	距离 $d(S1,\overline{S})$	距离 $d(S1,\overline{S})$	信息熵
X24	0.086	0.128	0.015	0.056	−0.863
X25	0.039	0.046	0.032	0.032	−0.991
X31	0.005	0.129	0.081	0.205	−0.780
X32	0.031	0.039	0.041	0.032	−0.994
X33	0.029	0.041	0.029	0.042	−0.989
X41	0.045	0.026	0.045	0.097	−0.917
X42	0.039	0.032	0.032	0.039	−0.996
X43	0.012	0.006	0.081	0.061	−0.743

　　基于表 4-10 的信息熵，结合式（4-33）和式（4-34）求得客观权重分布，记作 OW；利用检验后的决策矩阵和式（4-42）测得主观权重分布，并记作 SW；最后，在 OW 和 SW 的基础上通过式（4-44）求得综合权重，记作 W，计算结果如图 4-8 所示。

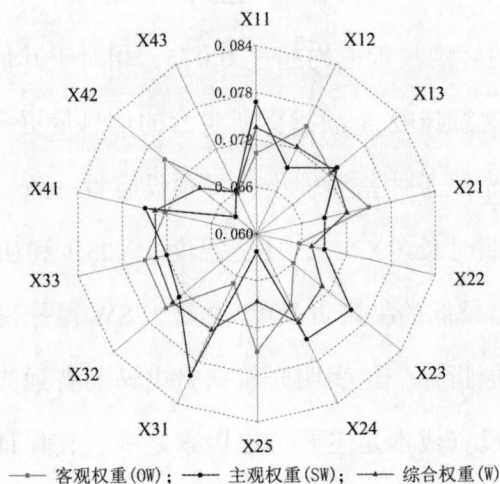

图 4-8　权重计算结果

基于决策信息矩阵和所算得的综合权重,利用式(4-65)和式(4-66)求得决策问题中各备选实施区域间的总体相对优势度矩阵,计算结果见表 4-11。

表 4-11 总体相对优势度矩阵

	S1	S2	S3	S4
S1	0.000	−1.665	−2.416	−2.821
S2	−3.022	0.000	−3.804	−4.464
S3	−2.003	−0.479	0.000	−2.612
S4	−2.028	−1.159	−2.635	0.000

最后利用式(4-67)算的相对价值得分,并按照分值高低进行优选,排序结果为:

$$S3(1.000) > S4(0.883) > S1(0.708) > S2(0.000)$$

从权重测算结果来看,可得出如下结论。①对于 OW 得分,基础建设水平(X11)、自然灾害风险(X25)、运维成本(X32)和能源可持续性(X42)的客观权重值均超过 0.075,相对于其他指标而言具有较高的权重,而这意味着 4 项指标所包含的信息量更多。由于备选区域间距离较近,光照条件差异较小,且预设容量一致,故而决策过程中备选区域的日照时长(X22)、环境温度(X23)和初始投资(X31)3 项指标中表现出较低的决策贡献度。②对于 SW 得分,初始投资(X31)的权重远高于其他指标,这表明光伏扶贫电站与普通光伏项目投资相似,其建设过程投资成本是主要考虑因素之一,在保证系统质量的前提下初始投资成本越低,那么越能得到决策者青睐。③根据 W 得分情况,排名前五的指标分别为 X11、X31、X32、X33 和 X41,其中经济

效益准则下的所有指标均入选前五，因此，在区域优选过程中经济效
益具有重要地位。从价值得分结果来看，区域 S3 较之其他 3 个备选区
域具有更高的优选分值，即在政策引导、自然条件、经济效益和可持
续发展方面均表现良好。在实际投资过程中，应将 S3 置于优先考虑
地位。

2．敏感性分析

在提出的决策方法框架中，有两类可能在动态环境中发生变化的
参数：权重参数和风险偏好系数。一方面，受政策变化，技术创新和
专家知识限制的影响，主观权重设置可能产生变化，而因决策信息矩
阵的不同，客观权重参数也可能会发生波动，进而对综合权重向量值
产生影响。由此，需对权重系数进行敏感性分析。另一方面，决策过
程中的风险偏好态度因决策者而异，进而对风险偏好系数产生影响。
由此，需对风险偏好系数进行敏感性分析。综合上述分析，为了验证
所提出方法框架的鲁棒性和有效性，本研究分别基于权重系数和风险
偏好系数进行敏感性分析。

在权重系数方面，为了确定当权重参数波动时评估分数是否发生
质变，本研究按照一级指标分类划分为 4 个分析组，分别为政策引导
（X1）、自然条件（X2）、经济效益（X3）和可持续性（X4）。按照组
别的不同，对其相应的二级指标权重分别进行降低或提高 10%、20%
和 30% 的操作，而相应的备选实施区域排名结果的变化如图 4-9 所示。

在风险偏好系数方面，由于决策者的不同态度可能导致不同的排
名结果，而优选模型中以参数 θ 作为估测标准，因此，本研究对其进

行数值调整，用以模拟实际情况中决策者的风险态度，不同风险偏好下的备选实施区域排名变化情况如图 4-10 所示。

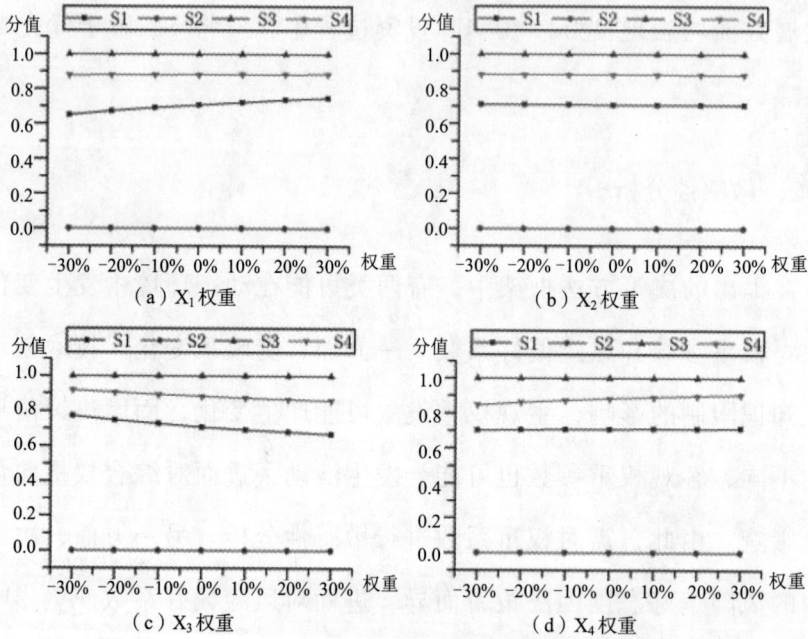

图 4-9　权重调整敏感性分析结果

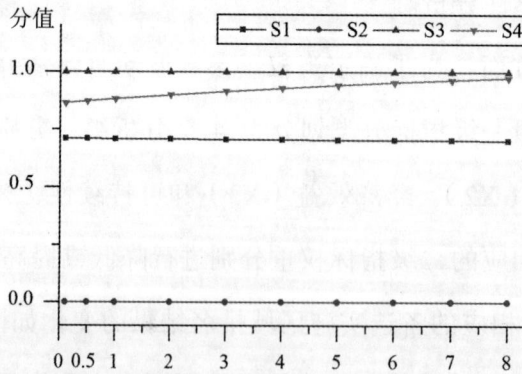

图 4-10　风险偏好系数调整敏感性分析结果

由敏感性分析结果可知，就调整权重系数而言，当提高政策引导（X1）指标权重时，区域 S1 的价值得分呈上升趋势，而其余 3 个区域相对稳定，表明区域 S1 在政策引导方面表现较为良好；调整自然条件（X2）时，价值得分无明显变化，表明各区域在自然条件方面较为相似；提升经济效益（X3）的比重时，区域 S1 和 S4 的价值得分均呈现下降趋势，表明这两个区域在经济效益方面表现欠佳；提升可持续性（X4）的比重时，区域 S4 呈现上升趋势。就调整风险偏好系数而言，随着系数的提升，区域 S4 得分提升明显，但未能超过最优区域 S3 的价值得分。综合可得，虽然随着权重向量参数 $(w_1, w_2, \cdots, w_n)$ 和风险偏好参数 θ 变化，各备选区域评估分值略有变动，但其排序结果相对稳定，可以佐证优选方法一定的鲁棒性，所测得的排序结果具有良好的稳定性。

4.6　本章小结

实施区域优选是光伏扶贫项目规划实施的首要环节。为提高其优选效率和决策精度，本章通过结合项目的内涵特征、利益相关方的目标诉求及政策法规的引导作用，优化改进出一整套功能互补、比选全面的直觉模糊环境优选方法。首先，从政策引导、投资成效、工程风险及公众满意度 4 个维度出发对影响优选过程的关键因素进行挖掘和提取，通过界定指标概念、合并重叠因素和剔除无关因素，确立出包含否决指标和优选指标的双因素区域优选框架，从而提高指标体系的泛用性和全面性。

其次，对比了经典模糊数、区间模糊数、三角模糊数、梯形模糊数、云模型等模糊集的优缺点和适用情境，得出：直觉模糊集能够囊括隶属度、非隶属度和犹豫度等参数，具有信息丢失低、表述更细致的优点，适用于指标规模不大但精度要求较高的评估情境。因此，本研究利用直觉模糊集采集主观因素的属性数据，可以有效降低信息丢失，更准确地反映决策实际。接着，对比了主流的赋权方法，得出：层次分析法系统全面、运算原理简单且易于掌握，在主观权重测度中具有广泛认可度，而熵权法能有效避免主观臆断的影响，对层次分析法形成较完善的补充。因此，本章结合直觉模糊集的矩阵一致性和熵值分布特点，分别对层次分析法和熵权法进行适用性改进和整合，形成主客观组合定权方法，从而兼顾指标逻辑重要性及决策贡献度，更科学地反映权重分布情况。随后，对比了常规的排序方法，明确出TODIM框架在反映决策者的风险偏好心理方面的重要价值。故而，本章引入混合信息测度公式，对 TODIM 优选排序框架进行拓展，从而实现直觉模糊环境下的有效演算，保证决策结果的合理性。最后，结合具体算例对所提出的优选方法进行说明，并辅以敏感性分析，结果表明，该优选方法具有良好的鲁棒性。

本章关于光伏扶贫项目优选所涉及的风险维度指标，是根据作者于 2019 年发表在国际期刊《清洁生产杂志》（*Journal of Cleaner Production*）（SCI 检索）的《光伏扶贫项目风险评估研究》确定的；同时，作者于 2019 年已将本章中涉及的信息熵分布特征、组合赋权方法适应性调整等内容发表在国际期刊《能量》（*Energy*）（SCI 检索）上。

第5章
基于非支配排序遗传算法的
组合优化模型构建

　　根据第4章分析求解可知,由于光伏扶贫项目采用的是国家财政,其资金投入是有限的, 并且受到政策法规的约束和规范。在政策引导的基础上, 投资者可结合决策信息的不确定性与犹豫程度, 经由组合赋权、信息集结和风险偏好排序, 从众多备选区域中识别出可供实施的区域定点。而每个优选出来的区域可视作一个独立的光伏扶贫项目予以实施。在实际过程中, 政府决策往往不仅局限于单个项目的投资, 而是同期斥资实施多个项目, 因此, 需要在众多可行的实施区域点中基于最优资源配置、最低风险事态和扶贫成效最大化进行项目投资组合优化, 寻求可行的光伏扶贫项目规划方案, 进一步强化实施区域优选结果, 以使决策结果满足政策引导、电网运营及社会发展的实际需求。本章通过构建项目组合"目标—约束"模型, 优化智能算法寻优, 探索出兼顾投资成本、扶贫效果、容量约束及电网需求的光伏扶贫项目规划模型及实施区域优选策略。

5.1　光伏扶贫项目组合优化特点及内涵

就项目规划范畴而言，光伏扶贫项目实施区域优选问题不仅仅局限于单个项目选址决策问题，更重要的是其实施区域优选及规划需要具备大局观。光伏扶贫工程在土地征建问题上具有常规企业发电工程所不可比拟的优势，但是也承受着更高的规划要求，应该充分利用政府资金和太阳能资源，符合电力规划布局、新能源电力消纳需求，以及扶贫总体格局要求。即应该具备系统工程的概念，不局限于单个决策点或某个项目，在规划上做到全局资源配置最优、风险危害最低、目标效益最大化。从政府集中规划、资源配置和权衡实施的角度来看，光伏扶贫工程规划是一个典型的项目组合管理问题。

5.1.1　项目组合管理及其内涵

项目是项目组合的最小管理单元，常具有以下几个特征：由临时性的或有限个任务构成、具有系统的考核标准或目标水平、需在一定的约束条件下进行、具有可确定任务的开始及完成时间[163]。随着管理实践的推进及学术研究的发展，单纯的项目定义已不能满足日趋复杂的项目体系和人们日益增长的经济、社会、环境等方面的需求，传统概念上的"项目"分化成为项目和项目集两类定义。项目集属于多项目的概念延伸，为多个功能上具有联系的项目集合的统称[164]。经过沉淀和发展，"项目集"进一步衍化成项目群概念。项目群可以理解为一系列功能相似或互补，且需协同规划、统一管理的项目群集，而其目标的实现也不能单靠个别或某部分项目的成功而决定[165]。科技的进步让人们越来越意识到资源的有限性，为了确保资源最优配置，项目组合理念应运而生。项目组合则是囊括项目、多项目及项目群的投资规划行为，也是为实现某一特定战略目标，基于资源约束及最优分配的项目和项目群的系列组合[166]。项目、项目群及项目组合在概念上互为补充，而又存在一定的差别。举个简单的例子，能源互联网就是由多个功能相近、互联互通的微网组成，而新能源微网又包含风力发电工程和光伏发电工程等多类子工程。在这里，能源互联网的规划即为能源项目组合，而新能源微网可理解成项目群。对于同一个项目，由于管理理念和决策视角的不同，其定义往往大相径庭。项目与项目群的概念差别关键的认定标准为项目目标的模糊性和不确定程度，通常来说，项目的目标往往具有高度确定性及确定的验收规则和要求，而项目群的目标则常常只给出大致的方向及规划范畴。对于复杂大型能源电力项目，它既可以被认定为具有特定目标的单项目，亦可以分解成由多项简单工程互相推动、协调共进的项目群。从涵盖关系来看，项目组合的构成元素包括单项目、项目群及子项目组合；项目群既可以囊括项目和子项目群，又可以包含其他辅助性工作。单项目、项目群和项目组合的包含关系如图 5-1 所示。

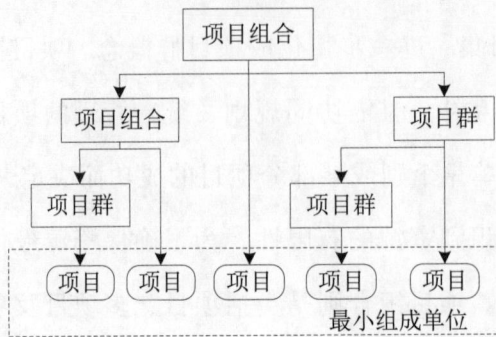

图 5-1 单项目、项目群和项目组合的概念范围

项目组合管理理论始于 1952 年，由著名经济学家哈里·马科维茨（Harry Markowitz）首次提出[167]。随后，因为它具有广泛的使用兼容性和较高的现实契合度，受到了经济学界和管理学界重点关注[168]。结合学者们的研究结果，各国相关协会或部门制定相对统一的标准：工程项目管理是指成熟的组织机构在特定目标的引导下，动用人员、数据、设备及财力等资源在限定的工期、成本及质量的要求下开展的行为活动[169]。根据项目管理协会认定的《项目组合管理标准》[170]，项目组合管理是以项目战略及目标规划为支撑点，应用数学、运筹学和管理学等多学科交叉，研究如何对单个项目进行排列、优选、协调和统筹。随后，项目管理协会结合项目生命周期管理和战略目标层级划分制定出《项目管理知识体系指南》，进一步认定：项目组合管理应在项目准备决策前期、建设实施阶段及营运维护等阶段均保有动态活力，其中规划前期尤为重要[171]。

为了更好地进行光伏扶贫项目组合管理，有必要厘清项目管理各层级概念、明晰异同。就定义而言，项目群和项目组合是典型的多项目集合；而在目标实现上，单项目是"在时间、成本、质量上执行好该项目",项目群则侧重"把握好关联项目,更好地实现战略目标",而项目组合更多地强调"如何使群体项目在尽可能节省成本的基础上保证效益最大化";在业务范围及管理活动上看,单项目的核心任务是"控制",项目群的重点在于"协调",而项目组合的精髓在于"规划优化"。单项目管理、项目群管理及项目组合协同规划具体异同点见表 5-1[172]。

表 5-1　单项目管理、项目群管理及项目组合协同规划的异同点

属　　性	项目组合协同规划	项目群管理	项目管理
项目数额	多项目	多项目	单项目
目标类型	多维的、战略型	模糊的、战术型	明确的、战术型
关注要点	整体效益最优	多项目如何协调	项目价值实现
核心任务	规划优化	协调	控制
管理过程	基于优先级使系统最优	人、财、物及信息配置	进度、费用及质量
变更需求	高度动态性	必要时可变更	不予变更
管理决策层次	高层管理者/决策人	中、高层管理者	项目经理
管理需求	优秀数学运筹水平、丰富实践经验及统筹能力	丰富项目实践经验,全局协调统筹和风控能力	工程项目相关的基础知识和实操经历

　　基于上述分析可知:传统的项目管理主要是基于"战术—实施"层对单个项目的进度、费用及质量进行控制或对多组协调运作的项目进行人、财、物及信息等资源的配置,以期达到项目最优。在没有特殊情况的影响下,其目标及需求一般不发生巨大变更。但是,面对复杂多变的外部环境及定额限量的资源,传统的管理手段显得捉襟见肘。

而在项目协调规划和统筹实施过程中，项目组合优化及管理的优势凸显。项目组合规划模式可以从管理过程与技术要点做出转变，以"整体效益最优"为导向，综合考虑各个项目的要素属性，进而确定出其优先级和组合优化方案，随后多战略目标为追逐核心勾勒出符合事态发展的动态管理决策规划。它在梳理关系、信息共享、资源分配及战略实现层面都展现了独特的价值，更加适用于处理光伏扶贫项目实施区域优选问题。

5.1.2　光伏扶贫项目组合优化特征

对光伏扶贫项目总体运转流程而言，战略层面的首要任务是基于总体战略部署制定出契合战略方向的具体目标。随后根据各项目的资源需求情况和盈利扶贫水平，各省级政府进行资源分配和决策规划。在项目层面来看，在建设期中，结合拟建光伏扶贫项目容量配置情况、具体工程量及招投标确定的合同额，承包商确定光伏扶贫项目的工期与成本情况，政府相关部门和社会公众对项目质量及建设过程予以监督；在运营验收中，根据预报的并网电量和电网建设水平，电网予以并网考虑，项目进行电量上网盈利；在收益分配中，考虑村级光伏扶贫电站扶贫范围，以及涉及的建档立卡贫困户数量，委员会进行均等分配，而收益富余部分纳入村级发展建设经费。此间，社会公众与政府部门予以监督。立足于上述分析，可得光伏扶贫项目层级剖析图如图 5-2 所示。

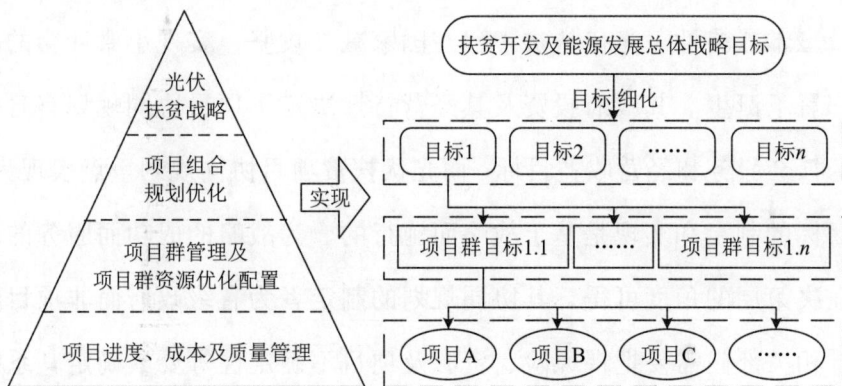

图 5-2　光伏扶贫项目层级管理剖析图

　　光伏扶贫项目协同规划是项目总体流程的关键部分，也是其实施区域优选的重要环节。在实施协同规划的过程中，需充分应用项目组合管理思想，明晰光伏扶贫项目具体情况及相互关联要素，确立战略子目标及相关资源约束条件，从资源量度、公益广度及风险维度三方面探究项目间的优先级和组合策略，在项目平衡、资源可行的前提下保证系统整体最优和总体战略目标的实现。光伏扶贫项目协同规划的基本组成要素是一个个独立的村级电站，项目间共用同一资源池，具体特征如下。

　　（1）项目集成性。光伏扶贫项目协同规划涵盖多项定位相同的项目元，这就决定了项目之间具有较低的决策冲突。从逻辑上看，功能相近、定位相似造就了其较高的包容性。同时，不同市县的若干个村级项目均由省级政府统一协调规划，而主体的一致性也加强了其集成的可能。不同的光伏扶贫项目在建设上互不干扰，但是却共同作用于社会经济的发展和贫困发生率的下降，这恰恰也反映了系统集成的低风险和高收益。

（2）战略性。光伏扶贫工程在国家减贫攻坚、实现小康社会的战略部署下诞生。其政府投资及其经营特性决定了项目协同规划有着明确的社会服务和经营收益目标。而光伏扶贫项目协同规划重点表现为：其目标的制定和实现是基于战略而施行的、为战略的成功而服务的。站在决策层的角度可得，其协同规划的制定者为省级政府而非项目经理。相关部门需要把握风险、资源及项目不确定性等要素确定其系统布局，保证其与电网建设相匹配、与负荷需求相吻合、与地方建设相一致、与社会资源和社会发展相契合。

（3）动态性。项目协调决策是贯穿整个项目管理生命周期的。无论是前期准备或施工建设阶段，还是投产运营或收益分配阶段，又或者前期准备阶段的各个时期，其外部决策环境都是复杂且变化的。对光伏扶贫项目而言，随着项目的推移，项目资源、目标前景和信息条件等外部因素也在动态转变，因此，需要适时调整协调决策的结果以使其符合战略发展需求。由于本文研究主体是光伏扶贫工程实施区域优选，所以仅针对实施区域优选时期所纳入协同规划考虑的目标函数及约束进行分析统筹。

（4）资源整合性。光伏扶贫工程的特色就是利用社会资本致力克贫攻坚、削减贫富差距，那么，"如何使支出的社会资本达到最高社会效益"成为项目的关键问题。对项目协同管理和组合优化而言，其目的就是合理安排资源消耗，让既定的效益型目标最大化、成本型目标最小化。从广义上看，光伏扶贫项目组合囊括了工程领域的运维人员、各类成本费用、光伏组件设备等人财物资源，又包括现代化管理的数据、信息、知识等新型资源，理所当然是各类资源的整合体。从微观

层面来看,光伏扶贫项目组合亦是一个以容量为导向的简单运筹问题:
容量决定了包括人员雇用、建设、运维和设备购置等在内的费用花销,
而且电站建设容量也作为重要的信息纽带辅佐政府规划决策。

　　综合上述特征分析,光伏扶贫项目协同规划是复杂的系统问题,
既涵盖多项工程,又为"减贫攻坚"总体战略部署服务,同时还受到
极大的外部环境影响及约束。但是,它也是关系明确的系统资源问题,
关键在于解决何处可实施、应安装多少容量两大疑难。

5.2　光伏扶贫项目组合优化模型设计

5.2.1　模型的基本假设

　　模型基本假设是通过梳理研究对象关系、核心问题及主要矛盾,
并将旁枝末节或无关的外部环境因素理想统一化,从而达到减少外部
变量干扰、提升结果质量的目的。它从内涵上解决了"关键要素是什
么""哪些变量需要控制""如何质点化研究对象"等问题,是将现实
问题转化为数学规划模型的重要前提。由项目组合管理理论与光伏扶
贫项目协同规划的基本特征可知,构建"目标—约束"组合优化模型
的前提假设分为五点。

　　假设一:项目建设及运营过程中,不存在由于政府部门受贿腐败、
施工方盲目逐利、征地纠纷等问题而导致的资源内耗与浪费,其数学
表达如式(5-1)所示。

$$\sum_{i=1}^{n} R_{\text{project}(i)} = C_{\text{invest}} \qquad (5\text{-}1)$$

式中　　project(i)——最终拟投资的项目组合中的 i 项目，数值上满足

　　　　　$1 \leqslant i \leqslant n$；

　　　　　R_i——项目 i 投入的资金数额。

　　假设二：项目收益分配不受外力影响严格按照相关规定执行，即每个贫困户所获扶持恰好满足国家标准，富余收益全部用于支持贫困村建设与发展，其数学表达为：

$$\text{Poverty}_A \times \text{Line} > \text{Economy}_A \qquad (5\text{-}2)$$

式中　　Line——考虑社会经济发展和资金时间价值而折合出等价的帮
　　　　　　　扶标准线。

　　假设三：光伏扶贫项目群之间仅存在容量区别而引起的运维成本差异，村级扶贫电站之间的单位运维成本无差别，利用数学表达可列得等式，如式（5-3）所示。

$$C_{A,\text{Oper}} / \text{capacity}_A = C_{B,\text{Oper}} / \text{capacity}_B \qquad (5\text{-}3)$$

式中　　$C_{A,\text{Oper}}$, capacity_A——A 区域建设光伏扶贫项目的后期运维成本
　　　　　　　　　　　和装机规模。

　　假设四：光伏扶贫项目土地资源满足规划容量要求。由于政策规定光伏扶贫项目以村级扶贫电站为主且规模一般不大，加之贫困区域往往在未开发土地较为充足因而不考虑土地受限的情况，利用数学表达可列得等式，如式（5-4）所示。

$$\text{land}_A \gg \text{project}_A^{\max} \qquad (5\text{-}4)$$

式中　landₐ——A 村土地的可实施面积；

　　　≫——数学符号，表示"远远大于"的概念。

假设五：所有光伏扶贫项目材料规格一致。本假设指光伏系统所涉及的材料均由统一标准在指定机构进行政府采购，即材料的单位成本一致，光伏组件的购买成本与系统所需的组件个数成正比，逆变器的采购费用也与其数量成正比；同时，本假设还指各个村级电站发电效率仅受到环境因素影响，一般均以理想发电量进行收益测度。

5.2.2　多维"目标—约束"组合优化模型构建

纵观电力工程项目发展历程可知，发展以电力为核心的能源工程项目应以项目组合优化为核心条件，以经济、环保两大要素为基本标准和重要原则，而后方能谈规划策略。相比于传统火电项目，光伏扶贫项目利用太阳能光伏进行电力生产可以带来较高低碳、可持续价值，能够有效缓解能源短缺和环境污染等问题。光伏扶贫项目自带天然的绿色环保光环，而不产生环境污染，因此，环保目标最大化本质上是装机容量最大化的问题，而与项目实施的区域关联甚少，并非本研究核心要素，故不作为目标函数予以优化。综合考虑光伏扶贫的经济目标和政策任务，可归纳出最低成本和最佳扶贫两点目标。

项目成本是投资者注入资金的重要参考标准，直接影响到项目相关方的得失损益。最小化成本预算常被视为决策管理、资源优化、项目规划的重要目标。同样地，对于光伏扶贫项目，成本被纳入实施区域优选组合优化过程的重要价值函数。一般而言，在工程项目组合规划过程中，通过测算项目起始建设成本，可明确项目估算值、概算额及施工图预算值；通过比对运维成本和预期收益，可评估项目经济性及效益，直接关系到项目目标的最终实现；通过比对项目总成本和预期投资额度或流动资金，可评估项目带来的资本负债变化情况，直接关系到项目是否可以顺利开展。结合第 5.2.1 节关于单位运维成本一致的假设前提，光伏扶贫项目总成本计算公式如下：

$$C_{\text{total}} = C_{\text{ini}} + C_{\text{Oper}} = C_{\text{ini}} + k \cdot \text{Capital} \qquad （5-5）$$

式中　C_{ini}——最终所得的项目组合总起始资金投入量；

　　　C_{Oper}——最终所得的项目组合总运维费用；

　　　k——最终所得的项目组合的总装机容量。

由于在光伏项目成本构成中，其起始投资成本占额比重巨大，远超于后期管理及运行维护方面的花销，因此其运维成本因占比过小常常可忽略不计。在大多数研究中，惯常性认为光伏项目总成本约等于起始投资额[173]。而对光伏扶贫项目起始投资而言，其费用构成主要包括光伏组件采购成本、逆变器采购成本、交流箱等配电设备费用、电站建设相关花销等。光伏电站建设中光伏组件采购费用约占起始投资额 60%以上，结合上述"材料采购的单位成本无差别"的假设，可得：光伏扶贫项目装机规模越大，电站建设条件越苛刻，工程总投资成本越高。为了最小化成本费用，除了对比选择更适宜的条件外，还需对装机规模进行适当控制。项目收益是直观反映决策者投资成效的价值尺度，而投资者也更青睐于高收益低风险的项目。因此，收益最大化被广泛用作项目组合优化的目标函数。对于光伏扶贫项目，其收益可分为发电收益和扶贫收益。发电收益可视作纯物质收益，反映上网电量的多寡，结合"电网企业需优先全额收购光伏项目生产的所有电量"的政策要求，那么则有电站装机容量越大，所发电量越多，并网营收越高；而扶贫收益是基于扶贫概念的社会价值收益，也是光伏扶贫和普通光伏项目的本质差别，在目标优先级上更高。扶贫收益与帮扶人数直接相关，帮扶人数越多，则扶贫收益越大。

由于光伏扶贫项目是由政府全额投资的，其发电规模不宜与扶贫需求有过大差距，因此，发电收益和扶贫收益数值上不存在巨额差异，即 $0 < (P_{发电} - P_{扶贫}) < \vartheta$。从概念上看，较之发电收益，扶贫收益更为精准地反映项目决策者的目标诉求，因此，本研究采用扶贫效果作为收益尺度，计算过程如式（5-6）所示。再者，由于同一时刻扶贫标准一致的且为已知常数，因而，把握扶贫收益最大化，只需确保帮扶人数最大化即可。

$$P = \text{Poverty}_A \times \text{Line} \qquad (5\text{-}6)$$

约束条件是模型解集的边界尺度，有助于规范解集的分布，使其满足寻优的基本要求。光伏扶贫项目项目组合优化模型主要的约束条件包括容量约束及收益约束。由于光伏扶贫项目囊括区域较多，一般采用分批次投资，且具体的单批建设规模具有总量限制。因此，可列得容量总额约束条件如式（5-7）所示。

$$\sum \text{capital}_i \leqslant \text{Capital} \qquad (5\text{-}7)$$

光伏等波动性能源发电必定产生谐波污染、电压偏移等电能质量问题，进而危害电网系统稳定性。而这个问题对于偏远地区薄弱的单回路线路危害更为明显，因此在不进行电网扩容的情况下需对并网容量进行控制；同时，为满足光伏扶贫项目的基本帮扶需求，并网电量收益应大于帮扶收益；另外，根据相关政策规定，村级光伏扶贫电站安装规模不宜超过贫困户人均 5 千瓦的限度。由此，容量控制约束列得如下 3 个式子。

$$\sum \text{Capital}_A \leqslant \sum P_{\max} \tag{5-8}$$

$$k \cdot \text{Capital}_A \geqslant \text{line} \cdot \text{Poverty}_A \tag{5-9}$$

$$\text{Capital}_A / \text{Poverty}_A \leqslant 5 \tag{5-10}$$

式中　　Capital_A——A 区域的装机容量；

$P_{\max}$——线路中允许最大接入容量；

k——每千瓦时所发电量的并网收入，即单位上网电价。

综合上述分析，可列得"目标—约束"组合优化模型如下。

$$\min X \cdot \text{Capital} = \sum x_i \text{capital}_i \cdot \rho$$
$$\max X \cdot P = \sum x_i p_i$$
$$s.t. \begin{cases} \sum x_i \text{capital}_i \rho < C \\ \sum_{j \in A} x_j \text{capital}_j < P_{\max}^A \\ \text{capital}_i \geqslant r \cdot p_i / k, \text{capital}_i / p_i \leqslant 5, \text{if capital}_i > 0 \\ x_i = 0,1; \text{capital}_i = 0,100,150,200,250,300 \end{cases} \tag{5-11}$$

式中　　$X = \{x_1, x_2, \cdots, x_n\}$——虚拟变量，表示光伏扶贫项目实施与否，

取值为 0 或 1；

capital_i——实施区域 i 拟装机规模，单位为千瓦；

ρ——光伏扶贫项目的单位投资成本，单位为元。

根据以上构建的优化模型可知，在光伏扶贫项目实施区域规划过程中，往往不仅仅要求单项目标最优化，而且需要在成本、扶贫效果及并网风险等多个目标同时达到优值。不同于传统的单目标问题，其协同规划过程一般存在目标函数间的冲突或不一致问题，因此导致解集往往不是一个特定的最优值，而是多组非劣解，又称帕累托解或非支配解，即这些解之间既无从比较优劣得失，又无法找到更优的方案。求解过程如图 5-3 所示。

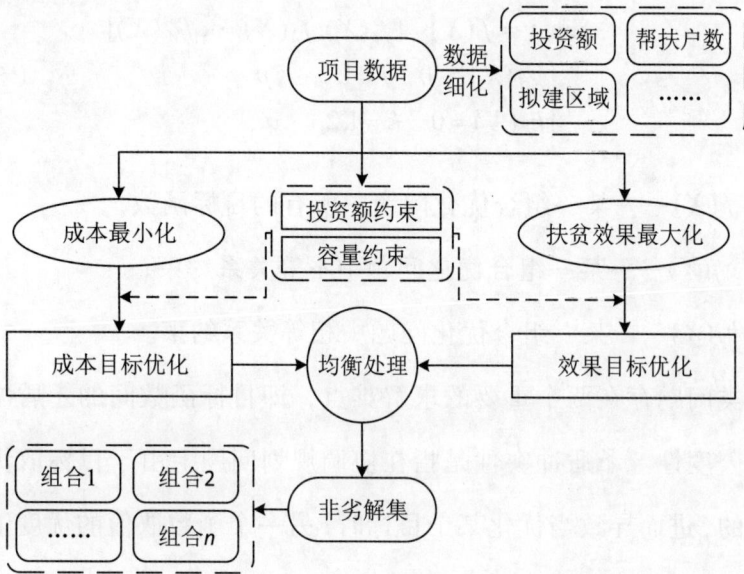

图 5-3　光伏扶贫项目组合优化逻辑图

5.3　算法分析及优化

5.3.1　优化求解算法内涵及分类

在工程建设及项目实践中，往往需要兼顾多方面的目标追求来进行协同规划，而其核心算法的本质就是多目标优化模型。无论是融资设计、建设规划，还是资金分配、生产运转和工程调度等领域都充分发挥了其优化作用，为经济及管理提供了重要的运筹支撑。常规的优化模型涉及目标函数、决策变量和相关约束3类元素，数学形式如下[174]：

$$\min \ y = f(X) = [f_1(X), f_2(X), \cdots, f_M(X)]$$

$$s.t. \begin{cases} g_j(X) \leqslant 0 & j = 1, 2, \cdots, p \\ h_k(X) = 0 & k = 1, 2, \cdots, q \end{cases} \quad (5\text{-}12)$$

式中　　$f(X)$——某一组合优化问题中所有的目标函数；

　　　　$g_j(X)$——某一组合优化问题中不等关系约束；

　　　　$h_j(X)$——某一组合优化问题中相等关系约束。

这类问题存在两个重要的求解难点，即目标函数间的矛盾冲突性和不可公度性。矛盾冲突性是指在协调规划问题上由于目标取优原则是冲突的，进而导致当优化某个目标时，另一个函数取值的优度下降。也就是风险投资常常提及的"风险与收益共存"，高收益的规划方案常常伴随较大的投资风险，而低风险的投资一般难以带来较高的获利。如何在收益与风险中制定折中满意的规划恰恰是多目标求解模型的关注要点。不可公度性即目标函数之间的存在量纲或数量级的差异而导致难以权衡目标值的优劣。

立足于如上求解难点，学者们展开了漫长的研究和探讨，使求解过程和思路得到了极大的拓展和丰富，求解精度和速度也得到了极大提高。根据求解方式的核心思路对现今流行的方法进行分析聚类，可以大致分为 3 类，类间关系如图 5-4 所示[175]。

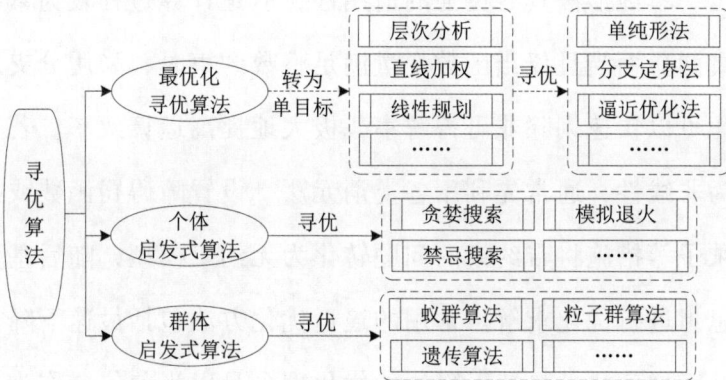

图 5-4　寻优算法分类情况及类间关系

在多目标优化问题提出的初期，多目标问题被视作单目标问题的扩展和特殊形式，并未研究出适用于其计算的独立算法。学者们通常会利用先验知识对多目标间关系进行预梳理和经验赋权，进而采用层次分析、直线加权和线性规划等传统手段转化为单目标并求解特定权重下的最优值。此类求解过程的核心思想为"赋权—最优化"，从数学形式上看，这是基于既定的权值配比对目标函数进行成分合成，并求得不等式约束的限制下主函数的极值和相应变量取值的过程；从管理实践含义来说，这是对收益、成本及风险等目标的轻重缓急进行定量化处理，提高目标间的可比性和可运算性，随后在各类资源约束下制定最优的管理规划方案。为提高最优化问题的计算效率和结果精度，数学家们对最优化求解问题展开了系列公式演算，在求解迭代过程上取得了可喜的进展。当主目标为线性函数时，通常根据变量数量及问题复杂度选取图解法、单纯形法进行求解。图解法虽然能够直观地表达可行域与最优解的关系，但是仅适用于变量个数为 2 的情况。相比于图解法，单纯形法具有更强的适用性，但是计算过程较为繁杂，容易产生纰漏。而当且仅当函数变量满足整数约束时，采用分支定界法进行优化可以快速剔除非可行解集，极大地提高运算效率。若集结后的函数为非线性，通常先利用各类消元法、设置障碍罚函数或提取拉格朗日乘子等措施将带约束的问题转化为无约束模型，随后基于逐步逼近的思想进行优化求解。常用的逼近优化方法包括最速下降、拟牛顿法和共轭梯度法。最速下降法的优化理念是以当前位置作为支点，以函数下降最快方向为搜索主向，当越接近最优值时，行进速度越慢。拟牛顿法对传统牛顿法需多次测算 Hessian 矩阵的逆而带来的算法复杂度进行了改进，可在二阶导数未知的情况下进行梯度变化测算。共轭梯度法规定各搜索方向相互共轭，大大地减少数据存储量，具有强收敛性和高稳定性。

随着科研和实践的逐步深入，多目标优化在经济、社会、军事和生产活动等方面得到了广泛的拓展应用。多目标问题呈现数据规模大、求解目标多和约束层次丰富等特点，而经典的精确寻优算法难以满足实践过程中对于寻优效率的要求。基于经验规则进行局部寻优的算法开始在多目标求解舞台崭露锋芒。对于复杂度较高的模型往往需要较高的寻优时间，而对于某些问题，决策者在高昂的时间成本和较高的优值精度的权衡比对上更乐意在适宜的精度上节约时间成本。局部搜索寻优的核心思想是牺牲精度换取时间，在权衡妥协中高速近似求解。此类算法通常从某个可行解出发，随后根据特定的邻域动作和邻居优选原则计算出邻居解，通过循环迭代达至满意条件，最后得到适用的优值。从邻域动作和邻居优选策略上看，常用的方法包括贪婪搜索、模拟退火和禁忌搜索等。贪婪搜索法是通过比较当前解和邻居解的优劣，根据比对结果进行解集替换或循环终止操作。这类算法计算过程简单且易于理解，具有较少的计算用时但易陷入局部最优，不适用于多极值目标函数情境。对比贪婪搜索法，模拟退火法对较邻居解差的当前解提供一定的容错率，且随着迭代次数的上升对差值容错度下降。这类算法能够在一定程度上防止目标值陷入局部最优，但受差解容错率支配。决策者需对既定模型具有较深厚的数学理解，并制定出适宜的差解容错率变化曲线，否则将陷入局部最优或耗费较高的运算用时。禁忌搜索法是通过对每次迭代产生的差值属性进行记录，制定出相应的禁忌列表以避免迂回反复搜索，从而提高寻优效率。决策者需对禁忌长度有明确且客观的认识，否则禁忌列表的记录与维护过程中将产生极大的计算压力。

随着计算机技术的进步，为了高效全局寻优，各类基于群体的启发式算法纷纷涌现。群体智能演化算法主要根据自然界生物或人类群体在个体活动、环境适应、互助协作和信息交流等社会生活习性，仿真模拟其自组织特性并抽取群体协作规律，抽象出适用于求解多目标协同规划的寻优办法。根据其仿真对象，大致可分为模拟动物群体算法和进化算法。蚁群算法是最早群体演化算法之一，主要是模拟蚂蚁觅食活动，通过设置不同的信息素浓度，利用蚁群反馈探寻最短行进路径。蚁群的觅食路径构造了寻优模型的解空间，蚂蚁在距离越短的行进路线往返频率更大，而信息素浓度也随之加强。因正反馈作用，选择最短路径的蚂蚁量提升，即寻优生效。蚁群活动的多样性保证寻优结果的全局性，而蚂蚁行进时对信息素的强化反馈提高寻优效率，但该算法在时间复杂度上具有一定劣势，且易出现寻优骤停。粒子群算法基于捕食知识共享预设模拟鸟群在觅食过程的社会行为，每只鸟能够记忆且共享已探寻的最优区域点，并具有速度和方向两个属性。对于鸟群，可利用适应度函数推算其位置和飞行速度，并据此比对出区域空间内下一步探索行为。该算法有高精度的特点，但缺乏群体多样性且易陷局部最优。鱼群算法主要模拟人工鱼在面对环境信息刺激下的 4 类习性，以确定食物含量最高的区域及鱼群分布，包括：在个体可视范围内随机活动；朝着食物浓度更大的方向觅食；在适宜拥挤度的前提下群聚协同活动、躲避灾害，以期保证生存；在鱼群发现食物时，临近鱼快速移动到食物处。该算法对目标函数的形式和初始解的选取没有特殊的要求，可进行并行运算且具有较强的鲁棒性，但寻优精度欠佳、收敛速度慢。除了上述模拟动物群体行为特性的智能算法外，还有反映生物适者生存、优胜劣汰的进化算法。遗传算法是模拟生物在环境影响及作用下通过选择、遗传和变异，最后得到适应度最高的生物群体的算法。它是目前最成熟的优化算法之一，具有良好的收敛性和算法兼容性、高精度和强鲁棒性等特点，但原始算法易陷"早熟"状态，因此需要对算法进行混合改进或算子优化。

上述三类算法没有绝对的优劣之分，只有适用与否，需根据具体模型情况和决策者的需求进行特定选择。精确求解最优化问题的常用手段，即通过确定的求解步骤进行系统性的优化，可以提供最优方案而不需决策者额外的比选，在求解小规模问题上具有奇效而在求解大规模问题寻优上略显吃力。局部搜索算法对基于个体近似测算的典型手段，主要利用当前解和邻域解集进行比较选取优值或禁忌差值，迭代直至满意解，但受初始解影响大且易陷局部最优，在求解大规模多峰问题上略有不足。相比于经典优化算法，群体智能算法具有较强的自适应性和鲁棒性，能够更快速地应对并求解目标数量多、数据规模大的问题，但其计算编程难度和时间复杂度的降低也是值得探究的课题。

5.3.2　多目标遗传算法适用性分析

由于光伏扶贫项目协同规划所涉及的数据规模大、目标多样化程度高，遗传算法能高效定位高精度的帕累托解集，在求解上更为契合。经典遗传算法于 1976 年由著名学者霍兰（Holland）首次提出[176]，是基于达尔文进化学说模拟生物群体根据不同个体的环境适应性受到自然择优或汰劣的情境，进而从微观层面研究染色体属性父辈遗传、相互交叉或自然变异的状态，最终演化为满足环境要求的适优群体。与达尔文进化学说的基础概念进行对比，算法中涉及的关键定义和基本内涵见表 5-2。

表 5-2　遗传算法关键定义和基础概念

基础定义	遗传算法	进化论
个体	满足约束的单个解	被观察的单个生物体
适应度	当前解的目标函数值	个体对环境的适应程度
种群	待优化问题的解空间	所有同种生物的集合
代数	算法寻优的迭代次数	生物繁衍概念中的"辈"或"代"
基因	可行解中具体的编码	构成染色体的基本单位,影响生物性征
选择	保留目标函数值高的解	物竞天择,适者生存,优胜劣汰
交叉	不同解通过编码互换生成新解	子代兼具父代的外在性征,正常繁衍
变异	单个解通过编码更换而产生新解	子代出现父代不具备的特征,异化繁衍

　　遗传算法是当前适用范围最广、研究最成熟的进化算法之一,主要优点包括:①全局寻优:较之精确最优化方法能有效应对复杂优化问题,较之传统个体搜索算法不易陷于局部最优,具有良好的全局搜索能力和优值收敛性;②自适应:可利用拟定的适应度函数进行优值判断,基于生物进化理论引进汰劣取优机制提高迭代寻优效率,具有一定的学习能力和自动调整能力;③可拓展性:在求解过程无须过多的附加规则或既定信息,能很好地与关联算子或算法嵌套使用,亦易于自改进研究,具有较强的可塑造性。根据遗传算法定义可知,具体演算流程可分为 5 个步骤:①根据预设的种群数量和迭代次数,随机生成或人为定义初始解空间;②利用既定的目标函数,分别测算当前解集的适应度;③基于适应度进行择优和汰劣的操作,选取有繁衍功能的父辈解;④在随机繁衍的情况下进行父代选择、交叉或变异运算,

生成相应子代解;⑤判断所得解集是否满意/迭代次数是否达标,若否,则再次定位至步骤②操作。综上,遗传算法的基本逻辑如图 5-5 所示。

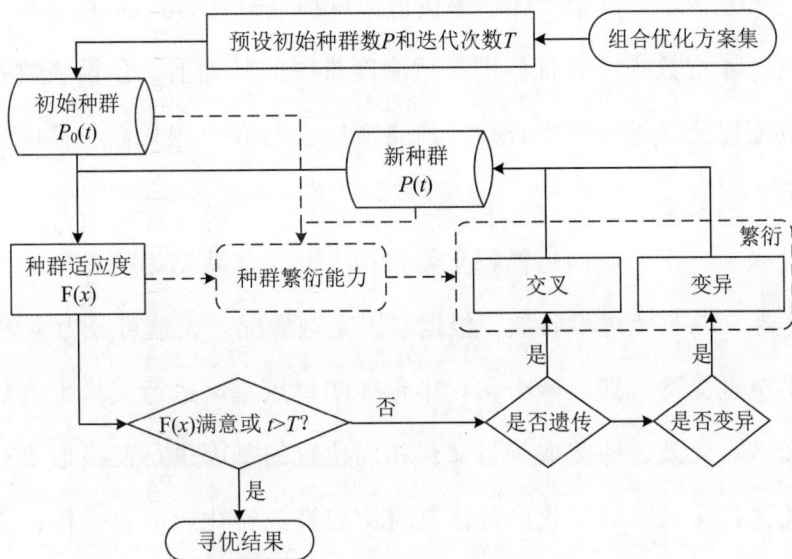

图 5-5　遗传算法的基本运算逻辑

在遗传算法由定参建模到收敛取优的过程中,影响其寻优精度和收敛情况的 3 个关键进化要素可以归纳为:选择过程、交叉过程和变异过程。

过程一:选择。结合汰劣取优准则根据个体对环境的适应程度进行生存繁衍概率设置,令更适应环境的优秀个体更容易存活并产生后代,而欠佳个体易被剔除。根据择优原则,通常的算子分为 4 种:①转盘赌择优,即根据个体适应度占群体总适应度的比值进行转盘区域分配,随机转动转盘进行概率择优;②锦标赛择优,即先从群体中随机抽取若干个体并进行适应度比较,优者留存,劣者放回原群体,重复以上步骤直至留存个体数达到预设的群体数；③线性排序择优，即根据个体适应度进行排序并预设选取到最优个体的概率 P_{max} 和最劣个体的概率 P_{min}，其余个体概率按适应度线性分配方式在 P_{max} 和 P_{min} 中取值；④指数排序择优，即在适应度排序的基础上，预设底数并利用指数配比公式进行概率计算，所得概率仅与底数相关而与具体适应度无关。

过程二：交叉。通过模拟生物繁衍，利用父辈基因交融保证性状的多样性，以避免过早收敛。根据基因交融情况，大致可分为 4 种算子：①单点交叉，即取两个父代染色体的单点基因进行交换生成双子代；②多点交叉，即截取等量父代相同位置的基因进行交换形成双子代；③算数交叉，对父代染色体进行均匀算数转化形成双子代；④交叉合成，截取其中一个父代的基因与另一个父代的基因相结合形成单子代。

过程三：变异。通过模拟生物个体遗传和进化过程的基因突变，令生物多样性更为丰富，以保证全局寻优。根据基因替换规则，常用算子可分为：①基本位突变，即针对达到变异概率的二进制编码基因进行"0""1"编码转换；②均匀突变，即针对符合变异要求的连续基因段替换为符合均匀分布的基因段；③高斯突变，即利用符合高斯分布的基因段替换待变异的连续基因；④对换突变，即选取突变的两个基因位进行对换。

立足于基于帕累托支配多目标算法族的基本概念，从问题编码、参数选择、反馈赋予、群体依赖、并行控制和"早熟"处理等方面展开分析，可得出如下结论。①多目标遗传算法：分别对各个体被支配值进行测算，从而获得层级划分；基于划分结果进行个体适应度排序，进而完成机械择优过程。该算法利用帕累托支配进行择优操作，通过群体适应度共享进行个体调整，有利于种群解空间多样性的保持，能应对"早熟"现象。②非支配排序算法：对非支配关系进行提取并标号层级关系，将层级数越大的个体视作具有较低的虚拟适应度；应用共享小生境处理方法对虚拟适应度进行调整，以达到自然寻优的效果，该算法既考虑拥挤关系，又有效保证了群体多样性，能避免过早收敛的情况。而相对于原算法，第二代非支配排序算法引入了快速排序概念，将父、子代同时择优，有利于种群优度的提高，大大降低计算耗时；提出了精英策略以保持优秀基因的繁衍与传承；同时，扩展个体拥挤概念，利用拥挤距离和比较算子对共享参数的设定进行优化，提高比较标准的客观性，对拥挤度大的个体保有倾向性而提高种群多样性。③自适应遗传算法：大致可以分为群体数量、适应度函数值、交叉概率和变异概率自适应 4 种类型，即根据算法参数的自调整而对算法整体求解速度进行提高。它们的设置理念为：种群数量过大会产生冗余运算成本而种群过小会导致精度欠佳；个体生存环境是多变的，而适应度的要求也是动态的；在算法起始阶段时较大交叉概率有助于快速搜索并保证解集多样性，而求解后期则应精细搜索以保有优解；过大的变异概率会导致解集变动过大且不利于解集收敛和优值收集，而过小的变异概率则会易陷局部最优，造成"早熟"现象。

5.3.3 改进的非支配遗传算法

本章通过分析多维"目标—约束"协同规划模型的求值特点和需要，采用反馈调节因子对第二代非支配遗传算法交叉和变异的概率进行调整，以使其达到自适应的效果，进一步提高算法全局寻优的精度和效率。改进后的关键概念、技术、算子和策略如下。

1. 关键概念一：帕累托关系及其延伸

在多目标函数协同规划过程中，往往因为多个目标优化方向不一致而导致难以寻得唯一最优解。此时，非支配解的概念应运而生。对于目标函数群 $f(X)=[f_1(X), f_2(X), \cdots, f_M(X)]$，多目标模型中存在可行解 x_1 和 x_2，对于任意目标而言 X_1 均优于 X_2，即需满足式（5-13）的要求，则称 x_1 支配 x_2，记作 $x_1 > x_2$。当可行解 x_1 不受种群中其他解支配时，则称 x_1 为帕累托非支配解或妥协满意解。由于多目标间的约束关系，得到的妥协满意解不是单一的而是成组出现且分布在群体搜索区域的边缘。所有的妥协满意解构成边界曲面被称为帕累托前沿，预示着前沿边界外的解集均受支配，决策者可选取前沿解集进行优化。

$$\begin{cases} f_i(x_1) \leqslant f_i(x_2), & \forall i=1,2,\cdots,M \\ f_j(x_1) < f_j(x_2), & \exists j=1,2,\cdots,M \end{cases} \quad （5-13）$$

式中　$f_i(x)$——个体 x 的适应度，即解 x 对应的第 i 个目标函数值。

2. 关键概念二：拥挤度及其计算

拥挤度是非支配遗传算法携带的一个重要概念，用于反映相同层级的邻居解之间的疏密程度。从生物进化角度来看，可以认为群体拥挤距离越大则分布越稀疏，种群多样性保持度越高而不易"早熟"。对于前沿面的解集 $X = [x_1, x_2, \cdots, x_N]$ 和目标群 $f(X) = [f_1(X), f_2(X), \cdots, f_M(X)]$，分别对 $f_i(X)$ 目标下各个体进行目标值计算，并按函数值的大小由低到高排序。接着，将首位和末位解的拥挤距离设为无穷大，而其余解则根据其邻居解的函数差值与该目标函数的极差的比值进行计算。该可行解在所有目标下的拥挤距离之和，称为总拥挤距离，如式（5-14）所示。

$$Cr(x_k) = \sum_{i=1}^{M} \frac{\left| f_i(x_{k+1}) - f_i(x_{k-1}) \right|}{f_i^{\max} - f_i^{\min}}, \ k = 1, 2, \cdots, N \qquad （5-14）$$

式中　　$f_i^{\min}$ ——当前种群第 i 个目标函数下的最小值；

　　　　$f_i^{\max}$ ——当前种群第 i 个目标函数下的最大值。

3. 关键技术：快速排序

相比于第一代非支配排序遗传算法，第二代算法对排序效率进行了系列改进。种群全体遍历的时间复杂度也由原来的 $O(MN^3)$ 降低至 $O(MN^2)$，其中 M 为模型目标数而 N 为预设种群数。具体流程如下：①对当前种群中的个体进行支配关系分析和记录，将支配可行解 x 的个体数记作 N_x，而可行解 x 支配的解集记作 C_x；②将所有 $N_x = 0$ 的个体纳入 F_1 非支配层级；③剔除 F_p 层个体，此时下标 p 取值为 1，即受 F_1 层元素所支配的 C_x 集合个体 $x(d)$ 进行支配值更新，$N_{x(d)} = N_{x(d)} - 1$；④将 $N_{x(d)} = 0$ 的个体纳入 F_{p+1} 支配层级；⑤令 $p = p+1$ 并继续流程③直至所有全体均被分层。以双目标问题求解最小化为例，其分层过程如

图 5-6 所示。

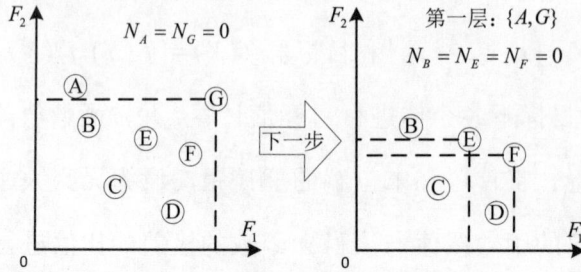

图 5-6 非支配快速排序的分层方法

4. 关键算子一：优选算子

改进的非支配遗传算法是基于锦标赛机制根据支配层级和拥挤度两大准则进行择优的。从种群中随机选取两个个体 x_1 和 x_2 进行择优比较，则有式（5-15）。该算子的本质在于优先比较支配层级，被支配度越小的个体被青睐；当支配层级相同时，拥挤度越小、拥挤距离越大的个体被优选。将未被选择的个体放回种群重复上述过程，直至选择出来的个体数达到预设值。

$$Op(x_1,x_2)=\begin{cases} x_1, \text{Floor}(x_1)>\text{Floor}(x_2) \\ x_1, \text{Floor}(x_1)=\text{Floor}(x_2) \,\&\&\, Cr(x_1)\geqslant Cr(x_2) \\ x_2, \text{Floor}(x_1)<\text{Floor}(x_2) \end{cases} \quad (5\text{-}15)$$

式中　$\text{Floor}(x)$——非支配快速排序后个体 x 所在的支配层级；

$Cr(x)$——在系统排布中个体 x 的拥挤距离；

$Op(x_1,x_2)$——个体 x_1 与个体 x_2 之间的优选结果。

5. 关键算子二：自适应交叉及变异算子

交叉和变异的概率直接影响到遗传算法寻优的性能，若交叉概率过大则不利于优良个体的存留，如果其概率过小又将引发寻优低效；当变异概率过大时则演变成单纯的随机寻优而难以把控算法收敛情况，如若过小又会阻碍新个体生成的进程。由此，本研究参照斯林维瓦斯（Srinvivas）提出的遗传算法调整过程[177]，结合种群适应度分布情况，对个体交叉的概率进行自主调整，如式（5-16）所示。考虑到精英策略的引入会直接将父子代进行混合择优，故得变异概率公式为式（5-17）。

$$\text{Crossover}_k(x)=\begin{cases} P_{c1}-\dfrac{(P_{c1}-P_{c2})\cdot d(f,\overline{f})}{d(f_{\max},\overline{f})}, f>\overline{f} \\ P_{c1}, \text{otherwise} \end{cases}\qquad（5\text{-}16）$$

$$\text{Mutation}_k(x)=1-\text{Crossover}_k(x)\qquad（5\text{-}17）$$

式中　P_{c1}——交叉概率上限值，经由专家评估测得，一般选取 0.9；

　　　P_{c2}——交叉概率下限值，一般选取 0.6 用以计算；

　　　$d(f_{\max},\overline{f})$——当前种群空间中最优适应度与平均值的差距大小；

　　　$d(f,\overline{f})$——所选取个体适应度与当前种群空间的适应度均值的

　　　　　　差距大小；

　　　$\text{Crossover}_k(x)$——第 k 次迭代中交叉的概率，取值区间为

　　　　　　$0\leqslant \text{Crossover}_k(x)\leqslant 1$；

　　　$\text{Mutation}_k(x)$——第 k 次迭代中变异的概率，取值区间为

　　　　　　$0\leqslant \text{Mutation}_k(x)\leqslant 1$。

6. 关键策略：精英策略

考虑到父辈与子代在消亡时间可能存在不一致现象，即特别优势的父辈会比欠佳的子代存活时间更长，如"五世同堂"与"一脉单传"的冲突现象。而传统遗传算法仅通过选择而保有父辈基因。当父代发生交叉或变异时，子代产生而父代淘汰，但子代不一定会对父代占优，从而影响寻优效率。精英策略将新生成的子代与父代合并成规模大小为 $2N$ 的新群体，再通过优选程序删选繁衍产生新群体，具体的遗传机制如图 5-7 所示。

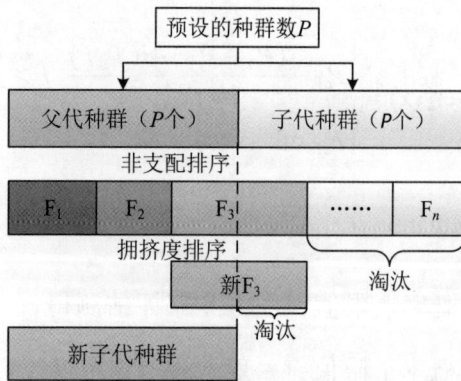

图 5-7　精英策略的遗传机制

结合上述关键技术，改进后的算法分为六步：①根据起始种群数 N 和遗传代数 Gen 进行算法初始化，迭代次数 k 记为 1；②若种群在适应度和迭代次数上均未满足要求，对当前种群进行快速排序并获得个体的支配层级和拥挤距离，反之，跳出迭代得到满意解集；③利用锦标赛机制随机从种群中选取两个个体进行比选，将支配层级和拥挤距离占优的个体置入选择区并将较劣个体放回原种群，重复优选操作直至选择区个体数达到要求；④结合种群适应度分布特征，对优势个体的交叉和变异概率进行自适应调整，使其满足环境发展要求并顺利进行繁衍；⑤将子代群体和父辈群体置于同一维度空间，此时种群个数翻倍，对新种群进行快速排序与适应度优选，优选出更优的新群体；⑥迭代次数增加一次，并结合新群体的数据回到步骤②。具体过程如图 5-8 所示。

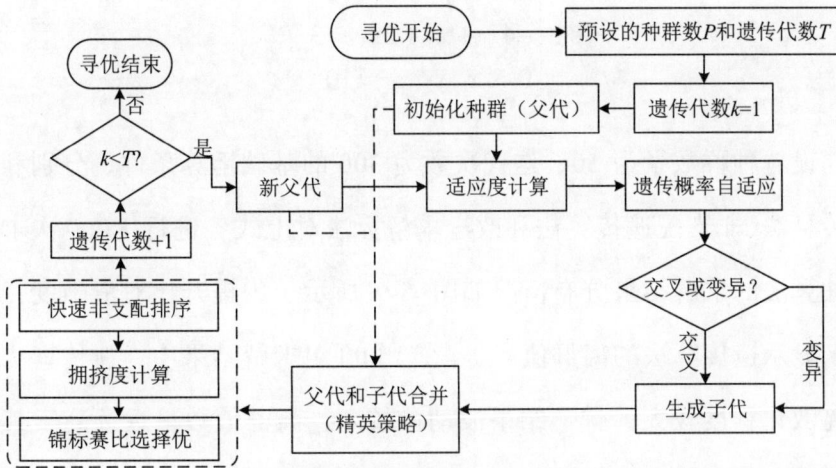

图 5-8　改进非支配遗传算法的运算过程

5.4　算法性能测试及算例分析

5.4.1　算法性能测试

为检验改进算法的求解性能，故采用普通线性规划函数和标准函数进行解集测试。

1. 普通线性规划函数

考虑到本研究所提出的组合优化模型为线性规划模型，为检验改进非支配遗传算法在求解本问题上的优越性，因此，本文采用式（5-18）中的线性规划算式进行算法性能测试，通过其解集分布和迭代情况检验改进算法在求解精度和收敛方面的适应性。

$$\min Z = -3x_1 + x_2 + x_3$$

$$\text{s.t.} \begin{cases} x_1 - 2x_2 + x_3 \leqslant 11 \\ -4x_1 + x_2 + 2x_3 \geqslant 3 \\ 0 \leqslant x_1, x_2, x_3 \leqslant 10 \end{cases} \quad (5\text{-}18)$$

设置种群数量为 50、迭代次数为 300 的基础运算条件，分别利用遗传算法、非支配遗传算法和改进求解算法对上式各进行 1 000 次求解。三种算法的求解结果分布情况如图 5-9 所示（为提升比对清晰度，图上未显示遗传算法的离群值点）。在 1 000 组求解结果中，遗传算法解集离散化程度较大，优值结果波动性较高，离群值数量远远高于其他两种算法，这意味着使用该算法求得的解易陷于局部最优，寻优结果差强人意；而非支配遗传算法和改进的算法由于精英策略、非支配排序等先进算子的存在，大大保证了寻优效果，解集的分布较为集中，且贴近于最优解。但是，从精细比对来看，改进的非支配遗传算法离群值点较之传统算法更少，且改进算法的解集均值（-2.827）低于传统算法（-2.275），改进算法的解集中位数（-2.283）亦小于传统算法（-2.281），这恰恰改进算法的求解优越性。综合可得，改进后的算法求解更稳定、寻优精度更高。

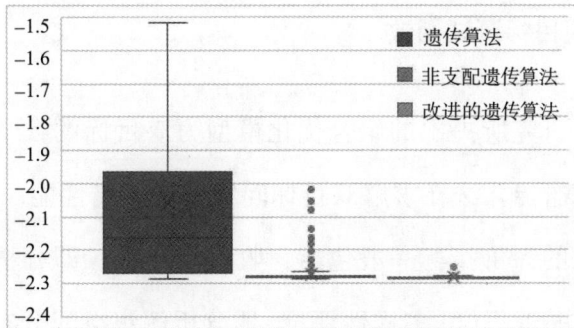

图 5-9　三种算法解集分布图

选取其中初始解较为相似的情况用作算法求解对比分析，可绘制出如下函数收敛图（见图 5-10）。其中，黑色点为当前迭代次数的种群均值，而蓝色点为其相应的最优值。由图可知，传统遗传算法的寻优曲线较为平缓，而改进算法的寻优曲线出现陡峭的坡峰，可以大大提高初始解不良时的寻优效率；当种群最优值与均值趋同时，传统遗传算法趋于静止，难以再度寻觅更优值，而改进的算法仍在进一步寻优，表现为寻优曲线的继续下降。由此可得，改进算法可以较好地提高寻优效率，有效避免陷入"早熟"状态。

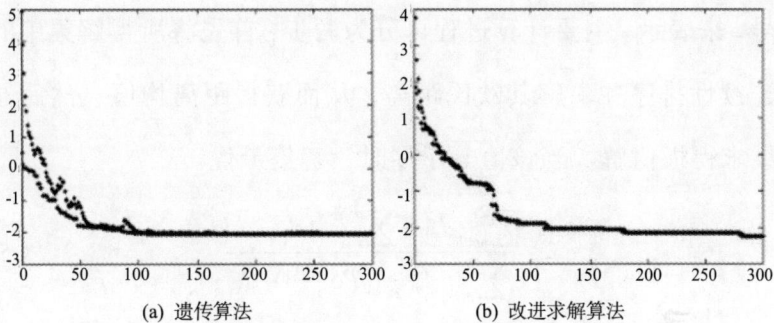

(a) 遗传算法　　　　　　　　　　(b) 改进求解算法

图 5-10　寻优过程的收敛情况

2. 标准双目标测试函数

考虑到本研究所提出的组合优化模型为双目标的数学模型，为检验改进非支配遗传算法在求解双目标问题上的解集性能。根据文献[178]，测算算法性能的评价指标一般包括：收敛性评价，即分析所得解集与真实前沿面的贴近程度；多样性评价，即分析解集空间分布的均匀性。为保证性能测试的全面性，本小节基于非支配遗传算法改进前后的解集，从收敛性和多样性两个角度综合分析算法改进前后的性能优劣。

在收敛性方面，利用式（5-19）测算所得解集与真实前沿面的距离，又称迭代距离。该值越小，则说明所求解集的收敛性越好，而对应算法的性能也越优秀。

$$GD = \frac{\sqrt{\sum_{i=1}^{|PS|} d_i^2}}{|PS|} \qquad (5\text{-}19)$$

式中　　PS——利用求解算法生成的优化解集；

d_i——解集空间中个体 i 与真实前沿面中最相邻个体的欧氏距离。

在多样性方面，利用式（5-20）测算所得解集的价差程度，一般用符号 △ 来表示。主要计算过程可分为两步：首先将所得解集中的个体进行连续性排序并求解其欧氏距离，从而获得距离均值；然后通过拟合曲线求得极值解。当该值等于零时，解集最优。

$$\triangle = \frac{\sum_{m=1}^{2} d_m^e + \sum_{i=1}^{|PS|-1} |d_i - \bar{d}|}{\sum_{m=1}^{2} d_m^e + (|PS|-1) \cdot \bar{d}} \qquad (5\text{-}20)$$

式中　　d_i——优化解集中连续个体 i 和个体 $(i+1)$ 的欧氏距离；

$\bar{d}$——在解集空间中所有连续个体距离的均值；

d_m^e——第 m 个目标下解集极端值与真实前沿面的距离。

基于上述两个性能测试指标，本节应用 Zitzler-Deb-Thiele 系列的标准双目标测试函数 ZDT1-4 进行解集性能测试。测试函数的具体参数设置和数学表达情况见表 5-3。

表 5-3　标准双目标测试函数

函数名称	变量数	定义域	求解目标
ZDT1	30	所有变量取值[0,1]	$\min f_1(x) = x_1$ $\min f_2(x) = g(x) \cdot [1 - \sqrt{x_1 / g(x)}]$ $g(x) = 1 + 9 \cdot (\sum_{i=2}^{n} x_i) / (n-1)$
ZDT2	30	所有变量取值[0,1]	$\min f_1(x) = x_1$ $\min f_2(x) = g(x) \cdot [1 - (x_1 / g(x))^2]$ $g(x) = 1 + 9 \cdot (\sum_{i=2}^{n} x_i) / (n-1)$
ZDT3	10	所有变量取值[0,1]	$\min f_1(x) = x_1$ $\min f_2(x) = g(x) \cdot [1 - \sqrt{x_1 / g(x)} - h(x)]$ $g(x) = 1 + 9 \cdot (\sum_{i=2}^{n} x_i) / (n-1)$ $h(x) = [x_1 \cdot \sin(10\pi x_1)] / g(x)$
ZDT4	10	第一个变量取值[0,1]； 其他变量取值[−5,5]	$\min f_1(x) = x_1$ $\min f_2(x) = g(x) \cdot [1 - \sqrt{x_1 / g(x)}]$ $g(x) = 1 + 10 \cdot (n-1) + h(x)$ $h(x) = \sum_{i=2}^{n} [x_i^2 - 10\cos(4\pi x_1)]$

为保证测试结果符合统计学的阈值要求，本研究基于传统非支配遗传算法，以及改进后的非支配遗传算法对每个测试函数实例分别运行 30 次，并记录下各次的寻优解集。基于上述寻优解集，结合式（5-19）和式（5-20）进行算法收敛性和多样性效果分析。两种算法所得解集的性能测试结果见表 5-4。表中的传统算法为交叉概率等于 0.9 而变异概率等于 0.1 的非支配遗传算法，而改进算法则为本研究提出的融合自适应遗传概率的非支配遗传算法。在测试过程中，两种算法的初始种群空间均设置为 100，而迭代次数设置为 300 代。为了提高表格数据的

直观性，根据"迭代距离越小，价差程度 △ 越接近于零，寻优结果越好"的原则，对表现更佳的测试数据加粗表示。因此，从表中可以看出，对于测试实例 ZDT1—4 的迭代距离指标，改进算法均优于传统算法，即改进后的算法具有更好的收敛性，而在价差程度方面，改进算法在测试实例 ZDT1、ZDT2 和 ZDT4 呈现出更优质的解集多样性，在 ZDT3 中表现略有不足，但数值差异不明显。

表 5-4　性能测试结果

算法名称	指　标	统计量	ZDT1	ZDT2	ZDT3	ZDT4
传统算法	迭代距离	均值	0.043	0.026	0.010	0.035
		标准差	0.006	0.009	0.001	0.017
传统算法	价差程度	均值	0.616	0.552	**0.609**	0.798
		标准差	0.068	0.086	**0.032**	0.286
改进算法	迭代距离	均值	**0.004**	**0.005**	**0.005**	**0.007**
		标准差	**0.002**	**0.003**	**0.000**	**0.008**
	价差程度	均值	**0.446**	**0.455**	0.651	**0.460**
		标准差	**0.044**	**0.033**	0.036	**0.051**

为了直观地反映两种算法在测试实例中与真实前沿面的贴近情况，基于测试所得的解集绘制出帕累托前沿，如图 5-11 所示。根据测试函数解集分布图可知，相对于传统算法，改进后的算法更接近于真实前沿面，求解精度更高。

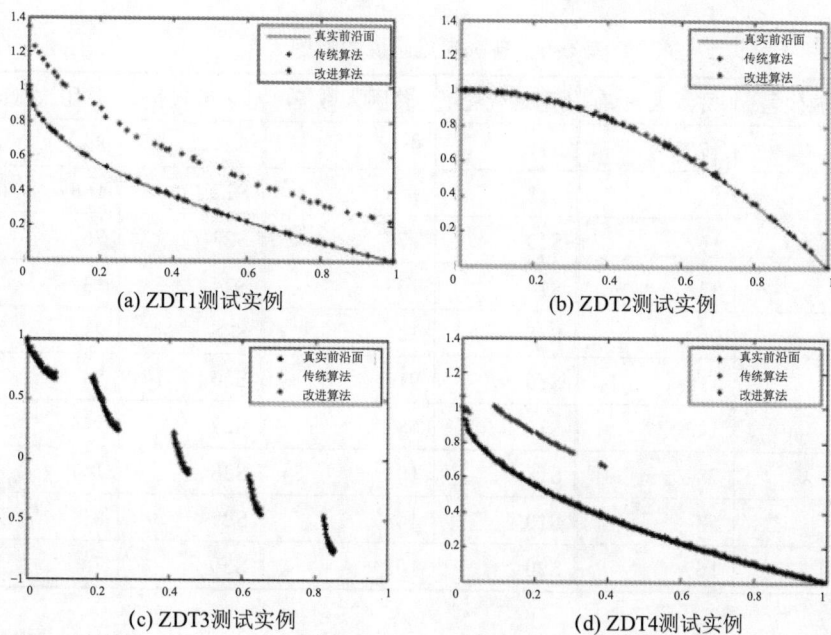

图 5-11　测试实例中解集的分布情况

5.4.2　算例分析

B 市地处第Ⅲ类太阳能资源区，具有较为充足的光照强度，适宜开展光伏扶贫项目。为提升决策的科学性，保证拟建光伏电站的稳定发电和持续收益，经过实地考察、可行性分析、指标体系构建及优选方法计算，最终得出 30 个可供实施的区域。随后，当地政府结合财政状况，拟实施一批光伏扶贫项目。求得第一期投资的规划方案，需进行项目组合优化并求取非劣解集，从而使得投资成本与扶贫效果均处于满意状态，合理地进行投资规划决策。本算例涉及的背景材料和研究数据是基于县级统计年鉴、招投标历史数据、村级输电线路情况，以及能源局和发展改革委等政府官网所公布的相关文件而制定的。上述 30 个区域的贫困人数见表 5-5。

表 5-5　备选实施区域的贫困人数

区域代号	贫困人数 P_i	区域代号	贫困人数 P_i	区域代号	贫困人数 P_i
S1	175	S11	98	S21	85
S2	94	S12	155	S22	166
S3	162	S13	179	S23	76
S4	138	S14	103	S24	137
S5	96	S15	181	S25	211
S6	118	S16	91	S26	84
S7	143	S17	68	S27	144
S8	78	S18	102	S28	147
S9	52	S19	148	S29	81
S10	167	S20	102	S30	78

　　基于以上数据，结合第 5.2.2 节所构建的目标函数，可列出帮扶效果计算公式为：$X \cdot P = 175x_1 + 94x_2 + \cdots + 81x_{29} + 78x_{30}$。其中，$x_i$ 为虚拟变量，区域 Si 表示建设与否。同时，B 地政府经综合考量，打算对 30 个区域进行分期投资，而第一期拟建村级电站的总容量规模不超过 1.8 兆瓦，则可列得总容量约束为 $x \cdot capital < 1800$，其中，capital 表示装机规模，单位为千瓦；由光伏扶贫项目的历史招标数据可知，光伏扶贫项目投资成本约为 7 元/瓦，那么，以千瓦作为运算单位可得初始投资成本约等于 7 000 倍的装机规模，即 $Cost = 7\,000capital$。而根据第 3 章提及的相关引导政策及投资机理分析，村级光伏扶贫电站的安装规模应为 100~300 千瓦；同时，结合目前已建的村级电站规模，一般容量均设置 50 的倍数，则对于单个村级电站的容量有如下约束条件：

$$\begin{cases} capital_i = 100,150,200,250,300, \text{ if } x_i = 1 \\ capital_i = 0, \text{ if } x_i = 0 \end{cases}$$

根据河北省已建光伏扶贫项目发电数据，一所 300 千瓦的村级电站年发电量约为 438 000 千瓦时；2019 年《国家发展改革委关于完善光伏发电上网电价机制有关问题的通知》显示，第Ⅲ类资源区的村级光伏扶贫电站并网电价为 0.85 元。故而，一所 300 千瓦的村级光伏扶贫电站年收益为 438 000×0.85=372 300（元）。基于贫困基准线的时间价值换算，以"人均增收 3 000 元"作为扶贫标准可算得人均最低装机规模，计算过程为 3 000÷(372 300÷300)≈2.42（千瓦）。结合光伏扶贫项目人均装机不应超过 5 千瓦的法律规定，故可得人均装机容量的取值应不低于 2.42 且不超过 5，即 (2.42,5]。

同时，经勘探调研发现，由于贫困村电网建设较为薄弱，普遍存在村级共用输电电缆的问题，区域 1 与 7 相邻且共用电网线路，其并网容量不可超过 500 千瓦；而区域 2 也与区域 3 共用线路，并网总容量限制为 400 千瓦；区域 13 与区域 16 的总容量限制为 300 千瓦；区域 20、21 和 26 的总容量限制为 500 千瓦。

综合上述分析，本算例的项目组合优化模型如下所示。

$$\min X \cdot \text{Capital} = 7000 \times (x_1 \text{capital}_1 + x_2 \text{capital}_2 + \cdots + x_{30} \text{capital}_{30})$$

$$\min -X \cdot P = -(175x_1 + 94x_2 + \cdots + 81x_{29} + 78x_{30})$$

$$s.t. \begin{cases} \sum_{i=1}^{30} x_i \text{capital}_i < 1800 \\ x_1 \text{capital}_1 + x_7 \text{capital}_7 \leqslant 500 \\ x_2 \text{capital}_2 + x_3 \text{capital}_3 \leqslant 400 \\ x_{13} \text{capital}_{13} + x_{16} \text{capital}_{16} \leqslant 300 \\ x_{20} \text{capital}_{20} + x_{21} \text{capital}_{21} + x_{26} \text{capital}_{26} < 500 \\ 2.42 < \text{capital}_i / p_i \leqslant 5, \text{if capital}_i > 0, i = 1,2,\cdots,30 \\ x_i = 0,1, \forall i = 1,2\cdots,30 \\ \text{capital}_i = 0,100,150,200,250,300, \forall i = 1,2,\cdots,30 \end{cases}$$

为保证寻优的有效性，将遗传代数设置为 1 000 代，种群个数设置为 200 个，结合 Matlab 软件利用改进非支配遗传算法求解上述线性规划模型。所得满意解的目标函数分布情况如图 5-12 所示，横坐标为总投资资金，单位为百万元；纵坐标为总帮扶人数的相反数。

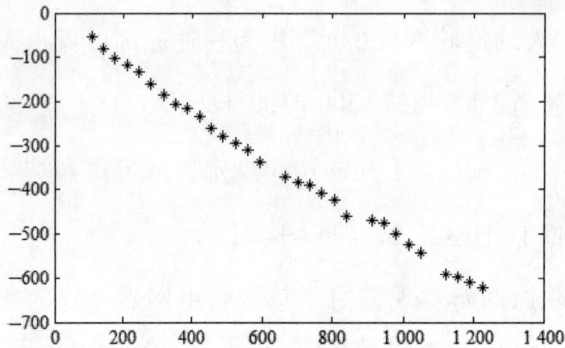

图 5-12 满意解分布情况

由求解所得的满意解分布情况图可知，若想提高项目帮扶总人数，则需对装机容量进行增加，而电站规模的扩大，又会引发投资成本需求的上升，因此，投资成本和扶贫效果的目标方向具有不一致性。鉴于目标函数的冲突性，模型解集呈现出非劣特征。考虑到项目的政府投资特性，决策者对满意解集的应用可分为如下两种情景。①情景一中的处理手段与多目标转化为单目标的求解思路类似，即直接对两个目标进行赋权，从而得出可行的规划方案。特殊情况是，当设置帮扶效果的权重为 1 而成本权重为 0 时，可得排名前三的满意方案集为 $(S5, S6, S9, S11, S18, S23, S29)$，$(S2, S8, S14, S17, S18, S21, S29)$ 和 $(S6, S9, S11, S14, S17, S23, S26)$。②情景二是基于"各方案间难以通过目标函数值直接判断优劣"的认定，引入效率测度等方法构建规划方案优选模型进行规划决策，具体内容如第 6 章所示。较之第一类处理手段，后者更为科学合理，受到学者们的广泛关注。

5.5　本章小结

项目组合优化是对于项目实施区域优选的后续处理和决策优化。在实际的光伏扶贫项目投资决策中，往往不仅局限于单个项目。第 4 章的实施区域优选明确了各项目开展的可行性和适宜度，而本章项目组合优化则将概念延伸至多个可行项目的投资规划中。为提高项目组合模型的契合度，保证寻优结果的准确性，本章结合项目组合管理基本理论，构建出适用的组合优化模型并对优化改进出一套与之匹配的求解算法。

首先，通过剖析光伏扶贫项目在战略层、项目层和资源层的投资目标及诉求，归纳出其项目优化组合兼具的项目集成性、战略性、动态性和资源整合性等四大特征。其次，结合项目的核心任务，引入拟帮扶人数表征扶贫效果，基于模型设置的基本假设，以成本最小化和帮扶人数最大化作为优化目标，以"发电收入应满足扶贫基本需求""人均装机不应超过 5 千瓦"和发电并网基本要求为基准设立与容量限制相关的约束条件，从而构建出适用的"目标—约束"组合优化模型。接着，考虑到传统遗传算法在寻优过程存在收敛过早和解集欠佳等问题，本章在非支配遗传算法的基础上引入自适应算子，对交叉和变异概率进行自调整，有效降低了固化概率带来的寻优低效问题。随后，为验证改进算法的求解优势，本研究首先应用遗传算法、非支配遗传算法和改进算法对普通线性规划模型进行 1 000 次求解，并对解集进行综合分析，结果表明：遗传算法解集离散化程度最大，优值结果波动性高；非支配遗传算法的离散程度与改进算法相近，但其均值、中位数和离群值个数均劣于改进算法；然后，应用非支配遗传算法和改进算法对标准测试函数 ZDT1—4 进行求解，结果表明：改进算法所得的解集具有更优的收敛性和多样性。最后，结合具体算例对所提出的组合优化模型进行应用说明和演算介绍。

本章关于优化算法的部分基础内容已于 2019 年发表在国际期刊《应用能源》（*Applied Energy*）（SCI 检索）和《计算机与工业工程》（*Computers & Industrial Engineering*）(SCI 检索)，主要利用非支配遗传算法针对能源项目的组合优化问题进行寻优求解，但未涉及遗传算子的自适应改进。

第 6 章
基于公平与效率理论的规划方案优选模型构建

根据第 5 章分析结果可知，对光伏扶贫项目组合优化模型而言，其多目标的优化方向往往是不一致的。当可行解沿着满足某一目标优化时，另一目标函数值可能呈现渐劣趋势。目标间的客观冲突性及相互约束力导致决策者只能通过妥协折中寻得非劣解集。而求解算法的优化和改进仅影响寻优过程的精度、效率和收敛性，却不能对非劣解进行比选和判优。但现实生活的决策行为常常具有唯一性，决策者需从繁多的规划方案中做出比选决策。例如，在多目标规划问题上寻得非劣解集 $\{(A,B,C),(B,D),(A,C,E)\}$，但是，由于实际决策资源的限制，只能从 3 种方案挑选一个方案予以施行。因此，本章基于光伏扶贫项目的发电经营性和社会公共性两大特征，引入公平因子进行聚类初筛，并采用重抽样数据包络模型进行效率测度与分析，最后基于求解结果确定最优规划方案。

6.1 光伏扶贫项目公平与效率特质分析

光伏扶贫项目力求在相关政策和政府投资的支持下充分利用地域资源优势，尽可能满足所有贫困户提升生活品质的需要，推动社会经济的和谐发展，从而缩小贫富差距。任何问题都不是单独存在或者独立作用的，而是在系统内得以体现的。没有背景的问题是没有意义的问题，而截取部分的分析也是不全面的。因此，本节从项目全生命周期和各利益相关方的双重角度进行综合解析，结合组合优化规划方案的优选需求进行公平与效率关键要素提取，最后，分析公平与效率理论对规划方案优选过程的适用性。

6.1.1 项目全生命周期公平与效率表征

光伏扶贫项目是公平与效率辩证统一的概念体，其扶贫功能决定了公平性质而光伏发电过程也对项目效率提出了一定的要求。如果要辨析公平与效率如何转化为项目组合比选要素，制订出合理的规划方案，仅仅截取项目的某个阶段或某个环节进行提取分析是远远不够的。毕竟，项目是系统的产物。正因为各个阶段相互影响、环环相扣，方能铸造项目总体目标的成功。因此，为了厘清公平与效率对规划的影响，需剖析其如何在项目生命周期中得以体现，探究相关关系并提取出关键的要素。

全生命周期理论具有较强的适用性与系统分析能力，因此被广泛应用于各行各业的研究实践中[179]。从广义来看，全生命周期是指产品从产生到废弃的全过程，包括原始资料的获取与概念设计、初步加工或建设、使用与运营及最终报废处理等。针对具体对象而言，光伏扶贫项目的全生命周期大体包括前期准备、施工建设、投产运维及残值回收四大阶段，不同的阶段有着不同的项目子目标和施行事项。

（1）前期准备阶段：指从某项光伏扶贫项目建设意向产生到评估决策完成的时期，通过对备选建设区域进行评估比选、对拟拨付资源进行申报计划、对待建设项目进行概要设计，以及对项目可行性和必要性进行论证，为项目平稳开展和目标顺利实现提供智力支持。这个阶段又称为前期决策阶段，主要包括项目建议及申报、投资机会及可行性分析、项目评估与决策等，也是进行项目实施区域优选及协调规划的关键时期。在此阶段中，公平主要表现在数据采集和项目评估两方面，即需权衡不同区域的信息流通和信息获取难易水平，保证数据全面且无遗漏，如实上报扶贫相关资料，加强数据监管工作；而在项目评估时需做到不偏不倚，做到精准扶贫，保证村级脱贫步调一致，防止资源不均的现象。效率则体现在决策流程流转中。项目前期由于涉及众多报告、多项研究及各类部门核准，被认作最耗时费力且最复杂的阶段。考虑到扶贫的迫切性，政府部门也开通多类绿色通道，尽量简化审批流程，保证在合理合规的基础上以最快速度审核项目。

（2）施工建设阶段：指单项光伏扶贫项目从参照涉及具体建设到竣工验收完成的时期。施工建设阶段的三大核心要素是费用、进度和质量。在费用方面，要求工程按照项目概算、设计估算和施工图预算予以成本控制；在进度方面，要求工程依据年度施工计划或起讫时间节点进行时间调整和施行；在质量方面，严格按照设备及安装材料的采购清单、施工图纸和施工组织设计、征地计划等进行监管。在此阶段中，公平主要表现在资源利用与分配上，即各项目的采购严格按照国家规定标准采买，施工均由具备建设资质的安装公司施行。所购光伏组件或所建工程的质量和价格差异甚微，所选供应商或安装公司不因社会关系而影响招标结果，招标及建设过程受公众监督。效率体现在建设工期上，虽已按照工程量制定出合理的建设工期，但是，越早投产意味着贫困户越早获利。

（3）投产运维阶段：指项目交付使用后直至使用寿命终结的时期。目前，中国农村光伏电站设计的使用寿命均为25年，但是在实际实践过程中往往会出现诸如电容失效、电解液蒸发、导热硅脂老化或损坏、逆变器停止工作等问题而导致大大缩短项目服务年限。由于光伏扶贫项目坐落于较为偏僻且欠发达的村落，村民受教育程度普遍较低，因此需要安装公司或售后服务部门予以咨询或引导，及时更换失灵设备，达到项目预期效果。由此可得，公平的概念主要体现在安装建设单位不应因光伏扶贫项目的特殊性而在运维服务有所欠缺，电网公司也应积极配合并网服务，不应因地域偏僻或电网建设困难而有所懈怠。这个阶段还涉及发电产能问题，而发电量的高低直接影响到项目收益。此时，公平还意味着应公正地将收益惠及各贫困户，并用剩余盈利支持村落发展与建设。效率则体现在所涉及部门的全力配合下，积极运维，使项目达到最佳的收益状态。

（4）残值回收阶段：指项目无法提供服务后进行最终清算的阶段。在常规的工程项目中往往不涉及这一分类，但是由于光伏扶贫项目所利用的资金资源属于社会资本，其项目残值也受到社会关注，因此也纳入考虑范围。目前暂无达到使用年限的光伏电站，学者们也在积极地探索着材料回收与残值计算等问题，相信在不久的将来它也将成为可持续发展的一项重要议题。这一阶段的公平主要是指回收的残值应再度投入社会服务中或贫困村级建设中，不应废弃或无疾而终。而效率也来源于对废弃设备的高效处理和残值回收利用，以及如何在合理的范围内保证较高的回收价值。

综合各阶段的特点及公平与效率的具体表征，融合紧前紧后关系和因果关系，对各个关键点和点间时差进行质点化和理想化处理，可得：项目决策评估作为项目实施的起点，其科学性直接影响项目的整体流转；规划决策、投资建设与项目收益是不可分割的；规划方案比选需考虑的效率问题关系到项目投资与收益比值，横亘于项目全过程。

6.1.2　项目相关方视角下公平与效率诉求

由项目作用机理分析可知，光伏扶贫项目涉及的利益相关方包括政府、承包商/供应商、贫困户和社会公众 4 类群体。政府作为项目的发起方和主持人，对项目享有最终决策权和落实权，因此需要充分考虑相关方的诉求。光伏扶贫项目的供应商和承包商作为施工材料的提供人和工程建设的执行人，经过资格审查最终以竞标形式签约合同。他们要求政府提供公开、透明、绿色、和谐的招投标机制，让有资格参与竞标的单位得到平等机会；要求政府摒弃烦琐而冗余的步骤，提供高效的资格审核和招标流程。综上，承包商不属于"规划—收益—分配"关系链的相关方，故不纳入公平效益诉求分析。

　　贫困户是整个项目的直接受惠者，也是在"规划—收益—分配"关系链上诉求最强烈的一方。根据美国著名社会心理学家利昂·费斯廷格的社会比较理论，人们不仅与过去的情境做比较来评判自身得失及成败，还会通过与境遇相似、地位相当的他人做对比来评判自身有无遭不公平对待[180]。两方面共同作用便形成了人们在社会生活中的价值判定。同时，有研究表明：人们在这两个方面是具有倾向性的，受教育能促使价值取向偏向于前者。那么，每一个贫困户对公平与效率的诉求可以概括为：尽早落实项目并惠及自身，使自身家庭收入及生活质量得到提高、摆脱贫困侵扰；越贫越优先，公平对待自身，即反对那些条件适宜度更低的贫困户却更早纳入扶贫计划并接受扶持。

　　社会公众是项目的间接资助人，对项目享有监督和建议权，也是在"规划—收益—分配"关系链上诉求最契合社会发展的一方[181]。社会公众通过将部分收入以纳税的形式交予国家再分配。由于光伏扶贫项目的直接目标是帮扶贫困，而帮扶贫困的最终目的是协调社会发展、全面建成小康社会、实现人们向往的美好生活，因此，国家综合考虑财政情况和社会发展状况拨付部分款项用以支持光伏扶贫项目建设与落实。社会公众的价值诉求和国家政府的取向应该是趋同的，即：①扶持贫困，提高贫困地区收入及经济发展水平，缩小社会分配差距和地域发展差距；②防止在项目执行过程中产生二次差距，即多贫困地区协同发展，而不能把所有资源集中投入单一地区的项目建设中；③项目规划与城市发展规划相一致，不能影响其他产业正常运转，如农业、渔业、畜牧业等；④项目发展过程尽可能不侵害其他新能源发电项目的利益，例如，在当地光伏发电弃电率极高的情况下，强行规划建设光伏扶贫项目并要求发电全额上网，那么，可能导致部分光伏企业难以继续经营，最终也没有达到地区经济发展的目标；⑤利用最少的资金达到最高的贫困帮扶、能源补给和社会发展的效果。鉴于上述分析要点，可得公众的切实诉求。

政府作为协同规划方案的制定人和决策者，需权衡项目各参与方对公平与效率的诉求，把控项目最终目的的实现。就协同规划方案优化问题而言，当贫困户与社会公众诉求趋同时，政府应基于上述双方的要求进行策略优化；当贫困户与社会公众诉求冲突时，政府需评估冲突关键点的原理，在不改变项目资助原则的前提下倾向社会公众的诉求。

6.1.3 公平与效率理论适用性

从项目性质及内涵来看，光伏扶贫项目集成社会公共性和发电经营性于一体，包含扶贫和发电两大基本过程。而两大过程又集中体现了公平与效率的诸多诉求。其中，扶贫子过程以帮扶贫困、均衡发展为导向，其核心目的是缩小城乡及贫富差距，促进社会公平；发电子过程通过将太阳能光伏资源转化为可供使用的电能，并利用电量并网盈利，这就要求项目发电量及并网收益达到或超过扶贫基本要求量。结合公平与效率理论基本概念、光伏扶贫项目特征内涵及项目相关方利益诉求，可从概念契合度、模型匹配度、算法成熟度及寻优合理性四方面对公平与效率理论应用于光伏扶贫项目实施区域优选规划方案建模分析的适用性进行衡量，具体如下。

（1）概念契合。从字面释义上看，政府投资光伏扶贫项目首先是"政府投资"，而后又属于"项目"范畴。政府作为实际出资人享有对光伏扶贫项目的整体把控和规划决策，而政府是国家进行社会管理的权力机关、也是国家意志的代表。在中国，政府执行决议的关键原则是"以人为本""为人民服务""谋求社会发展"，因而政府投资项目应将促进社会公平作为重要衡量尺度；政府投资光伏扶贫项目自带项目特性，涉及前期准备、建设施工和运营维护等常规阶段，需关注施工进度与质量、项目建设与运维成本、投产与营运创收等各类项目情况，因而决策者更乐意投资成本少、质量高、营收多的项目。由此，光伏扶贫项目的天然特性恰好与公平与效率理论不谋而合，具有极高契合度。

（2）模型适用。所建模型的匹配度将直接影响结果的可信度和实用度。因此，本章从项目全生命过程与多利益相关方视角进行公平与效率理论在光伏扶贫项目的具体表征进行梳理，力求从全过程、多角度进行综合要素提取，随后对规划方案应涉及的因素进行汇总，而无关的因素则予以剔除，以保证模型因素的全面性与合理性；基于数学建模基本原则，将现实问题中的因素转化为可供运算的数字变量，而相关限制条件则转化为约束公式，以保证建模过程的规范性和科学性。由此可得，所构建形成的测度模型对于解决光伏扶贫项目实施区域优选规划方案具有较高的匹配度。

（3）算法可行。相关理论的丰富度决定了模型求解可选择范围，而求解算法的成熟度更是模型求解的科学性和有效性，根据基础理论分析来看，效率测度与分析算法理论体系已较为成熟，主要分为基于随机前沿分析的参数分析算法族和基于数据包络分析的非参数评估算法族。与随机前沿分析族系相比，后一算法族无需事前确定生产前沿函数或是"投入—产出"因素的权值，可以在"多个输入和输出"环境下计算效率分值，而光伏扶贫项目实施区域优选规划方案中涉及诸多因素和复杂的相互作用，这使得难以确定具体的函数相关关系或优值曲面，因此数据包络分析族系算法更为适宜。为满足光伏扶贫项目实施区域优选规划方案公平与效率模型求解的需要，本章采用系统聚类算法和数据包络分析算法进行样本归类、数据分析与优选求解，以识别最优的规划方案。

（4）寻优合理。对数学规划模型而言，其寻优结果受初始数据或原始训练集的影响很大，易产生偏差。一方面，光伏扶贫项目实施区域优选规划方案有限，样本较小；另一方面，数据包络分析算法隶属于统计分析范畴，受样本数量的影响极大，当样本量小时极易产生偏差。重抽样纠偏机制允许研究人员在不知道数据分布的情况下进行数据再采集和样本扩容，区分不同方案间效率值的实际差异并提供相应的置信区间，以此有效地纠正普通数据包络分析过程因样本量受限而造成的结果偏差，可提高小样本评估的准确性。由此，为保证优选结果的有效性和可用性，本章采用 Bootstrap 重抽样方法样本数据自举扩容和数据纠偏，以减少随机误差带来的决策误诊。

6.2 光伏扶贫项目规划方案优选模型设计

6.2.1 模型基本假设

为进一步明确光伏扶贫项目规划方案优选模型适用情境，提高模型精准性和针对性，有必要对该模型的基本假设进行阐述和限定。令 $project^A$ 表示在拟建在 A 区域的光伏扶贫项目，$plan_i$ 代表第 i 个项目组合规划方案，那么 $P = \{plan_1, plan_2, \cdots, plan_n\}$，那么模型的基本假设前提可列为如下几种情况。

假设一：各规划方案中涉及的所有实施区域均经过审核检验，满足优选要求。也就是说，对于 $\forall project_x \in plan_i$ 且 $plan_i \in P$，那么 $project_x$ 的属性将不违反第 4 章提及的否决要素，该项目的拟实施区域具有较良好的综合评估等级。本假设的设立主要针对"在提报的规划方案中，$plan_i$ 中部分项目不符合实施要求及规范"的情况。

假设二：决策者对项目实施区域无明显偏好。含决策偏好的实施区域优选问题为第 4 章的核心内容，本假设的设立主要是针对"决策者认为 A 区域必须实施光伏扶贫项目，而否决不含 $project^A$ 备选规划方案"或"决策者认为 A 区域较之其他区域均劣势，而决定含有 $project^A$ 备选规划方案"的情况。

假设三：各规划方案中的项目组合无明显优劣。项目组合优劣分析为第 5 章的核心内容，本假设主要针对"已知 $plan_1 = \{project^A, project^B, project^C\}$，$plan_2 = \{project^A, project^B\}$，显然 $plan_1 > plan_2$"或"已知 $plan_1 = \{project^A, project^C\}$，$plan_2 = \{project^A, project^B\}$ 且 $plan^C > plan^B$，

显然 $plan_1 > plan_2$"的情况。

假设四：不存在项目信息遗漏或欺瞒。数据真实可靠性将直接影响决策模型的演算结果，从政府对于光伏扶贫项目的把控程度来看，模型中的数据理应是可收集的且有备档的。同时，关注公平因素中涉及该区域以往建成项目情况，也不应存在信息遗漏。

6.2.2　变量分析及选择

变量对于模型而言就如同房屋的砖瓦，是构建规划模型的基本元素，更是形成目标函数和约束限制的最小组件。对于公平与效率分析模型来说，公平变量、投入变量、成效变量是光伏扶贫项目投资组合规划方案优选过程的核心要素。如何使所提取的变量数学化是搭接建模的关键前提，因此，需要对变量进行阐述和说明，具体如下。

（1）公平变量（F）。公平变量主要指在光伏扶贫项目中与公平诉求相关的变量，参照第 6.1 节的公平特质分析，可得公平变量分为 3 个要素。①帮扶广度（F_1）：主要指各规划方案涉及的实施区域的多寡，一般认为若某个方案中涵盖服务面越广、囊括县级行政区越多、帮扶家庭数越大，则越公平。本研究采用覆盖县级数作为度量标准。②帮扶精度（F_2）：主要针对贫困区域优先资助的原则，即在理想状态下应满足越贫困越优先的理念，既体现了帮扶精准性也反映了服务公平性。而更贫穷是一个定性化的主观模糊概念，因此本研究采取涉及重点贫困区域数作为标准。③发展和谐度（F_3）：主要指规划方案中所涉的项目是否与电力发展相匹配。按照相关法律规定，电网公司应对光伏扶贫项目所发电量全额予以收购，那么若某地区已建电源装机规模较大、弃能现象较严重，那么增加项目可能会引发当地企业经营和发展问题。鉴于目前电网公司中已撤销县级供电局的调度职能而统一归属到市级管理，本研究以规划方案所涉的弃能率平均值作为量度标准。

（2）投入变量（I）。投入变量是指规划方案所涉项目在投资建设及投产运营过程中与地域要素相关的变量，通过对项目投资过程及发电过程的总体分析可归纳出投入变量如下。①装机容量（I_1）：该要素是指一年中某规划方案下所有项目装机规模的总和，以兆瓦进行统计。作为光伏发电中最重要的因素，在光照条件相差不大，且所有光伏阵列均以最佳倾斜角，方位角和间距安装的前提下，装机容量很大程度上影响着实际能量输入量和电能生产量。一般认为，装机容量越高，理论发电量也将越大，则项目总营收也是越多的。②劳动配额（I_2）：该要素表示方案中所有光伏扶贫项目拟雇用的操作运行员总人数。受限于项目信息水平和项目经验，有必要聘请专业人员进行施工建设；另外，在运行过程需要对光伏组件进行定期检查、维护和保养，有必要聘请操作人员进行管理运维。操作运行员总人数从侧面反映生活垃圾的排放量、水的消耗和工资成本，而直观揭示人力成本投入水平。对于光伏扶贫项目一般采用总承包模式，施工人员人力投入归于起始投资范畴，故而在此只需考虑运维阶段的人力消耗总数。③资金投入（I_3）：主要指发生在规划方案所涉项目在建设及运维过程的资金总流入。该要素还从侧面反映了发电规模大小，而装机容量作为发电系统的基本属性在很大程度上决定着光伏模块的数量、覆盖面积、辅助功率消耗和运维成本。再者，项目运维投入较之光伏扶贫项目起始投资而言微不足道，故而，本研究选取规划方案的投入资金总额作为度量变量，单位为百万元。

（3）成效变量（O）。成效变量又称产出变量，是指规划方案中与项目目标相关的变量，正如第 5.1 节分析所得，光伏扶贫项目的主要任务为光伏发电和帮扶贫困，故而成效变量包括两点要素。①年发电量（O_1）：该要素代表某规划方案中所有光伏扶贫项目在一年中能够产生的预期发电值。发电量是光伏发电项目的总追求，也是生成价值的原始状态，因而被公认为是理想的输出要素，它表示发电项目的生产水平和利润空间。②帮扶人数（O_2）：该要素描述了某规划方案中所有光伏扶贫项目支持的贫困人口数。为了统计方便这里采用贫困家庭总数量。作为另一项理想的产出，它揭示了减贫目标的实现和项目的社会价值。

6.2.3　优选模型设计与构建

根据公平与效率基本理论发展历程可知，决策者对公平与效率的关系权衡可分为公平绝对优先、效率绝对优先、公平与效率均衡化和兼顾公平与效率且更偏重公平 4 种态势。若令公平取值为 Fairness，效率取值为 Efficiency，那么则优选公式可列为 Optimal $= \alpha \cdot$ Fairness $+ \beta \cdot$ Efficiency，参数满足 $\alpha, \beta \in [0,1]$ 且 $\alpha + \beta = 1$。基于上述 4 种态势可列出优选模型如下。

模型一：仅考虑公平变量的优选模型（$\alpha = 1, \beta = 0$）。令 $w_i(i = 1, 2, \cdots, n)$ 对应第 i 个公平变量的权重，而 n 表示变量个数；

$F_i(x), x = 1, 2, \cdots, s$ 对应方案 x 在第 i 个公平变量标准化后的取值，而 s 表示方案个数，则优选模型为：

$$\min_{x \in S} \sum_{i=1}^{n} w_i F_i(x)$$

$$\text{s.t.} \sum_{i=1}^{n} w_i = 1$$

（6-1）

模型二：仅考虑效率变量的优选模型（ $\alpha = 0, \beta = 1$ ）。令 $v_i(i = 1, 2, \cdots, n_I)$ 和 $u_r(r = 1, 2, \cdots, n_O)$ 分别对应第 i 个投入变量和成效变量的权重，而 n_I 和 n_O 分别为投入变量和成效变量的个数；$I_i(x), x = 1, 2, \cdots, s$ 和 $O_i(x), x = 1, 2, \cdots, s$ 分别对应方案 x 在第 i 个投入变量和成效变量的取值，而 s 表示方案个数，则优选模型为：

$$\max h_x = \sum_{r=1}^{n_O} u_r O_r(x) / \sum_{i=1}^{n_I} v_i I_i(x)$$

$$\text{s.t.} \begin{cases} \sum_{r=1}^{n_O} u_r O_r(p) / \sum_{i=1}^{n_I} v_i I_i(p) \leqslant 1, p = 1, 2, \cdots, s \\ (v_1, v_2, \cdots, v_{n_I}) \geqslant 0, (u_1, u_2, \cdots, u_{n_O}) \geqslant 0 \end{cases}$$

（6-2）

模型三：均衡考虑公平与效率变量的优选模型（ $\alpha = \beta = 0.5$ ）。令 $v_i(i = 1, 2, \cdots, n_I)$ 、$w_i(i = 1, 2, \cdots, n_F)$ 和 $u_r(r = 1, 2, \cdots, n_O)$ 分别对应第 i 个投入变量、公平变量和成效变量的权重，而 n_I 、n_F 和 n_O 分别为其个数；$I_i(x)$，$F_i(x)$ 和 $O_i(x)$ 分别对应方案 x 在第 i 个投入变量、公平变量和成效变量的取值，且有 $x = 1, 2, \cdots, s$ ， s 表示方案个数，则优选模型为：

$$\max h_x = [\sum_{r=1}^{n_O} u_r O_r(x) + \sum_{j=1}^{n_F} w_j F_j(x)] / \sum_{i=1}^{n_I} v_i I_i(x)$$

$$\text{s.t.} \begin{cases} [\sum_{r=1}^{n_O} u_r O_r(p) + \sum_{j=1}^{n_F} w_j F_j(p)] / \sum_{i=1}^{n_I} v_i I_i(p) \leqslant 1, p = 1,2,\cdots,s \\ (v_1,v_2,\cdots,v_{n_I}) \geqslant 0, (w_1,w_2,\cdots,w_{n_F}) \geqslant 0, (u_1,u_2,\cdots,u_{n_O}) \geqslant 0 \end{cases} \quad (6\text{-}3)$$

模型四：兼顾公平与效率且更偏重公平的优选模型（ $\alpha > \beta$ ）。令 $v_i(i=1,2,\cdots,n_I)$ 和 $u_r(r=1,2,\cdots,n_O)$ 分别对应第 i 个投入变量和成效变量的权重，而 n_I 和 n_O 分别为其个数；$I_i(x)$ 和 $O_i(x)$ 分别对应方案 x 在第 i 个投入变量和成效变量的取值，而 $d_{pj}(p,j=1,2,\cdots,s)$ 表示方案 p 和 j 的公平取值差距，且有 $x=1,2,\cdots,s$, s 表示方案个数；若 D_1 和 D_2 分别为相对公平方案集和欠妥方案集，且满足 $D_1 + D_2 = \{\text{plan}_1, \text{plan}_2, \cdots, \text{plan}_s\}$ ，则优选模型为：

$$\max h_x = \sum_{r=1}^{n_O} u_r O_r(x) / \sum_{i=1}^{n_I} v_i I_i(x)$$

$$\text{s.t.} \begin{cases} \sum_{r=1}^{n_O} u_r O_r(p) / \sum_{i=1}^{n_I} v_i I_i(p) \leqslant 1, p \in D_1 \\ \forall a,b \in D_1 \,\&\&\, c,d \in D_2, d_{ab} < d_{ac}, d_{cd} < d_{ac} \\ (v_1,v_2,\cdots,v_{n_I}) \geqslant 0 \\ (u_1,u_2,\cdots,u_{n_O}) \geqslant 0 \end{cases} \quad (6\text{-}4)$$

对比上述 4 个模型形式可知其使用场景如下。①模型一仅考虑了公平因素，即当决策者的投入资源极大丰富且对于成效要素不予关注时可用该模型，然而公平属于一个模糊的概念，绝对公平的排序会造成诊断的偏颇，故而该模型适用性不强。②模型二仅测算了效率因素，即当决策者手持资源极度有限且迫切达到项目目标时可采用该模型。③模型三探究如何在限定数量的资源投入前提下使公平与成效达到最优，兼顾了公平与效率。然而该模型过于理想化，认为公平与成效是共通的，且在数值上可以补偿，但是实际生活中公平与成效是两个尺度的理论，一单位成效的获得度难以弥补一单位公平的损失度，故而该模型仅局限于理论分析而难以作用于现实测量。④模型四在测度之前将备选方案按照距离相关度划分出公平集合和欠公平集合，并针对公平集合进行细化的效率分析，即在顾及公平的前提下把握效率情况。一方面，该模型中公平的测算为距离聚类划分，仅区分出更公平的方案集，而不做出过于具体的排序，符合公平理论的模糊性和相对性，较之模型一的数值排序更为合理；另一方面，该模型在公平的集合中进行效率测度，符合兼顾公平与效率更偏重公平的论述，因此更具现实推广性。

6.3　算法分析与优化

6.3.1　聚类分析算法介绍

聚类分析算法是指以个体相似度为衡量标准，将属性相近、构件相似、特征类同的对象归为一个集合整体，以保证同一集合中个元素相似度最高且集合间存在明显差异性。如在能源项目中，根据能源供给过程是否产生环境污染物可以分为清洁能源类集与非清洁能源类集；根据电能生产原料特性可分为太阳能发电类集、风能发电类集、水能发电类集和化石能源发电类集等。从数学建模的角度来看，令 $X = (x_1, x_2, \cdots, x_n)$ 为数据点，表示单个数据对象包含着 n 维数据属性；

而 $T = (X_1, X_2, \cdots, X_s)^{\mathrm{T}}$ 则认作是包含着 s 个数据点的数据全集，那么聚类分析算法就是对数据全集中的数据点进行数据属性相似度分析，并基于分析结果将该全集划分为多个簇，如 $\mathrm{Cluster}_i = (X_a, X_b)$ 则表示数据点 a 与数据点 b 共同组成的数据簇，又称为数据类。若数据集 T 经聚类处理后得到 k 个数据簇，可表示为 $T = \{\mathrm{Cluster}_i\}_{1 \times k}$，那么将存在如下关系[182]。

（1）数据簇非空，由于数据簇的基本元素是数据点，若不存在提供支撑的数据点信息，则不可能凭空产生数据簇，即 $\mathrm{Cluster}_i \neq \varnothing, i = 1, 2, \cdots, k$；由于聚类的产生是基于数据全集，并未凭空添加新的数据信息，因此有以下公式：

$$\mathrm{Cluster}_i \subseteq T, i = 1, 2, \cdots, k \tag{6-5}$$

（2）所有数据簇应囊括所有的数据点信息，即所有数据点应具有其相应的分类，不能存在未划分类别的数据点，因此，所有数据簇的并集应等于数据全集，则有：

$$\bigcup_{i=1}^{k} \mathrm{Cluster}_i = \mathrm{Cluster}_1 \cup \mathrm{Cluster}_2 \cup \cdots \cup \mathrm{Cluster}_k = T \tag{6-6}$$

（3）一个数据点中不能同时归属两个数据簇，不同类集之间不存在交叉点，即：

$$\mathrm{Cluster}_i \cap \mathrm{Cluster}_j = \varnothing, 1 \leqslant i, j \leqslant k, i \neq j \tag{6-7}$$

（4）数据簇的形成是基于数据点间相似度，在数学概念中一般可分为距离测度或相关性测度两种模式。以距离测度为标准则有两集合元素的距离极度大且恒超过集合内元素的距离聚类规则如式（6-8）所示，以相关性测度为标准则有两集合元素的相关度极度小且恒小于集合内元素的相关性聚类规则如式（6-9）所示。

$$d(X_a^{\text{Cluster}_i}, X_b^{\text{Cluster}_i}) < d(X_a^{\text{Cluster}_i}, X_c^{\text{Cluster}_j}) \qquad (6\text{-}8)$$

$$\text{sim}(X_a^{\text{Cluster}_i}, X_b^{\text{Cluster}_i}) > \text{sim}(X_a^{\text{Cluster}_i}, X_c^{\text{Cluster}_j}) \qquad (6\text{-}9)$$

式中　　$d(X_a, X_b)$——两个数据点间的距离，数据点下标取值满足 $1 \leqslant a, b \leqslant k$；

$\text{sim}(X_a, X_b)$——两个数据点间的相关度，数据点下标取值满足 $1 \leqslant a, b \leqslant k$。

从距离测度的角度看，主要用探究样本之间的相关性，常用的距离方法可以包括欧氏距离、曼哈顿距离、切比雪夫距离、闵可夫斯基距离和马氏距离等，具体描述如下。

（1）欧氏距离是迄今为止认可度最高、用量最大、用途最广的距离测算方法，主要用来计算两点之间的最短直线距离，扩展到 n 维属性空间，其计算公式为：

$$d(X_i, X_j) = \sqrt{\sum_{p=1}^{n} (x_{ip} - x_{jp})^2} \qquad (6\text{-}10)$$

（2）曼哈顿距离是在实际实践过程中难以取得两点直线距离，如街区布局中两点间的距离在考虑建筑物遮挡的情况而需依循马路直线行走，即采用数据点各属性距离绝对值之和作为总距离进行度量，扩展到 n 维属性空间，其计算公式为：

$$d(X_i, X_j) = \sum_{p=1}^{n} |x_{ip} - x_{jp}| \qquad (6\text{-}11)$$

（3）切比雪夫距离是依照两点间实际距离取用各属性距离中最大值作为度量标准，又有上确界距离之称，但该方法过于夸大贡献度大的数据属性的作用而欠缺对其他属性的权衡[183]。扩展到 n 维属性空间数据点距离测算问题，其数学公式如式（6-12）所示。

$$d(X_i, X_j) = \max_{1 \leqslant p \leqslant n} (|\, x_{ip} - x_{jp}\,|) = \lim_{k \to \infty} (\sum_{p=1}^{n} |\, x_{ip} - x_{jp}\,|^k)^{1/k} \qquad （6\text{-}12）$$

（4）闵可夫斯基距离是结合无隔挡的两点直线测度和考虑带隔挡的横纵测度的混合推广型距离公式。假设数据点存在 n 个属性，那么计算方程如式（6-13）所示，当 λ 取 1 时则其退化为曼哈顿测度公式，当 λ 取 2 时则其退化为欧式测度公式，但该方法对于各个分量的考量过于均衡而难以突出不同属性变量的差异程度[184]。

$$d(X_i, X_j) = \sqrt[\lambda]{\sum_{p=1}^{n} (x_{ip} - x_{jp})^{\lambda}} \qquad （6\text{-}13）$$

以上距离求解过程均受到数据属性的量纲影响，因此一般计算前需先进行消除量纲处理。而马氏距离测度方法与之不同，不需额外考虑量纲影响，数学表达见式（6-14）。其中，$\boldsymbol{S}$ 为协方差矩阵。若协方差矩阵正好等于单位矩阵，那么其将退化为欧式距离公式，但是该测算方法也存在夸大贡献度较小属性作用的问题[185]。

$$d(X_i, X_j) = \sqrt{(X_i - X_j)^T \boldsymbol{S}^{-1}(X_i - X_j)} \qquad （6\text{-}14）$$

从相关性测度的角度看，主要用来测度属性相关程度，常用的相关性方法可以包括相关系数测度、余弦夹角测度、杰卡德相似性测度 3 种模式。具体介绍如下。

（1）相关系数测度方法是依照两个变量属性序列的相关一致程度进行判别，所求得的相关系数取值介于–1 到 1 之间，若其绝对值越大则相关度越高，如果结果趋近于 1 则趋近线性正相关，若趋近于–1 则显示为近似线性负相关，其数学公式概括为：

$$\text{sim}(X_i, X_j) = \frac{\text{Cov}(X_i, X_j)}{\sqrt{D(X_i)} \cdot \sqrt{D(X_j)}} = \frac{\sum_{p=1}^{n}(x_{ip} - \overline{x}_i)(x_{jp} - \overline{x}_j)}{\sqrt{\sum_{p=1}^{n}(x_{ip} - \overline{x}_i)^2}\sqrt{\sum_{p=1}^{n}(x_{jp} - \overline{x}_j)^2}} \quad （6\text{-}15）$$

式中　$\overline{x}$——决策问题中数据点各属性的均值。

（2）余弦夹角测度方法是将两个数据点按照数据属性置于多维空间中，依照其余弦夹角大小判定其一致程度，余弦夹角取值为–1 到 1 之间，余弦绝对值越大则其夹角开口越小，如果取值接近于 1 则两个数据点在几何空间中将近正向重合，若接近于–1 则表明两数据向量趋近负向重叠，其计算公式如式（6-16）所示。

$$\text{sim}(X_i, X_j) = \frac{\sum_{p=1}^{n}(x_{ip} \cdot x_{jp})}{\sqrt{\sum_{p=1}^{n}x_{ip}^2}\sqrt{\sum_{p=1}^{n}x_{jp}^2}} \quad （6\text{-}16）$$

（3）杰卡德相似性测度方法主要基于两数据点之间重合度与差异度的大小进行相似性判定，公式如式（6-17）所示。显然，该方法更适应于属性种类及个数差异较为明显的分类过程。

$$\text{sim}(X_i, X_j) = \frac{X_i \cap X_j}{X_i \cup X_j} \quad （6\text{-}17）$$

式中　$X_i \cap X_j$——决策问题中数据点 i 与点 j 完全相同属性的数量；

　　　$X_i \cup X_j$——当数据点 i 与点 j 合并且不含重复属性时所得的属性总量。

由于机器学习和大数据时代的到来，聚类过程和聚类理念得到了迅速扩充，聚类方法层出不穷。按照其聚类原则及演算过程，可将常用的聚类方法划为划分聚类、密度聚类、网格聚类、模型聚类和层次聚类 5 种类型，如图 6-1 所示[186]。

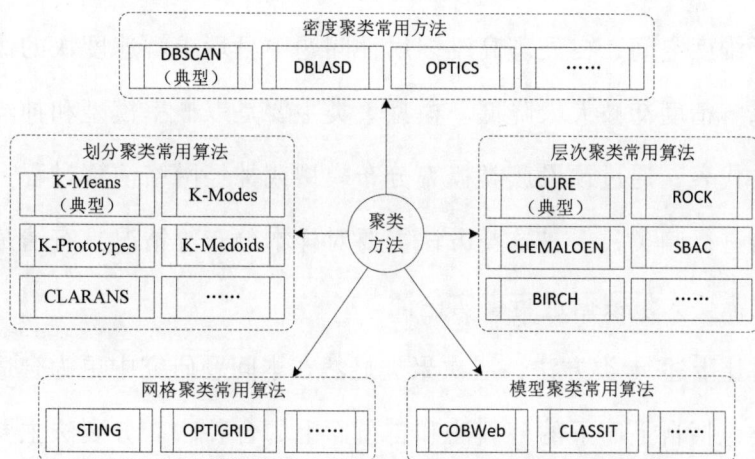

图 6-1　常用的聚类方法及其分类

其中，划分聚类是通过预设类集数量 k，以及从数据点中选取各簇的初始点 $O = \{\text{origin}_j\}, j = 1, 2, \cdots, k$，根据未分配数据点 X_i 与初始点的距离或相似度进行匹配，并基于就近划分原则将 X_i 划入距离较近的簇集中，同时更新该簇的中心点信息，以此往复直至分配结束。此方法计算效率高，原理简单，对于海量数据的聚类处理优势较为明显，但是该方法受起始点和起始簇集数的影响较高，若制定产生偏差则易发生聚类失败的问题。密度聚类是基于数据全集在属性空间中的疏密程度进行簇类识别，认为距离较近的点自动聚集为一个单簇，而其中心数据称作核心点，而远离在簇外的单点称作异常点，以此通过"判断簇集数量—识别核心点—形成簇及簇成员"的往复过程进行聚类分析。该方法在高维且不规则的数据空间分析中颇有优势，然而却可能存在异常点难以聚类、识别核心点不当等问题。网格聚类是通过数据空间网格化，并将相应的数据点信息压缩并投影到网格中，对数据信息进行归纳统计后与预设的门槛值进行比对，识别出高密度单元。该方法压缩了维度空间，在处理高维多属性问题中呈现求解速度快的优点，但是求解精度却被大大降低。模型聚类主要是以概率模型和神经网络模型为代表，通过预设簇类概率分布模型或神经网络演算过程，将样本数据进行归类，但是这类方法需要对样本分布等情况具有清楚的认知，且需要大量数据进行事实论证。

对比上述 4 类方法，层次聚类显然在本问题研究中更为合适。层次聚类包括自上而下的分裂法和自下而上的合并法。分裂法主要通过将数据全集进行逐层分裂直至各簇元素仅剩一个为止，而合并法是通过将所有数据点逐层合并达到仅剩一类为止。以合并法为例，具体过程为：①将每个数据点看作单独簇集，并计算两两簇集的距离；②将距离较近的簇集相合并，形成下一层的新簇集；③以此往复当所有数据点都归于同一个簇集时迭代结束。层次聚类方法原理及过程解释度最高，适合各个层级的人员使用。较之划分聚类过程，该方法无需预设聚类数量和初始中心点，可随时根据需要截取相应数量的聚类结果；较之密度聚类过程，该方法不存在部分数据点难以分类的问题；较之网格聚类过程，该方法又保持了信息完全且精确分类的优势；较之模型聚类过程，该方法不需要决策者有极强的计算能力和数据认知。层次聚类的缺点主要表现在面对数据量极大时，时间复杂度极高，而在光伏扶贫项目实施区域规划方案优选问题中方案数量显然是有限且易于计算表达的，故而选取层次聚类算法是科学可行的。

6.3.2　数据包络分析算法描述

数据包络分析算法最早由查恩斯（Charnes）、库珀（Cooper）和罗兹（Rhodes）提出[187]，主要通过控制投入变量或产出变量数值稳定，并根据观测数据生成模拟生产前沿曲面，按照决策单元的具体数值与前沿面的偏离程度判断相对有效程度而获得效率评分，同时亦可以前沿面为参照标杆，分析决策单元改进及优化的具体方向。由于该算法在变量处理、前沿函数预设和结果运算过程的高兼容性和易操作性，迅速得到推广和拓展，已成为效率测度最广泛的算法之一。数据包络分析算法所涉及的基本概念有决策单元、决策变量、生产可能集和前沿曲面四点。其中，待评估样本又称决策单元，是指算法所作用的评价对象，记作 DMU_j。而决策变量是依托决策单元产生的概念，根据其作用不同分为投入和产出变量。本算法就是根据决策单元的投入产出变量数值比对得出效率评估结果。一般而言，决策单元与变量应满足以下条件。①单个效率分析系统中所涉及的评估对象应该具备同样的服务任务或追逐目标，即具有同质性，例如：在评价光伏电站运营效率时，所选用的评估对象不可为风力发电场站等其他能源项目。②各待评估样本应相互独立，不形成互补作用，例如：光伏电站由逆变器和光伏面板等元件组成，那么逆变器与光伏面板应分属不同效率分析系统。③除了包含在变量集中的环境因素，各待评估样本所处的外部环境应一致或趋同，例如：探别光伏电站效率情况时，若未将光照条件作为变量要素，则选取光照条件差异明显的光伏电站进行比对是不合理的。④所有待评估样本对应的变量要素量纲应一致，例如：记录光伏电站装机容量数据时，不应同时存在千瓦和兆瓦等多个单位的数据。⑤对于单个决策问题而言，待评估样本数量越大分析可靠程度越高，为了确保效率分析质量，待评估样本数量应超过变量要素和的 3 倍。假设某效率分析问题存在 s 个决策单元，则：

$$s > 3 \times (p + q) \tag{6-18}$$

式中　p——决策问题中需考虑的投入要素的数量；

　　　q——决策问题中需考虑的产出要素的数量。

此时，利用待评估样本的属性信息可以形成决策系统参考集：

$$T = \{(X_1, Y_1), (X_2, Y_2), \cdots, (X_s, Y_s)\} \tag{6-19}$$

式中　X——待评估样本的投入要素，若要素数量为 p 则有 $X_j = (x_{1j}, x_{2j}, \cdots, x_{pj})$；

　　　Y——待评估样本的产出要素，若要素数量为 q 则有 $Y_j = (y_{1j}, y_{2j}, \cdots, y_{qj})$。

由此，可归纳出可能集的概念 $\hat{T} = \{(X, Y) \mid X \text{ can produce } Y\}$，且需满足如下要求。

（1）所有待评估样本属于正常生产运作数据，故参考集各元素隶属于可能集 $\hat{T}$，有：

$$\forall (X_j, Y_j) \in T, (X_j, Y_j) \in \hat{T} \tag{6-20}$$

（2）可能集 $\hat{T}$ 为凸集，当 $(X_j, Y_j), (X_s, Y_s) \in \hat{T}$，对于任意大于 0 且小于 1 的数 η 均有：

$$\eta(X_j, Y_j) + (1 - \eta)(X_s, Y_s) \in \hat{T} \qquad (6\text{-}21)$$

（3）当决策样本中各变量同比例变化时，即仅发生规模变化，仍属于可能集 $\hat{T}$，则：

$$\forall \mu > 0 \,\&\, \&(X_j, Y_j) \in \hat{T}, (\mu X_j, \mu Y_j) \in \hat{T} \qquad (6\text{-}22)$$

（4）在既定技术水平的前提下，加大投入或减少产出仅反映出决策样本的低效运营，故仍属于可能集 $\hat{T}$，即如若 $(X_j, Y_j) \in \hat{T}$，那么对于 $X_j^* \geqslant X_j$ 或 $Y_j^* \leqslant Y_j$ 均有：

$$(X_j^*, Y_j), (X_j, Y_j^*), (X_j^*, Y_j^*) \in \hat{T} \qquad (6\text{-}23)$$

（5）可能集 $\hat{T}$ 应同时满足上述 4 条原则。生产前沿面指可能集 $\hat{T}$ 中效率最优的投入产出组合，即如若 $(X_j, Y_j) \in \hat{T}$ 处于生产前沿面且有 $X_j^* \leqslant X_j$，$Y_j^* \geqslant Y_j$，必然有 $(X_j^*, Y_j) \notin \hat{T}$ 且 $(X_j, Y_j^*) \notin \hat{T}$。从数学概念上看，对于可能集 $\hat{T}$ 中的元素 (X_j, Y_j)，若存在 $V = (v_1, v_2, \cdots, v_p)^T$ 和 $U = (u_1, u_2, \cdots, u_q)^T$ 使得 $(U \cdot Y_j) / (V \cdot X_j) = 1$，则认为该元素组合为有效组合，故可列得下式。

$$L = \{(X, Y) \,|\, U \cdot Y - V \cdot X = 0, U > 0, V > 0\} \qquad (6\text{-}24)$$

式中　　L ——可能集 $\hat{T}$ 有效面，取有效面与可能集的交集得 $L \cap \hat{T}$ 为生产前沿面。

鉴于式（6-24），分别以双投入单产出、单投入双产出两个典型系统作为研究对象，将各个决策单元的产出/投入数值化为一致，以双投入/产出分别作为横纵坐标轴，利用模拟数据可绘制出如下关系图（见图 6-2）。根据下图显示，其生产前沿面为$(A-B-C-D)$曲面。进一步分析可得，位于图 6-2（a）中前沿面的 4 个决策单元在技术水平不变、产出成效既定的前提下无法进一步减少资源投入，E、G、F 三点却有明显的投入压缩空间；同样地，位于图 6-2(b)前沿面的 4 个决策单元在投入数量一定的前提下无法进一步提高成效产出，而 E、G、F 三点却仍有产出提升余地，故其投入相对于产出表现为无效率。

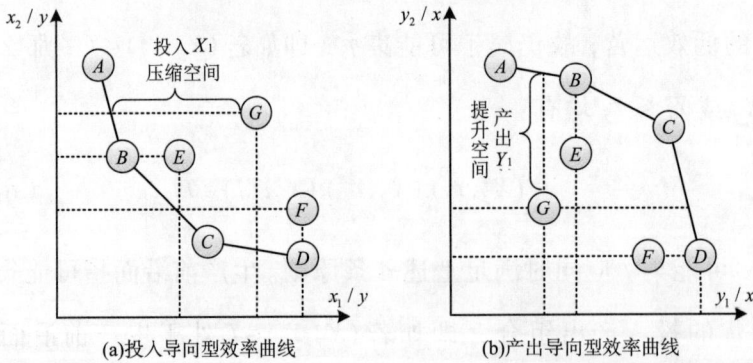

(a)投入导向型效率曲线　　　　(b)产出导向型效率曲线

图 6-2　基于投入产出要素的生产前沿面

数据包络分析算法依照计量原则大体可分为 CCR 和 BCC 两种基本形式。较之 CCR 算法，BCC 考虑了规模报酬可变的情况，在原有效率测度过程的基础上添加了生产规模约束，更符合显示生产操作的实际情况。根据效率等于产出与投入的比值，决策单元效率值的数学表达式可列为：

$$h_j = \sum_{i=1}^{q} u_i y_{ij} / \sum_{i=1}^{p} v_i x_{ij} \tag{6-25}$$

式中　$(x_{1j}, x_{2j}, \cdots, x_{pj})$ ——第 j 个待评估样本的投入决策变量对应的属

性向量，记作 X ；

$(y_{1j}, y_{2j}, \cdots, y_{qj})$ ——第 j 个待评估样本的产出决策变量对应的属

性向量，记作 Y ；

$(v_1, v_2, \cdots, v_p)$ ——与投入决策变量属性向量一一对应的权值向量，

记作 V ；

$(u_1, u_2, \cdots, u_q)$ ——与产出决策变量属性向量一一对应的权值向量，

记作 U 。

同时，由于效率取值不能超过 1，且权值不能为负，可得约束关系：

$$H = (h_1, h_2, \cdots, h_s) \leqslant 1, V \geqslant 0, U \geqslant 0 \qquad （6\text{-}26）$$

结合上述分析，根据投入型和产出型的数据包络分析的基本概念
可得，投入导向型分析方式是指保持产出要素不变，投入量越少则效
率越高，在本假设中投入要素 X 视作待测变量，因此可列得方程如下：

$$\max h_j = \sum_{i=1}^{q} u_i y_{ij} \Big/ \sum_{i=1}^{p} v_i x_{ij}$$

$$\text{s.t.} \begin{cases} \sum_{i=1}^{q} u_i y_{im} \Big/ \sum_{i=1}^{p} v_i x_{im} \leqslant 1, m = 1, 2, \cdots, s \\ (v_1, v_2, \cdots, v_{n_I}) \geqslant 0, (u_1, u_2, \cdots, u_{n_O}) \geqslant 0 \end{cases} \qquad （6\text{-}27）$$

利用式（6-28）和式（6-29）进行线性变换可得线性模型，如式（6-30）
所示。

$$t = 1 \Big/ \sum_{i=1}^{p} v_i x_{ij} \qquad （6\text{-}28）$$

$$w_i = t \cdot v_i, \mu_i = t \cdot u_i \qquad （6\text{-}29）$$

$$\max \sum_{i=1}^{q} u_i y_{ij}$$

$$\text{s.t.} \begin{cases} \sum_{i=1}^{p} w_i x_{im} - \sum_{i=1}^{q} \mu_i y_{im} \leqslant 1, m = 1, 2, \cdots, s \\ \sum_{i=1}^{q} w_i x_{ij} = 1 \\ (w_1, w_2, \cdots, w_p) \geqslant 0 \\ (\mu_1, \mu_2, \cdots, \mu_q) \geqslant 0 \end{cases} \quad （6\text{-}30）$$

对式（6-30）进行对偶变换可得：

$$\min \theta$$

$$\text{s.t.} \begin{cases} \sum_{o=1}^{s} \lambda_o x_{io} \leqslant \theta x_j, i = 1, 2, \cdots, p, \lambda_o \geqslant 0 \\ \sum_{o=1}^{s} \lambda_o y_{ko} \geqslant y_j, k = 1, 2, \cdots, q, \lambda_o \geqslant 0 \end{cases} \quad （6\text{-}31）$$

为考虑未有效决策变量的优化方向，引入非负的松弛变量 $S^+ = (s_1^+, s_2^+, \cdots, s_q^+) \geqslant 0$，数值大小反映产出的不足量，即需要提高的成产量，以及变量 $S^- = (s_1^-, s_2^-, \cdots, s_p^-) \geqslant 0$ 数值上反映投入的冗余量，即需要压缩的资源量。由此，上式可列为：

$$\min \theta$$

$$\text{s.t.} \begin{cases} \sum_{o=1}^{s} \lambda_o x_{io} + S^- = \theta x_j, i = 1, 2, \cdots, p \\ \sum_{o=1}^{s} \lambda_o y_{ko} - S^+ = y_j, k = 1, 2, \cdots, q \\ \lambda_o \geqslant 0, o = 1, 2, \cdots, s \\ S^- \geqslant 0, S^+ \geqslant 0 \end{cases} \quad （6\text{-}32）$$

同理，考虑松弛变量的产出导向型数据包络分析可列为：

$$\max \delta$$

$$\text{s.t.} \begin{cases} \sum_{o=1}^{s} \lambda_o x_{io} + S^- = x_j, i = 1, 2, \cdots, p \\ \sum_{o=1}^{s} \lambda_o y_{ko} - S^+ = \delta y_j, k = 1, 2, \cdots, q \\ \lambda_o \geqslant 0,, o = 1, 2, \cdots, s \\ S^- \geqslant 0, S^+ \geqslant 0 \end{cases} \qquad (6\text{-}33)$$

BCC 分析算法是基于 CCR 的基础上添加了规模报酬系数 μ，对投入导向分析过程而言，若 $\mu = 0$ 则退化为 CCR 分析算法，而当 $\mu > 0$ 时则代表规模效益递增，反之则递减，结合上式可得投入导向型 BCC 分析的原始数学模型如式（6-34）所示。

$$\max h_j = (\sum_{i=1}^{q} u_i y_{ij} - \mu) / \sum_{i=1}^{p} v_i x_{ij}$$

$$\text{s.t.} \begin{cases} \sum_{i=1}^{q} u_i y_{im} / \sum_{i=1}^{p} v_i x_{im} \leqslant 1, m = 1, 2, \cdots, s \\ (v_1, v_2, \cdots, v_n) \geqslant 0, (u_1, u_2, \cdots, u_{n_o}) \geqslant 0, \mu \in R \end{cases} \qquad (6\text{-}34)$$

通过线性变换、对偶转化及松弛变量引入可得对偶求解模型，如式（6-35）所示。

$$\min \theta$$

$$\text{s.t.} \begin{cases} \sum_{o=1}^{s} \lambda_o x_{io} + S^- = \theta x_j, i = 1, 2, \cdots, p \\ \sum_{o=1}^{s} \lambda_o y_{ko} - S^+ = y_j, k = 1, 2, \cdots, q \\ \sum_{o=1}^{s} \lambda_o = 1, (\lambda_o > 0) \\ S^- \geqslant 0, S^+ \geqslant 0 \end{cases} \qquad (6\text{-}35)$$

同样地，考虑投入冗余量和产出不足量，含松弛变量的产出导向型可列为：

$$\max \delta$$

$$\text{s.t.} \begin{cases} \sum_{o=1}^{s} \lambda_o x_{io} + S^- = x_j, i = 1, 2, \cdots, p \\ \sum_{o=1}^{s} \lambda_o y_{ko} - S^+ = \delta y_j, k = 1, 2, \cdots, q \\ \sum_{o=1}^{s} \lambda_o = 1, (\lambda_o > 0) \\ S^- \geqslant 0, S^+ \geqslant 0 \end{cases} \quad (6\text{-}36)$$

经由演算可归纳得，测算结果包括效率值、规模报酬变量和松弛变量。

（1）效率值。以投入导向型为例，上式中 $\max h$ 及其最终松弛对偶式 $\min \theta$ 均存在可行解，则其最优解数值趋同，其数值上反映待评估样本的效率程度。在同一决策问题中规模效率数值上等于综合效率与纯技术效率的商，如式（6-37）所示。它们的取值范围均为 [0,1]。若当综合效率取值为 1，则认为该决策单元具有弱有效性；而若纯技术效率等于 1，则代表决策单元生产技术或管理水平达到有效状态；若二者取值均为一，那么则为强有效性；当规模效率等于 1 时则为规模有效，即当前规模达到生产效率最优状态。

$$\theta_{\text{Scale}} = \theta_{\text{CCR}} / \theta_{\text{BCC}} \quad (6\text{-}37)$$

式中　θ_{CCR}——综合效率，经由 CCR 分析模型求得的效率值，或称技术效率；

θ_{BCC}——纯技术效率，经由 BCC 分析模型测得的效率值。

（2）规模报酬变量。由模型中的 $\lambda_j, j = 1, 2, \cdots, s$ 反映，主要展现该生产可能集的规模报酬情况。如果该数值加和恰好等于 1，则该决策单元的规模报酬不变，即其在规模上已达到最佳收益状态；若加和值大于 1，则视作规模报酬递减，即投入更多的资源不会带来产出的增量；

而当加和小于 1 则评估样本表示规模报酬递增，增加资源的投入可以适当地达到更大的产出收益。由此，规模报酬分析的等式可列得：

$$\text{RTS} = \begin{cases} \text{irs}, \sum_{j=1}^{s} \lambda_j < 1 \\ \text{cons}, \sum_{j=1}^{s} \lambda_j = 1 \\ \text{drs}, \sum_{j=1}^{s} \lambda_j > 1 \end{cases} \quad （6\text{-}38）$$

式中　irs——决策问题中待测样本处于规模报酬递增；

　　　cons——决策问题中待测样本处于规模报酬不变；

　　　drs——决策问题中待测样本处于规模报酬递减。

（3）松弛变量。主要以 S^- 和 S^+ 两个系数作为考量标准，其对应的理想改进状态为：

$$\text{Movement}_x = X_{\text{DMU}} - S^- \quad （6\text{-}39）$$

$$\text{Movement}_y = Y_{\text{DMU}} + S^+ \quad （6\text{-}40）$$

式中　S^-——待测样本投入量和理想投入量的差值，反映资源投入的
　　　　　　冗余值；

　　　S^+——待测样本产出量较之理想收益的差值，反映成效产出的
　　　　　　不足量。

6.3.3　考虑数据纠偏的组合求解算法

结合上述方法介绍及所构建的优选模型的算术需要，令 $X_i = (F, I, O), i \in R$ 表示符合建设标准且拟建在 i 区域的光伏扶贫项目，$\text{plan}_i = (X_1, X_2, \cdots, X_k)$ 代表第 i 个项目组合规划方案且该方案包含 k 个

项目组合，而 $P = \{\text{plan}_1, \text{plan}_2, \cdots, \text{plan}_s\}$ 代表方案全集，那么，基于层次聚类和重抽样数据包络分析的优选模型求解步骤如下。

步骤①：将规划方案所涉的帮扶广度、帮扶精度和发展和谐度进行数据汇总和统计，从而得到公平要素矩阵，操作及运算过程依照式（6-41）和式（6-42）进行。

$$F_{i,\text{plan}(j)} = \sum_{X \in \text{plan}(j)} F_i, i = 1,2,3, j = 1,2,\cdots,s \qquad (6\text{-}41)$$

$$F_{\text{plan}} = (F_{1,\text{plan}(j)}, F_{2,\text{plan}(j)}, F_{3,\text{plan}(j)})_{s \times 1} \qquad (6\text{-}42)$$

步骤②：挑选出方案全集 P 中的公平标杆方案。结合专家建议和决策者咨询结果，识别出在公平程度方面最理想的方案，记作 Plan_F。

步骤③：对公平要素矩阵进行标准化处理，以消除量纲影响，计算公式如下：

$$\overline{F}_{i,\text{plan}(j)} = \frac{F_{i,\text{plan}(j)}}{\max\limits_{1 \le k \le s}(F_{i,\text{plan}(k)})}, i = 1,2,3, j = 1,2,\cdots,s \qquad (6\text{-}43)$$

步骤④：基于上述距离测度方法的优劣分析，选取欧氏距离计算公式进行方案与方案之间、方案与方案类、方案类与方案类之间两两公平要素距离测算，将距离较近的两个元素合并成新的方案类。具体的计算如式（6-44）所示。

$$d = \begin{cases} \sqrt{\sum\limits_{x=1}^{3}(F_{x,\text{plan}(i)} - F_{x,\text{plan}(j)})^2}, I \in \Omega_1 \\ \min\limits_{\text{plan}(j) \in D_1} \sqrt{\sum\limits_{x=1}^{3}(F_{x,\text{plan}(i)} - F_{x,\text{plan}(j)})^2}, I \in \Omega_2 \end{cases} \qquad (6\text{-}44)$$

式中　Ω_1——两两元素距离测算时，所有元素均为普通方案；

　　　Ω_2——两两元素距离测算时，存在一个元素为聚类集合。

步骤⑤：继续重复步骤④计算方案与方案、方案与方案类，以及方案类与方案类之间的距离大小，直至所有方案合并成两个方案类 D_1 和 D_2。若已将所有方案分类完毕，则确定公平集 D_F。对于最终的两个方案类 D_1 和 D_2。若最理想方案在 D_1 中，则聚类 D_1 为公平集，且需剔除非公平集 D_2，反之亦然。确定公平集的数学表达为：

$$D_F = \begin{cases} D_1, \text{Plan}_F \in D_1 \\ D_2, \text{Plan}_F \in D_2 \end{cases} \qquad (6\text{-}45)$$

步骤⑥：对于经公平验证的方案的装机规模、劳动配额、资金投入等投入要素，以及年发电量、帮扶人数等进行汇总统计，形成待运算的数据集合。

$$I_{i,\text{plan}(j)} = \sum_{X \in \text{plan}(j)} I_i, i = 1, 2, 3, \text{plan}(j) \in D_F \qquad (6\text{-}46)$$

$$O_{i,\text{plan}(j)} = \sum_{X \in \text{plan}(j)} (O_1 + O_2), \text{plan}(j) \in D_F \qquad (6\text{-}47)$$

步骤⑦：制定重抽样迭代次数 B，根据文献[188]，为满足置信区间的要求，保证纠偏结果的有效性，一般 B 取值应不低于 1 000。

步骤⑧：将 $I = (I_1, I_2, I_3)$ 作为资源投入值对应放置于下述方程变量 X 中，将 $O = (O_1, O_2)$ 作为成效产出值对应放置于下述方程产出变量 Y 中，并求得公平集合中规划方案所对应的效率值 $\hat{\theta} = (\hat{\theta}_1, \hat{\theta}_2, \cdots, \hat{\theta}_{D(F)})$。

$$\min \hat{\theta}$$

$$\text{s.t.} \begin{cases} \sum_{o=1}^{s} \lambda_o x_{io} + S^- = \theta x_j, i=1,2,3 \\ \sum_{o=1}^{s} \lambda_o y_{ko} - S^+ = y_j, k=1,2 \\ \delta \sum_{o=1}^{s} \lambda_o = \delta(\delta=0,1), \lambda_o > 0, S^- \geqslant 0, S^+ \geqslant 0 \end{cases} \quad （6-48）$$

步骤⑨：基于效率值向量 $\hat{\theta} = (\hat{\theta}_1, \hat{\theta}_2, \cdots, \hat{\theta}_{D(F)})$ 通过重抽样生成伪样本效率向量，并对伪样本效率向量进行平滑处理，得到平滑样本效率向量。令参数 h 代表核密度估计的带宽参数[189]，参数 ε^* 表示来自标准正态分布的随机误差，那么有如下数学关系：

$$\tilde{\theta}_k^* = \begin{cases} \beta_k^* + h\varepsilon_k^*, & \text{if } \beta_k^* + h\varepsilon_k^* \leqslant 1 \\ 2 - \beta_k^* - h\varepsilon_k^*, & \text{otherwise} \end{cases} \quad （6-49）$$

$$\theta_k^* = \overline{\beta}^* + (\tilde{\theta}_k^* - \overline{\beta}^*) / \sqrt{1 + h^2 / \hat{\sigma}^2}, k = 1,2, \cdots D(F) \quad （6-50）$$

式中　β^*——重抽样生成伪样本效率向量，记作 $(\beta_1^*, \beta_2^*, \cdots, \beta_{D(F)}^*)$；

　　　θ^*——平滑样本效率向量，记作 $(\theta_1^*, \theta_2^*, \cdots, \theta_{D(F)}^*)$；

　　　$\overline{\beta}^*$——伪样本效率向量的均值；

　　　$\hat{\sigma}^2$——效率值向量对应的方差。

步骤⑩:基于平滑样本效率向量修正样本数据，生成伪数据集，并结合伪数据集代入式（6-48）测得新效率值，重复步骤⑨直至迭代完成。伪数据集的计算如下：

$$\{(I_k^*, O_k), k=1,2,\cdots, D(F)\}, I_k^* = \hat{\theta}_k / \theta_k^* \quad （6-51）$$

步骤⑪：根据每次迭代生成的效率值 $\hat{\theta}_{k,b}^*$ 计算可得到效率偏差，计算公式为：

$$\check{\theta}_k = 2\hat{\theta}_k - \sum_{b=1}^{B} \hat{\theta}_{k,b}^* / B \quad （6-52）$$

式中　b——重抽样过程中当前的迭代次数。

步骤⑫：以 $(1-\alpha)$ 为置信系数，则样本效率与重抽样效率的偏差公式满足 $\mathrm{Prob}(-b_\alpha \leqslant \hat{\theta}^* - \hat{\theta} \leqslant -a_\alpha) = 1-\alpha$，同理，那么实际效率与样本效率的偏差也应该近似相等，即 $\mathrm{Prob}(-b_\alpha \leqslant \hat{\theta} - \theta \leqslant -a_\alpha) \approx 1-\alpha$。鉴于此，则有 $\hat{\theta} - a_\alpha \leqslant \theta \leqslant \hat{\theta} + b_\alpha$。

6.4　算例分析

为进一步提高农村人口人均收入，降低贫困发生率，响应全面建成小康社会、推动社会主义现代化的建设，C 省规划实施一批光伏扶贫项目，以此带动产业经济稳定增长、助力缩小贫富差距。本章案例所涉及的公平因子数据源自县级统计报告、政府网站和新闻公告等，而投入产出数据均基于光伏扶贫项目环境评价报告。

为提高规划方案优选的科学性和有效性，C 省组织形成了专家论证小组。小组委员经剔除不合格实施区域、科学论证项目的实施区域优度和安装可行性，得出条件良好的可实施区域集。随后，以投资成本最低和扶贫效果最优进行项目组合优化后，形成了 46 个非劣解集，即原始的备选规划方案集。方案属性值之间不存在明显的优劣之分，难以直观比对形成优选结果。因此，需采用优选模型进行项目规划方案优选。根据本章提出的模型，首先，收集其公平要素属性，包括覆盖县级数 F_1、重点贫困县数 F_2 和地区平均弃能率 F_3。假设收集到的数据见表 6-1。评估专家依照属性情况，指定公平维度上的标杆方案。由于 P16 在各方面都表现良好，故选定其作为标杆方案。

表 6-1　备选规划方案的公平属性数据

样本	F_1	F_2	F_3	样本	F_1	F_2	F_3	样本	F_1	F_2	F_3
P1	3	3	0.30%	P16	6	6	0.18%	P31	4	4	0.26%
P2	4	2	0.80%	P17	5	4	0.30%	P32	3	3	0.16%
P3	3	2	0.40%	P18	3	3	0.40%	P33	7	6	0.38%
P4	2	1	0.40%	P19	4	4	0.34%	P34	6	5	0.50%
P5	3	3	0.50%	P20	3	3	0.26%	P35	5	4	0.42%
P6	4	4	0.36%	P21	6	3	0.25%	P36	4	3	0.32%
P7	5	4	0.60%	P22	3	3	0.15%	P37	6	4	0.25%
P8	2	2	0.30%	P23	7	5	0.25%	P38	4	4	0.26%
P9	3	3	0.20%	P24	8	6	0.21%	P39	3	3	0.16%
P10	5	3	0.20%	P25	4	4	0.16%	P40	7	6	0.38%
P11	2	1	0.18%	P26	5	5	0.33%	P41	6	5	0.50%
P12	1	1	0.12%	P27	7	6	0.27%	P42	5	5	0.42%
P13	3	2	0.16%	P28	6	6	0.22%	P43	4	4	0.34%
P14	4	3	0.24%	P29	6	4	0.13%	P44	6	3	0.25%
P15	5	4	0.25%	P30	6	4	0.25%				

接着，计算各方案间的欧氏距离，并以此为依据进行群集划分，每一次集群划分均需将距离最近的集群相连接，并将其视为新类，以此往复直至所有样本均被群集化处理。由于算例中基础样本数量为 44 个，故集群划分次数为 43（44–1）次，基于此，可得到详细的集群划分过程和对应的系数，具体见表 6-2。

根据集群划分过程，可绘得组间连接结果（见图 6-3）。由图可知：将 44 个规划方案划分为两类时，第一类集合 D_1 包含 30 个方案，而第二类集合 D_2 包含 14 个方案。由于所指定的公平标杆方案 P16 也处于第一类集合中，故将第一类视作基础公平集。而第二类所含的方案与公平标杆差异较大，则认为其公平属性较弱，并予以剔除。

表 6-2　系统层次聚类方法的划分过程

序号	群集 1	群集 2	系数	序号	群集 1	群集 2	系数	序号	群集 1	群集 2	系数
1	P21	P44	.000	16	P6	P31	.000	31	P26	P34	1.000
2	P19	P43	.000	17	P26	P35	.000	32	P1	P3	1.000
3	P35	P42	.000	18	P5	P18	.000	33	P6	P7	1.000
4	P34	P41	.000	19	P27	P33	.000	34	P23	P24	1.250
5	P33	P40	.000	20	P1	P9	.000	35	P4	P12	1.333
6	P32	P39	.000	21	P15	P29	.000	36	P6	P10	1.500
7	P31	P38	.000	22	P6	P25	.000	37	P16	P26	1.600
8	P30	P37	.000	23	P4	P11	.000	38	P1	P2	1.778
9	P22	P32	.000	24	P3	P13	.000	39	P6	P21	3.214
10	P6	P19	.000	25	P1	P5	.000	40	P16	P23	3.686
11	P16	P28	.000	26	P7	P15	.000	41	P1	P4	4.600
12	P9	P22	.000	27	P21	P30	1.000	42	P6	P16	7.472
13	P15	P17	.000	28	P10	P14	1.000	43	P1	P6	14.900
14	P10	P20	.000	29	P23	P27	1.000				
15	P14	P36	.000	30	P4	P8	1.000				

因此可得，规划方案 P1、P2、P3、P4、P5、P8、P9、P11、P12、P13、P18、P11、P32 和 P39 在公平要素方面表现欠佳，不纳入效率测算范围；而规划方案 P6、P7、P10、P14、P15、P16、P17、P19、P20、P21、P23、P24、P25、P26、P27、P28、P29、P30、P31、P33、P34、P35、P36、P37、P38、P40、P41、P42、P43 和 P44 在公平要素方面表现良好，可用以进一步优选。

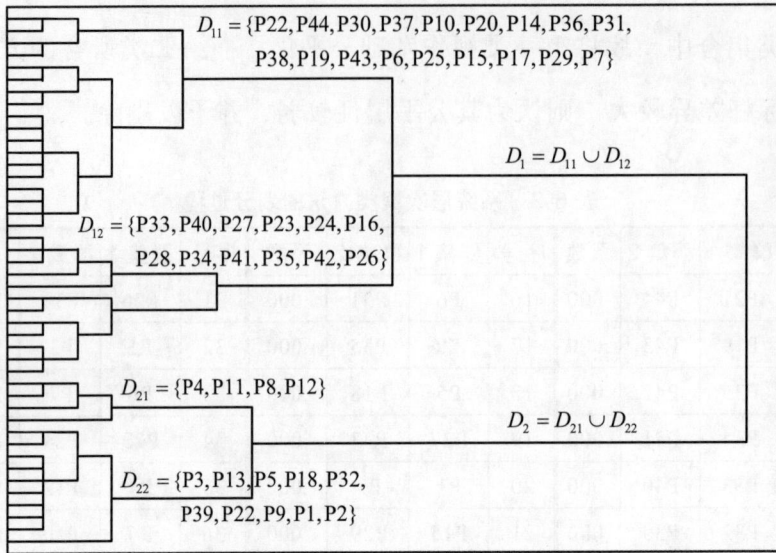

图 6-3　聚类分析组间连接图

采集这 30 个较公平的规划方案的投入产出数据，具体包括装机容量（I1，单位为兆瓦）、劳动配额（I2，单位为个）、资金投入（I3，单位为百万元），年发电量（O1，单位为千瓦时）和帮扶户数（O2，单位为户）。结合环境评价报告和概要介绍材料，效率测度相关的数据见表 6-3。

结合表 6-3 数据，通过式（6-48）求解规划方案优选模型，可得测算结果，见表 6-4，其中，CE 表示正常测度情况下备选方案的综合效率值、TE 表示对应的纯技术效率、而 SE 在数值上反应各方案的规模效率，SR 则表示规模报酬情况。由表中数据可以看出：①所测得的综合效率得分低于其纯技术效率，这满足了将纯技术效率与规模效率相乘得到综合效率的方程式；②在偏差纠正前，P41、P21 和 P7 在效率得分中表现最劣，而 P27 和 P42 则表现出伪有效性；③样本数据中的综合效率得分在 0.127~1 之间波动,平均得分为 0.389,中位数为 0.279。CE 可以分为两部分:一部分由管理和技术水平决定,另一部分则由实际规模和最佳生产规模之间的差距反映出来。从整体上看,大多数评估单位的纯技术效率得分远高于综合效率,这表明样本中的规划方案具有良好的管理和技术条件。同时,规模效率得分相对良好,均值取值大于 0.7,而除了伪有效方案外其他方案均呈现出规模报酬递增状态,这表明可通过调整生产规模以满足投资最优。

表 6-3　备选规划方案的效率测度数据

DMU	I1	I2	I3	O1	O2	DMU	I1	I2	I3	O1	O2
P6	50	12	37 500	4 980.828	2 000	P28	1.25	2	1 580	153.56	400
P7	20	5	17 196	2 038.43	800	P29	10	8	7 200	1 105	2 000
P10	10	6	6 369.1	1 412.4	800	P30	20	8	26 000	5 923.5	800
P14	30	10	23 974.96	3 817.757	1 000	P31	10	8	10 000	1 384.2	3 058
P15	50	9	49 600	1 845	2 000	P33	60	10	49 861.54	7 949.15	2 400
P16	20	18	17 000	2 105	801	P34	40	12	36 032.23	4 575.49	1 600
P17	100	10	97 000	10 980.03	3 500	P35	50	10	48 120	6 598.509	800
P19	50	10	40 000	6 599.254	2 000	P36	20	6	15 000	2 206	800
P20	5	10	4 500	759	1 200	P37	30	5	24 165	3 734.16	1 000
P21	15	4	12 000	1 887	600	P38	30	10	17 000	3 755.25	1 200
P23	30	12	27 400	3 751.52	1 000	P40	35	18	29 767.2	6 267.6	1 400
P24	30	8	24 000	3 260.8	1 000	P41	10	6	7 773.73	1 391.94	400
P25	35	10	26 600	4 162.85	1 400	P42	50	20	40 930.36	184 852	800
P26	100	10	72 180.08	10 580.12	4 000	P43	5	10	3 500	537	1 429
P27	15	10	12 039.61	1 931.22	6 772	P44	8.4	10	6 671.47	1 000	1 100

表 6-4 纠偏前效率测算结果

DMU	CE	TE	SE	SR	DMU	CE	TE	SE	SR
P6	0.284	0.369	0.769	递增	P28	0.717	1.000	0.717	递增
P7	0.273	0.534	0.512	递增	P29	0.510	0.599	0.851	递增
P10	0.263	0.435	0.605	递增	P30	0.220	0.380	0.580	递增
P14	0.184	0.308	0.595	递增	P31	0.691	0.711	0.971	递增
P15	0.343	0.459	0.747	递增	P33	0.428	0.520	0.824	递增
P16	0.113	0.154	0.734	递增	P34	0.232	0.325	0.715	递增
P17	0.619	0.684	0.905	递增	P35	0.183	0.310	0.590	递增
P19	0.357	0.458	0.779	递增	P36	0.230	0.448	0.515	递增
P20	0.553	0.661	0.838	递增	P37	0.366	0.615	0.594	递增
P21	0.265	0.603	0.440	递增	P38	0.212	0.332	0.638	递增
P23	0.152	0.257	0.594	递增	P40	0.148	0.212	0.700	递增
P24	0.222	0.379	0.587	递增	P41	0.127	0.353	0.358	递增
P25	0.245	0.361	0.679	递增	P42	1.000	1.000	1.000	—
P26	0.687	0.741	0.927	递增	P43	0.734	0.940	0.781	递增
P27	1.000	1.000	1.000	—	P44	0.315	0.430	0.734	递增

为处理小样本带来的测算偏差，故对原始效率值进行重抽样处理。基于重抽样纠偏最低次数要求，选定本次效率测度的迭代次数为 1 000 次，并利用式（6-49）至式（6-52）进行 Bootstrap 法进行效率纠偏，最终所得的修正值、偏差和上下限结果见表 6-5。

通过纠偏前后的计算结果对比可知：①偏差校正后的得分要小于原始效率得分。测算偏差量处于 0.051~0.816，而偏差校正的数据包络分析结果平均得分为 0.224，较之原始测算结果低了约 43%，这数值变化恰恰是由于样本扩容所带来前沿面拓展；②原始模型测得的伪有效规划方案 P27 和 P42 在偏差纠正后，得分更新为 0.184 和 0.570，这更符合实际决策的效率评价；③基于修正值排序的最优方案为 P42，其修正值 0.570，而后分别是 P26、P17、P28 和 P43，因而规划方案优选中应予以优先考虑。

表 6-5　效率值纠偏结果

DMU	修正值	偏差	下限	上限	DMU	修正值	偏差	下限	上限
P6	0.218	0.065	0.164	0.325	P28	0.382	0.335	0.073	1.156
P7	0.213	0.061	0.162	0.314	P29	0.203	0.306	−0.082	0.779
P10	0.115	0.148	−0.019	0.355	P30	0.080	0.140	−0.051	0.278
P14	0.125	0.059	0.074	0.217	P31	0.259	0.432	−0.142	1.002
P15	0.243	0.100	0.158	0.376	P33	0.346	0.082	0.277	0.502
P16	0.050	0.063	−0.008	0.155	P34	0.175	0.057	0.126	0.264
P17	0.509	0.110	0.415	0.729	P35	0.087	0.096	−0.002	0.251
P19	0.285	0.072	0.223	0.410	P36	0.167	0.063	0.114	0.259
P20	0.289	0.265	0.048	0.892	P37	0.289	0.077	0.223	0.431
P21	0.205	0.060	0.153	0.305	P38	0.115	0.097	0.029	0.261
P23	0.093	0.059	0.041	0.185	P40	0.051	0.097	−0.038	0.182
P24	0.171	0.051	0.128	0.256	P41	0.039	0.088	−0.041	0.157
P25	0.183	0.062	0.129	0.278	P42	0.570	0.430	−0.142	1.002
P26	0.558	0.129	0.451	0.803	P43	0.370	0.364	0.038	1.128
P27	0.184	0.816	−0.576	1.374	P44	0.140	0.175	−0.015	0.450

6.5　本章小结

项目规划方案优选是对于项目组合优化所得非劣解的延伸和拓展，关系到投资决策的最终落实。为确保优选结果符合实际需求，减少因小额样本而造成的随机偏差，本章基于光伏扶贫项目社会公共性和发电经营性两大基本特征，创新地将公平与效率理论和规划方案优选模型相融合，优化改进出一套变量恰当、函数科学且算法合理的规划方案优选模型。首先，结合项目基本特征，分别从项目生命周期和利益相关方双重视角系统分析公平与效率的具体表征和诉求反映，从概念契合度、模型匹配度、算法成熟度及寻优合理性 4 个方面论证引入公平与效率理论对优选模型进行调整的可行性和适用性，从而为后续研究中变量选择和模型设计提供基础性支撑。

其次，结合项目的公平与效率诉求，提取出帮扶广度、帮扶精度和发展和谐度 3 个公平因子和装机容量、劳动配额、资金投入、年发电量和帮扶人数 5 个投入产出变量，有效保证变量设置的全面性和科学性。在模型构建方面，以公平因子作为分类依据利用聚类分析算法识别出公平样本集和欠公平样本集，并对后者集合中的方案予以剔除。接着，基于模型设置的基本假设，结合效率测度的投入变量和产出变量，将各方案优选转化为可供运算的线性规划模型，进行效率值测算。在算法应用及改进方面，通过比对各类距离测算公式的适用范围，得出：欧式距离是迄今为止认可度最高、用量最大、用途最广的距离测算方法，且易拓展至多维空间计算，可用以辅助求解上述优选模型。通过比对划分聚类、密度聚类、网格聚类、模型聚类和层次聚类 5 种聚类算法的优缺点，得出：层次聚类方法原理及操作简单、聚类过程解释度最高，适用于上述模型的聚类初筛过程。通过研究数据包络分析算法的效率测度公式及其转化过程，明确小样本易引发数据测算偏差。因此，本章引入自助法对测得的效率值进行平滑处理并生成伪数据，从而实现测算过程的样本扩容和重抽样，完成效率测度的数据纠偏和优选排序，可提高优选结果的可靠性。最后，结合具体算例对所构建的优选模型进行应用及求解过程说明。

本章关于效率测算分析的部分基础研究内容已于 2018 年发表在国际期刊上：①作者已于《能源》（*Energy*）（SCI 检索）发表《光伏扶贫项目的重抽样数据包络分析模型研究》，但未涉及公平理论的引入；②作者已于《可持续发展的城市和社会》（*Sustainable Cities and Society*）（SCI 检索）发表关于《发电场站的超效率数据包络分析模型研究》，但未涉及公平理论和数据纠偏。

第 7 章
研究成果和结论

　　光伏扶贫项目集绿色发电和帮扶贫困于一体，能够有效促进经济发展、减小贫富差距、维护社会公平，进而推动小康社会和社会主义现代化建设进程。在项目实践过程中，可能会遇到"如何挑选合适的区域投资新建项目""哪些区域需要进行改扩建投资"和"25 年项目运行期满后哪些区域可以投资重建"等问题。考虑到目前主流优选方法及数学规划模型普遍存在契合度不高、适用性不强且难以与政策引导作用相匹配的问题，故本研究在综合分析光伏扶贫项目相关政策特点及投资机理的基础上，提出了基于政策引导作用的实施区域优选方法；接着，结合优选结果和组合管理理念，构建出符合光伏扶贫项目特征的组合优化模型并改进其求解算法；最后，基于组合优化非劣解集，结合公平与效率理论构建出高适用度的规划方案优选模型并改进其求解算法，从而实现光伏扶贫项目实施区域的合理优选和高效规划。由此，本文的研究成果和结论如下。

　　（1）梳理了光伏扶贫相关政策并解析了项目投资机理。本研究成果是从项目投资者、承包商、受益人和社会公众等利益相关方的目标出发，明确各方的需求，提取其关注要点、需求共性及目标特性。通过定立项目目标优先级，明确多方目标冲突时如何协调与取舍，为后续研究的目标函数设立提供支撑；进而，归纳出光伏扶贫项目具备的政府主导性、整体规划性、政策导向性、社会公共性和经营效益性等五大典型特征，可作为机理分析和指标提取的重要依据；接着，通过浏览并收集相关政策法规，梳理时序排布的具体特征，研究其发展规律、发展方向及各省市的落实程度。依照各阶段政策特点、发展倾向和代表性政策等特征划分出光伏扶贫政策的萌芽初探、积极探索、平稳发展和成熟完善四大发展阶段，并以此明确政策引导及规范作用，分析在投资决策中考虑政策引导的可行性，从而服务于指标体系和优化模型构建；最后，以项目基本特征和政策引导作用为主线，从利益相关方组织架构、项目建设类型和融资模式 3 个方面剖析其投资机制和开展流程，厘清各决策要素之间的作用关系，明确本文的研究基调和范围限制，即：本研究的建设类型为村级光伏电站、融资模式为政府单方出资。以上所述的探究分析结果可为学者们研究光伏扶贫提供基础材料。

（2）建立了基于政策引导的多维双因素实施区域优选指标体系。本研究成果亮点如下。①"政策—风险—收益—反馈"因素搜索闭环。目前关于指标体系构建的研究大多从经济、技术、社会和环境等多层面进行因素提取，虽然这些指标提取层面具有一定的通用性，但其涉及范围过于宽广且与项目特征关联性不强，易造成指标提取困难、因素缺失或筛选偏颇等问题。因此，本研究立足于投资决策人、项目承包商、受益人和社会公众等利益相关方的目标诉求，结合光伏扶贫项目所具备的政府主导性、整体规划性、政策导向性、社会公共性和经营效益性等特征，提出"政策—风险—收益—反馈"因素搜索闭环；基于科学直观性、系统全面性、精炼导向性和可测可比性四项基本原则，形成了涵盖政策引导、风险规避、收益追逐和公众反馈的四维因素体系，大大提升因素挖掘的效率，保证因素获取的全面性。以上提及的因素提取思路可为学者搜集评估指标提供技术参考，②否决指标和优选指标双因素指标体系。常规评估决策框架仅形成具备评估效用的指标体系，未将政策规范和引导作用纳入考虑范围。然而，在实际决策过程中，部分区域因不满足建设红线或整体规划等政策规范的要求，往往需要被预先否决，不参与后续决策。因此，本书经过界定指标概念、合并重叠因素和剔除无关因素后，在政策引导下构建出否决指标和优选指标双因素指标体系：前者主要用以筛选或直接排除不合规实施区域；而后者则服务于合规实施区域的择优排序过程。上述方法可以提高所建指标体系的泛用性，辅助优选初筛，从而提升决策效率。

（3）提出了考虑决策者风险偏好的直觉模糊组合优选方法。由于光伏扶贫项目具有国家财政拨付、涉及公平正义和惠及社会经济发展等特点，项目投资人对调研专家的学术背景和评估结果的精度等方面都提出较高的要求。因此，本书在权衡评估指标体系规模大小和模糊界限水平后，利用直觉模糊集反映定性因素取值大小。基于直觉模糊环境，本研究成果有如下亮点。①直觉模糊组合赋权法。综合分析目前流行的赋权方法，得出结论：层次分析法具有系统全面、易于掌握且对定量知识要求低等优点，能够很好地反映指标主管权重分布，而熵权法能有效避免主观臆断的影响，真实反映指标所含的信息量大小。因此，本书结合直觉模糊集的矩阵一致性和熵值分布特征，对传统层次分析法和熵权法进行适应性调整与拓展，使得整个定权过程既能很好地反映专家决策经验的模糊性与犹豫度，又能达到兼顾指标逻辑重要性和决策贡献度的决策效果，有助于提升传统赋权方法的应用活力，可丰富组合定权理论体系。②考虑风险偏好的直觉模糊排序框架。本研究考虑到在现实决策过程中决策者往往具备有限理性、参照依赖和损失规避等特征，结合直觉模糊集的运算逻辑和距离测度公式，对传统的 TODIM 排序框架进行调整，使得优选结果充分反映决策者的风险规避心理，从而提高决策的实用度，可扩宽 TODIM 方法的使用情境，丰富排序方法理论体系。

（4）构建了计及扶贫效果和容量约束的组合优化模型并改进寻优算法。本成果的特色可分为两点。①高契合度的组合优化模型。常规的工程项目优化常建立在资金、人力、设备等资源约束下，以追逐最低成本或最高收益作为优化目标。本书通过剖析光伏扶贫在战略层、项目层和资源层的投资目标及诉求，归纳出其项目组合应具备的项目集成性、战略性、动态性和资源整合性四大特征，并在项目目标、政策引导、资源约束和并网要求等多因素的共同作用下构建出"目标—约束"组合优化模型。一方面，考虑到光伏扶贫项目兼具并网发电和帮扶贫困的双重任务，引入拟帮扶人数表征扶贫效果，从而设立成本最小化和扶贫效果最大化两项优化目标函数；另一方面，在"人均装机不应超过 5 千瓦"和"发电收入应满足扶贫基本需求"的政策引导下，结合电网建设和资源消耗等方面的常规限制，从而设立与容量限制相关的约束条件。②改进的自适应非支配遗传算法。针对传统遗传算法过早收敛、求解结果欠佳和迭代易陷"早熟"，而非支配遗传算法又面临概率固化的问题，本研究结合汰劣取优准则对种群个体的环境适应度进行计算，并分析各个个体的分布态势。随后，结合解集空间的分布特征，引入自适应遗传算子，对个体繁衍过程中的交叉和变异概率进行自调整，从而形成兼具非支配排序、拥挤度计算、精英策略和自适应遗传的改进非支配遗传算法。接着，为验证改进算法的求解优势，本研究分别利用传统算法和改进算法对普通线性规划模型和标准测试函数 ZDT1—4 进行求解寻优。通过对所得解集的极值、离群值、收敛性和多样性分析，可得：改进算法所得的解集离散化程度更低且更贴近真实前沿面。由此，相比于传统算法，改进算法能有效提高解集稳定性，保证寻优精度，可丰富求解算法理论体系。

（5）构建了基于公平与效率理论的规划方案优选模型并改进求解算法。本研究成果的特色有两点。①兼顾公平与效率的优选模型。针对传统项目规划优选过程仅关注于效率测度的问题，本研究引入公平因子对备选方案进行聚类初筛，可以识别出公平表现欠佳的方案并予以剔除，极大契合政府投资项目在维护社会公平方面的基本理念。具体来说，本研究从项目全生命周期和多方利益相关方双重视角探讨公平与效率的具体表征，总结归纳出三项公平诉求和五项效率测算因子。在公平处理方面，将"扶贫广度""帮扶精度"和"发展和谐度"等诉求转化为可测算的评估因子。随后，借助标杆方案和系统聚类算法识别出公平样本集，从而实现规划方案的可靠初筛；在效率分析方面，将"装机容量""劳动配额""投资资金""年发电量""拟帮扶人数"等测算因子按照特征划分出投入变量和成效变量。随后，借助数据包络分析算法进行效率测度，从而实现方案优选排序。以上模型构建思路亦可拓展使用到其他政府投资项目的方案优选或效率分析过程中，从而提高所建模型与项目目标的契合度。②改进的重抽样数据包络算法。针对小样本效率求解过程易引发数据偏差的问题，本研究利用重抽样纠偏技术对效率求解算法进行优化，在传统效率测算的基础上基于平滑样本效率向量修正样本数据，生成伪数据集，并测得新效率值。随后，通过循环迭代，实现样本扩容，从而保证测算结果最大限度符合现实情况，此概念亦可拓展到其他效率分析算法优化中。

综上，本研究立足于光伏扶贫项目的基本特征，结合政策引导作用，构建出适用的实施区域优选及规划模型，对于光伏扶贫项目新建、改扩建及 25 年后拆除重建等投资过程能起到较好的决策支持作用。本研究无论是指标提取、方法优化，还是在数学建模、算法求解上都有一定的创新性和前瞻性，可以起到丰富理论体系框架的作用。受限于个人知识水平和研究时长，本研究在模型构建和算法优化方面可能还存在遗漏之处，有待相关领域专家进行批评指正。另外，从研究内容来看，还有一些内容值得深挖，例如：所构建的否决指标如何更充分地应用，组合优化模型项目间的作用参数如何动态调整，优选模型中公平标杆方案设置过程的客观性如何提升，如何充分利用大数据服务于智能决策，如何引入计算机技术实现决策高效化等。本书作者也将以此为导向继续进行科研探索。

参考文献

[1] 智汇光伏. 光伏度电成本未来有多大的下降空间 [EB/OL]. (2018-11-08). [2020-3-30]. http://www.china-nengyuan.com/news/131227.html.

[2] 刘震, 谢玉梅, 党耀国. 基于改进 GM(1,1)模型的中国脱贫攻坚进展分析[J]. 系统工程理论与实践, 2019, 39(10): 2476-2486.

[3] 刘艳华, 徐勇. 中国农村多维贫困地理识别及类型划分[J]. 地理学报, 2015, 70(06): 993-1007.

[4] 陈烨烽, 王艳慧, 赵文吉, 等. 中国贫困村致贫因素分析及贫困类型划分[J]. 地理学报, 2017, 72(10): 1827-1844.

[5] 周扬, 郭远智, 刘彦随. 中国县域贫困综合测度及 2020 年后减贫瞄准[J]. 地理学报, 2018, 73(08): 1478-1493.

[6] 丁建军, 冷志明. 区域贫困的地理学分析[J]. 地理学报, 2018, 73(02): 232-247.

[7] 周荣荣, 彭鹏, 周国华, 等.不同地形区域的贫困特征及贫困程度影响因素分析[J]. 农业工程学报, 2019, 35(20): 253-261.

[8] 张博胜, 杨子生. 基于空间计量模型的云南农村贫困格局及其影响因素诊断[J]. 农业工程学报, 2019, 35(07): 276-287+318.

[9] 金炜, 徐斌, 丁津津, 等. 基于协同自治的光伏扶贫农网电能质量综合控制技术研究[J]. 电力电容器与无功补偿, 2017, 38(03): 157-161+177.

[10] 黄碧斌, 李琼慧, 高菲, 等. 高渗透率分布式光伏发电接入农村电网的成本分析[J]. 电力系统及其自动化学报, 2017, 29(06): 102-106.

[11] 孟宇红, 毕猛强, 史梓男, 等. 分布式光伏扶贫多点接入配电网最大容量分析[J]. 电力系统及其自动化学报, 2019, 31(10): 110-116.

[12] 金强, 马唯婧, 崔凯, 等. 扶贫地区配电网光伏消纳能力分析及评估方法[J]. 计算机与应用化学, 2019, 36(04): 420-426.

[13] 张迪, 苗世洪, 赵健, 等. 分布式发电市场化环境下扶贫光伏布点定容双层优化模型研究[J]. 电工技术学报, 2019, 34(10): 1999-2010.

[14] 李建林, 牛萌, 田立亭, 等. 光伏扶贫电站光—储协同配置方法研究[J]. 太阳能学报, 2019, 40(01): 79-86.

[15] 刘渊. 光伏扶贫项目可行性评估方法及其应用[J]. 北京理工大学学报(社会科学版), 2017, 19(05): 37-43.

[16] 郭建宇, 白婷. 产业扶贫的可持续性探讨——以光伏扶贫为例[J]. 经济纵横, 2018(07): 109-116.

[17] 吴素华. 精准扶贫背景下光伏扶贫高质量发展研究[J]. 中国特色

社会主义研究, 2018(05): 41-46.

[18] 许晓敏, 张立辉. 共享经济模式下我国光伏扶贫产业的商业模式及发展路径研究[J]. 管理世界, 2018, 34(08): 182-183.

[19] 冯明灿, 马唯婧, 丁羽頔, 等. 市场环境下扶贫光伏产业运营模式研究[J]. 计算机与应用化学, 2019, 36(05): 561-565.

[20] 童光毅, 倪琦, 潘跃龙, 等. 农业信息化背景下光伏发电扶贫模式及效益提升机制研究[J]. 农业工程学报, 2019, 35(10): 131-139.

[21] Mboumboue E, Njomo D. Potential contribution of renewables to the improvement of living conditions of poor rural households in developing countries: Cameroon's case study[J]. Renewable and Sustainable Energy Reviews, 2016, 61: 266-279.

[22] Abanda F H, Manjia M B, Enongene K E, et al. A feasibility study of a residential photovoltaic system in Cameroon[J]. Sustainable Energy Technologies and Assessments, 2016, 17: 38-49.

[23] Zhang J , Zeng W , Sun M , et al. Analysis of PEST and SWOT in Photovoltaic Power Generation Project in Poverty Alleviation Region[A]. PROCEEDINGS OF THE 2017 INTERNATIONAL CONFERENCE ON EDUCATION SCIENCE AND ECONOMIC MANAGEMENT (ICESEM 2017)[C]. Xiamen: Atlantis Press, 2017: 605-611.

[24] Chirambo D. Towards the achievement of SDG 7 in sub-Saharan Africa: Creating synergies between Power Africa, Sustainable Energy for All and climate finance in-order to achieve universal

energy access before 2030[J]. Renewable and Sustainable Energy Reviews, 2018, 94: 600-608.

[25] Geall S, Shen W. Solar energy for poverty alleviation in China: State ambitions, bureaucratic interests, and local realities[J]. Energy research & social science, 2018, 41: 238-248.

[26] Li Y, Zhang Q, Wang G, et al. A review of photovoltaic poverty alleviation projects in China: current status, challenge and policy recommendations[J]. Renewable and Sustainable Energy Reviews, 2018, 94: 214-223.

[27] Joshi L, Narayanan N C, Venkateswaran J, et al. Adoption of solar photovoltaic lighting in rural India: Role of localization strategy[J]. Energy and Buildings, 2019, 202: 109370.

[28] Samer S, Majid I, Rizal S, et al. The impact of microfinance on poverty reduction: Empirical evidence from Malaysian perspective [J]. Procedia-Social and Behavioral Sciences, 2015, 195: 721-728.

[29] Qamar M A J, Masood S, Nasir M. Impact of microfinance on the non-monetary aspects of poverty: evidence from Pakistan[J]. Quality & Quantity, 2017, 51(02): 891-902.

[30] Khanam D, Mohiuddin M, Hoque A, et al. Financing micro-entrepreneurs for poverty alleviation: a performance analysis of microfinance services offered by BRAC, ASA, and Proshika from Bangladesh[J]. Journal of Global Entrepreneurship Research,2018,8 (01):27.

[31] Sovacool B K. Success and failure in the political economy of solar electrification: Lessons from World Bank Solar Home System (SHS) projects in Sri Lanka and Indonesia[J]. Energy policy, 2018, 123: 482-493.

[32] Zhang H, Xu Z, Zhou D, et al. Targeted poverty alleviation using photovoltaic power in China: Identifying financial options through a dynamic game analysis[J]. Resources, Conservation and Recycling, 2018, 139: 333-337.

[33] Yadav P, Davies P J, Abdullah S. Reforming capital subsidy scheme to finance energy transition for the below poverty line communities in rural India[J]. Energy for Sustainable Development, 2018, 45: 11-27.

[34] Xu L, Zhang Q, Shi X. Stakeholders strategies in poverty alleviation and clean energy access: A case study of China's PV poverty alleviation program[J]. Energy Policy, 2019, 135: 111011.

[35] Eras-Almeida A A, Fernández M, Eisman J, et al. Lessons Learned from Rural Electrification Experiences with Third Generation Solar Home Systems in Latin America: Case Studies in Peru, Mexico, and Bolivia[J]. Sustainability, 2019, 11(24): 7139.

[36] Ge Y, Yuan Y, Hu S, et al. Space–time variability analysis of poverty alleviation performance in China's poverty-stricken areas[J]. Spatial statistics, 2017, 21: 460-474.

[37] Wang S, Gao S, Li H. Research on performance evaluation system of

poverty alleviation project—a case study of Zhangjiakou City, Hebei Province, China[A], Proceedings of the Second International Conference on Economic and Business Management (FEBM 2017)[C]. Shanghai: Atlantis Press, 2017: 707-714.

[38] Kumar M, Kumar A. Performance assessment and degradation analysis of solar photovoltaic technologies: A review[J]. Renewable and Sustainable Energy Reviews, 2017, 78: 554-587.

[39] Wu Y, Ke Y, Zhang T, et al. Performance efficiency assessment of photovoltaic poverty alleviation projects in China: A three-phase data envelopment analysis model[J]. Energy, 2018, 159: 599-610.

[40] Li Y, Zhang Q, Wang G, et al. Promotion policies for third party financing in Photovoltaic Poverty Alleviation projects considering social reputation[J]. Journal of cleaner production, 2019, 211: 350-359.

[41] Zhang H, Xu Z, Wu K, et al. Multi-dimensional poverty measurement for photovoltaic poverty alleviation areas: Evidence from pilot counties in China[J]. Journal of Cleaner Production, 2019, 241: 118382.

[42] Wang Z, Li J, Liu J, et al. Is the photovoltaic poverty alleviation project the best way for the poor to escape poverty?——A DEA and GRA analysis of different projects in rural China[J]. Energy Policy, 2019: 111105.

[43] 张强锋, 吕红霞, 杨宇翔. 基于三角模糊数的高铁天窗施工实施

效果评价[J]. 西南交通大学学报, 2018 (04): 798-805.

[44]　高建伟, 郭奉佳, 张儒昊. 基于直觉模糊数的电动汽车集中充电中心选址决策研究[J]. 工业技术经济, 2018 (12): 3.

[45]　丛旭辉, 郭树荣, 王小钰, 等. 基于云模型和灰色关联的政府投资项目优选决策——以非营利性政府投资项目为研究对象[J]. 计算机工程与应用, 2017, 53(02): 265-270.

[46]　刘吉成, 韦秋霜, 黄骏杰, 等. 基于区间二型模糊 TOPSIS 的风储联合发电系统协同决策研究[J]. 技术经济, 2019 (05): 110-116.

[47]　张文宇, 杨凤霞, 樊海燕, 等. 基于双层犹豫模糊语言 TOPSIS 方法的雾霾治理评估[J]. 统计与决策, 2019 (10): 9.

[48]　潘华, 薛强中, 梁作放, 等. 基于二元语义网络分析法的输变电工程应急能力评价研究[J]. 科技管理研究, 2018 (13): 77-83.

[49]　Taylan O, Bafail A O, Abdulaal R M S, et al. Construction projects selection and risk assessment by fuzzy AHP and fuzzy TOPSIS methodologies[J]. Applied Soft Computing, 2014, 17: 105-116.

[50]　Ameyaw E E, Chan A P C. Evaluation and ranking of risk factors in public–private partnership water supply projects in developing countries using fuzzy synthetic evaluation approach[J]. Expert Systems with Applications, 2015, 42(12): 5102-5116.

[51]　Cheng M, Lu Y. Developing a risk assessment method for complex pipe jacking construction projects[J]. Automation in Construction, 2015, 58: 48-59.

[52]　Samantra C, Datta S, Mahapatra S S. Fuzzy based risk assessment

module for metropolitan construction project: An empirical study[J]. Engineering Applications of Artificial Intelligence, 2017, 65: 449-464.

[53] Rodríguez A, Ortega F, Concepción R. An intuitionistic method for the selection of a risk management approach to information technology projects[J]. Information Sciences, 2017, 375: 202-218.

[54] Luthra S, Govindan K, Kannan D, et al. An integrated framework for sustainable supplier selection and evaluation in supply chains[J]. Journal of Cleaner Production, 2017, 140: 1686-1698.

[55] Parkouhi S V, Ghadikolaei A S. A resilience approach for supplier selection: Using fuzzy analytic network process and grey VIKOR techniques[J]. Journal of Cleaner Production, 2017, 161: 431-451.

[56] 杨庆, 尤欣赏, 张再生. 基于改进最优最劣法的海外高层次人才评价体系构建[J]. 科技管理研究, 2018 (12): 14.

[57] 潘丹, 罗帆. 基于结构方程模型的建筑施工项目安全绩效评价[J]. 安全与环境学报, 2018, 18(2): 602-609.

[58] Khan S A, Kusi-Sarpong S, Arhin F K, et al. Supplier sustainability performance evaluation and selection: A framework and methodology[J]. Journal of cleaner production, 2018, 205: 964-979.

[59] Çalı S, Balaman Ş Y. A novel outranking based multi criteria group decision making methodology integrating ELECTRE and VIKOR under intuitionistic fuzzy environment[J]. Expert Systems with Applications, 2019, 119: 36-50.

[60] Song W, Xu Z, Liu H C. Developing sustainable supplier selection criteria for solar air-conditioner manufacturer: An integrated approach[J]. Renewable and sustainable energy reviews, 2017, 79: 1461-1471.

[61] 章光, 武晓炜, 胡少华, 等. 基于 AHP-DEMATEL 的混凝土重力坝健康诊断[J]. 安全与环境学报, 2019 (05): 1.

[62] 刘宏, 孙浩. 基于 DEMATEL-ANP 的 PPP 项目融资风险分析[J]. 系统科学学报, 2018, 26(01): 131.

[63] 戴桂林, 林春宇, 付秀梅, 等. 中国海洋药用生物资源可持续利用潜力评价——基于熵权—层次分析法[J]. 资源科学, 2017 (11): 2176-2185.

[64] 赵书强, 汤善发. 基于改进层次分析法, CRITIC 法与逼近理想解排序法的输电网规划方案综合评价[J]. 电力自动化设备, 2019 (03): 23.

[65] 杜玉琴. 直觉不确定语言 Frank 集结算子及其应用[J]. 数学的实践与认识, 2018, 48(03): 1-11.

[66] 何霞, 刘卫锋. 广义有序加权指数调和平均算子及其应用[J]. 统计与决策, 2018 (03): 73-77.

[67] 沈玲玲, 庞晓冬, 张倩, 等. 基于概率语言术语集的 TODIM 方法及其应用[J]. 统计与决策, 2019 (18): 18.

[68] 于倩, 谭玲, 沈荃, 等. 犹豫三角模糊语言算子在多属性决策中的应用[J]. 统计与决策, 2019 (06): 70-75.

[69] 王军, 张润彤, 朱晓敏. 广义正交模糊 Maclaurin 对称平均算子

及其应用[J]. 计算机科学与探索, 2019, 13(08): 1411-1421.

[70] 王露, 易平涛, 李伟伟, 等. 广义梯形模糊数密度加权算子及其应用[J]. 运筹与管理, 2019 (12): 106-111.

[71] Qin J, Liu X, Pedrycz W. An extended TODIM multi-criteria group decision making method for green supplier selection in interval type-2 fuzzy environment[J]. European Journal of Operational Research, 2017, 258(02): 626-638.

[72] Fallahpour A, Olugu E U, Musa S N, et al. A decision support model for sustainable supplier selection in sustainable supply chain management[J]. Computers & Industrial Engineering, 2017, 105: 391-410.

[73] Awasthi A, Govindan K, Gold S. Multi-tier sustainable global supplier selection using a fuzzy AHP-VIKOR based approach[J]. International Journal of Production Economics, 2018, 195: 106-117.

[74] Zhong L, Yao L. An ELECTRE I-based multi-criteria group decision making method with interval type-2 fuzzy numbers and its application to supplier selection[J]. Applied Soft Computing, 2017, 57: 556-576.

[75] Krishankumar R, Ravichandran K S, Saeid A B. A new extension to PROMETHEE under intuitionistic fuzzy environment for solving supplier selection problem with linguistic preferences[J]. Applied Soft Computing, 2017, 60: 564-576.

[76] Chen W, Zou Y. An integrated method for supplier selection from

the perspective of risk aversion[J]. Applied Soft Computing, 2017, 54: 449-455.

[77] 李逐云, 雷霞, 邱少引, 等. 考虑"源—网—荷"三方利益的主动配电网协调规划[J]. 电网技术, 2017, 41(02): 378-387.

[78] 黄武靖, 张宁, 董瑞彪, 等. 多能源网络与能量枢纽联合规划方法[J]. 中国电机工程学报, 2018, 38(18): 5425-5437.

[79] 蒋建勋, 袁圆. 考虑环境效益的电网项目投资组合优化研究[J]. 工业技术经济, 2018, 37(09): 53-58.

[80] 高鹏, 陈红坤, 张光亚, 等. 主动配电网中消纳高渗透率风电的风电源规划[J]. 电力系统自动化, 2018, 42(15): 39-46+93+237-239.

[81] 郭宝宁, 唐平, 丁泉, 等. 微电网规划仿真系统开发与应用[J]. 河海大学学报(自然科学版), 2019, 47(06):574-580.

[82] 仇知, 王蓓蓓, 贲树俊, 等. 计及不确定性的区域综合能源系统双层优化配置规划模型[J]. 电力自动化设备, 2019, 39(08): 176-185.

[83] 明波, 黄强, 王义民, 等. 基于改进布谷鸟算法的梯级水库优化调度研究[J]. 水利学报, 2015, 46(03): 341-349.

[84] 乌云娜, 肖鑫利, 宋宗耘, 等. 政府投资建设项目群资源规划模型研究[J]. 软科学, 2016, 30(05): 40-44+49.

[85] 卢睿, 李学伟, 陈雍君. 基于粒子群算法的铁路工程投标项目择优决策研究[J]. 铁道学报, 2017, 39(01):19-24.

[86] 肖子雅, 刘升. 精英反向黄金正弦鲸鱼算法及其工程优化研究[J].

电子学报, 2019, 47(10): 2177-2186.

[87] 石建平, 李培生, 刘国平, 等. 求解约束优化问题的改进果蝇优化算法及其工程应用[J/OL]. 控制与决策: 1-10 [2020-02-08]. https://doi.org/10.13195/j.kzyjc. 2019 .0557.

[88] 马国丰, 张灵祉. 基于改进遗传算法的工程施工进度优化[J]. 土木工程与管理学报, 2019, 36(05): 1-6.

[89] 朱玮, 吴凤平. 基于优化组合赋权的市政工程建设方案格序优选[J]. 土木工程与管理学报, 2015, 32(01): 82-87.

[90] 王征, 余顺坤. 改进 PROMETHEE 的城市防洪减灾方案优选模型——以北京市为例[J]. 中国农村水利水电, 2017(04): 45-49.

[91] 冶运涛, 梁犁丽, 曹引, 等. 基于 Vague 集和云模型的河湖水系连通工程规划布局方案优选及排序方法[J]. 系统工程理论与实践, 2017, 37(07): 1926-1936.

[92] 邵国霞, 曹政国. 基于三角模糊数-TOPSIS 的既有高铁近接地基加固方案优选[J]. 铁道标准设计, 2019, 63(02): 40-44.

[93] 桑惠云, 谢新连, 王宝义. 基于有限理性的船型方案优选[J]. 大连海事大学学报, 2019, 45(02): 58-64.

[94] 肖帅, 张岩, 章德, 等. 风电群输电规划评价指标体系和方法[J]. 中国电力, 2019, 52(10): 115-122.

[95] Monghasemi S, Nikoo M R, Fasaee M A K, et al. A novel multi criteria decision making model for optimizing time–cost–quality trade-off problems in construction projects[J]. Expert systems with applications, 2015, 42(06): 3089-3104.

[96] Monghasemi S, Nikoo M R, Fasaee M A K, et al. A hybrid of genetic algorithm and evidential reasoning for optimal design of project scheduling: a systematic negotiation framework for multiple decision-makers[J]. International Journal of Information Technology & Decision Making, 2017, 16(02): 389-420.

[97] Pérez E, Posada M, Lorenzana A. Taking advantage of solving the resource constrained multi-project scheduling problems using multi-modal genetic algorithms[J]. Soft Computing, 2016, 20(05): 1879-1896.

[98] Amiri M J T, Haghighi F R, Eshtehardian E, et al. Multi-project time-cost optimization in critical chain with resource constraints[J]. KSCE Journal of Civil Engineering, 2018, 22(10): 3738-3752.

[99] Li F, Xu Z. A multi-agent system for distributed multi-project scheduling with two-stage decomposition[J]. PloS one, 2018, 13(10).

[100] Chand S, Singh H, Ray T. Evolving heuristics for the resource constrained project scheduling problem with dynamic resource disruptions[J]. Swarm and evolutionary computation, 2019, 44: 897-912.

[101] Lin J, Zhu L, Gao K. A genetic programming hyper-heuristic approach for the multi-skill resource constrained project scheduling problem[J]. Expert Systems with Applications, 2020, 140: 112915.

[102] Zografidou E, Petridis K, Arabatzis G, et al. Optimal design of the

renewable energy map of Greece using weighted goal-programming and data envelopment analysis[J]. Computers & Operations Research, 2016, 66: 313-326.

[103] Wu W, Ren C, Wang Y, et al. DEA-Based Performance Evaluation System for Construction Enterprises Based on BIM Technology[J]. Journal of Computing in Civil Engineering, 2018, 32(02): 04017081.

[104] Zhang Y J, Sun Y F, Huang J. Energy efficiency, carbon emission performance, and technology gaps: Evidence from CDM project investment[J].Energy Policy, 2018, 115: 119-130.

[105] Dadashi A, Mirbaha B. Prioritizing highway safety improvement projects: A Monte-Carlo based Data Envelopment Analysis approach[J]. Accident Analysis & Prevention, 2019, 123: 387-395.

[106] Oukil A, Govindaluri S M. A hybrid multi - attribute decision - making procedure for ranking project proposals: A historical data perspective[J]. Managerial and Decision Economics, 2019.

[107] Toloo M, Mirbolouki M. A new project selection method using data envelopment analysis[J]. Computers & Industrial Engineering, 2019, 138: 106119.

[108] 李正图. 中国特色社会主义反贫困制度和道路述论[J]. 四川大学学报(哲学社会科学版), 2020(01): 55-64.

[109] Rowntree B S. Poverty: a study of town life[M]. Macmillan, 1901.

[110] Laborde Debucquet D, Martin W. Implications of the global growth

slowdown for rural poverty[J]. Agricultural economics, 2018, 49(03): 325-338.

[111] Carter H. Risk Analysis and Its Applications[J]. Journal of the Operational Research Society, 1984, 35(05): 453-454.

[112] Chapman C, Ward S. Project risk management: processes, techniques and insights[M]. John Wiley, 1996.

[113] Devlin K, Devlin K J. The unfinished game: Pascal, Fermat, and the seventeenth-century letter that made the world modern[M]. Basic Books, 2010.

[114] Fishburn P C, Kochenberger G A. Two‐piece von Neumann‐Morgenstern utility functions[J]. Decision Sciences, 1979, 10(04): 503-518.

[115] Tversky A, Kahneman D. Prospect theory: An analysis of decision under risk[J]. Econometrica, 1979, 47(02): 263-291.

[116] 武任恒. 西方风险决策理论的发展及其启示[J]. 南昌高专学报, 2009, 24(01): 22-26.

[117] 任逸飞, 陆志强. 多技能资源投入项目调度问题的建模与优化[J]. 同济大学学报（自然科学版）, 2017, 45(11): 1713-1721+1730.

[118] 张虹, 侯宁, 葛得初, 等. 供需互动分布式发电系统收益—风险组合优化建模及其可靠性分析[J]. 电工技术学报, 2020, 35(03): 623-635.

[119] 聂嘉明. 线性约束下的组合优化问题研究[D]. 北京: 清华大学, 2017.

[120] 周洋.地球同步轨道在轨服务任务规划建模与优化研究[D]. 北京:
国防科技大学, 2017.

[121] 张明会. 在线装箱与混合流水调度问题近似算法研究[D]. 大连:
大连理工大学, 2019.

[122] 李帮义, 王玉燕. 博弈论与信息经济学[M]. 北京: 科学出版社,
2016.

[123] 诸培新. 农地非农化配置: 公平、效率与公共福利[D]. 南京: 南
京农业大学, 2005.

[124] 陈晓东. 机会不平等的经济效应研究[D]. 武汉: 华中科技大学,
2018.

[125] Ghaffarianhoseini A, Tookey J, Ghaffarianhoseini A, et al. Building
Information Modelling (BIM) uptake: Clear benefits, understanding
its implementation, risks and challenges[J]. Renewable and
Sustainable Energy Reviews, 2017, 75: 1046-1053.

[126] Akinyele D O, Rayudu R K, Nair N K C. Development of
photovoltaic power plant for remote residential applications: The
socio-technical and economic perspectives[J]. Applied Energy, 2015,
155(01): 131-149.

[127] Berger T. Practical constraints for photovoltaic appliances in rural
areas of developing countries: Lessons learnt from monitoring of
stand-alone systems in remote health posts of North Gondar Zone,
Ethiopia [J]. Energy for Sustainable Development, 2017, 40: 68-76.

[128] Lai C S, Jia Y, Lai L L, et al. A comprehensive review on arge-scale

photovoltaic system with applications of electrical energy storage[J]. Renewable and Sustainable Energy Reviews, 2017, 78: 439-451.

[129] Zhang H, Xu Z, Sun C, et al. Targeted poverty alleviation using photovoltaic power: Review of Chinese policies[J]. Energy Policy, 2018, 120: 550-558.

[130] Shan H, Yang J. Sustainability of photovoltaic poverty alleviation in China: An evolutionary game between stakeholders[J]. Energy, 2019, 181: 264-280.

[131] Copper J K, Sproul A B, Jarnason S. Photovoltaic (PV) performance modelling in the absence of onsite measured plane of array irradiance (POA) and module temperature[J]. Renewable Energy, 2016, 86: 760-769.

[132] Zadeh L A. Fuzzy sets[J]. Information and control, 1965, 8(03): 338-353.

[133] Marks S J, Kumpel E, Guo J, et al. Pathways to sustainability: A fuzzy-set qualitative comparative analysis of rural water supply programs[J]. Journal of Cleaner Production, 2018, 205: 789-798.

[134] Wu Y, Li L, Xu R, et al. Risk assessment in straw-based power generation public-private partnership projects in China: A fuzzy synthetic evaluation analysis[J]. Journal of Cleaner Production, 2017, 161: 977-990.

[135] Foroozesh N, Tavakkoli-Moghaddam R, Mousavi S M. A novel group decision model based on mean–variance–skewness concepts

and interval-valued fuzzy sets for a selection problem of the sustainable warehouse location under uncertainty[J]. Neural Computing and Applications, 2018, 30(11): 3277-3293.

[136] Wu Y, Hu Y, Lin X, et al. Identifying and analyzing barriers to offshore wind power development in China using the grey decision-making trial and evaluation laboratory approach[J]. Journal of Cleaner Production, 2018, 189: 853-863.

[137] Son N T K. A foundation on semigroups of operators defined on the set of triangular fuzzy numbers and its application to fuzzy fractional evolution equations[J]. Fuzzy Sets and Systems, 2018, 347: 1-28.

[138] Ma T, Xiao F. An Improved Method to Transform Triangular Fuzzy Number Into Basic Belief Assignment in Evidence Theory[J]. IEEE Access, 2019, 7: 25308-25322.

[139] Pereira J, de Oliveira E C B, Gomes L F A M, et al. Sorting retail locations in a large urban city by using ELECTRE TRI-C and trapezoidal fuzzy numbers[J]. Soft Computing, 2019, 23(12): 4193-4206.

[140] 周坦, 胡建华, 匡也. 基于模糊 RES-多维云模型的岩体质量评判方法与应用[J]. 中国有色金属学报, 2019, 29(08): 1771-1780.

[141] 夏鹏, 刘文颖, 张尧翔, 等. 考虑风电高阶不确定性的分布式鲁棒优化调度模型 [J/OL]. 电工技术学报: 1-12 [2019-12-06]. https://doi.org/10.19595/j.cnki.1000-6753. tces.190809.

[142] Torra V. Hesitant fuzzy sets[J]. International Journal of Intelligent Systems, 2010, 25(06): 529-539.

[143] Zeng W, Li D, Yin Q. Distance and similarity measures between hesitant fuzzy sets and their application in pattern recognition[J]. Pattern Recognition Letters, 2016, 84: 267-271.

[144] Zhao H, Xu Z, Wang H, et al. Hesitant fuzzy multi-attribute decision-making based on the minimum deviation method[J]. Soft Computing, 2017, 21(12): 3439-3459.

[145] 李贺, 江登英. 基于改进符号距离的犹豫模糊前景理论决策方法 [J]. 系统工程与电子技术, 2019, 41(12): 2820-2826.

[146] Meng F, Tang J, Fujita H. Linguistic intuitionistic fuzzy preference relations and their application to multi-criteria decision making[J]. Information Fusion, 2019, 46: 77-90.

[147] 高建伟, 郭奉佳. 基于改进前景理论的直觉模糊随机多准则决策 方法[J]. 控制与决策, 2019, 34(02): 317-324.

[148] Narayanamoorthy S, Geetha S, Rakkiyappan R, et al. Interval-valued intuitionistic hesitant fuzzy entropy based VIKOR method for industrial robots selection[J]. Expert Systems with Applications, 2019, 121: 28-37.

[149] Ilbahar E, Karaşan A, Cebi S, et al. A novel approach to risk assessment for occupational health and safety using Pythagorean fuzzy AHP & fuzzy inference system[J]. Safety science, 2018, 103: 124-136.

[150] Liang D, Xu Z, Liu D, et al. Method for three-way decisions using ideal TOPSIS solutions at Pythagorean fuzzy information[J]. Information Sciences, 2018, 435: 282-295.

[151] 刘卫锋, 常娟, 何霞. 广义毕达哥拉斯模糊集成算子及其决策应用[J]. 控制与决策, 2016, 031(012):2280-2286.

[152] Liu H C, Quan M Y, Shi H, et al. An integrated MCDM method for robot selection under interval‑valued Pythagorean uncertain linguistic environment[J]. International Journal of Intelligent Systems, 2019, 34(02): 188-214.

[153] Liu B, Zhou Q, Ding R X, et al. Defective alternatives detection-based multi-attribute intuitionistic fuzzy large-scale decision making model[J]. Knowledge-Based Systems, 2019, 186: 104962.

[154] 尹进. 基于直觉模糊集的社会化商务消费者感知信任传递模型研究[D]. 大连: 大连理工大学, 2019.

[155] Xu Z S, Chen J. An overview of distance and similarity measures of intuitionistic fuzzy sets[J]. International Journal of Uncertainty, Fuzziness and Knowledge-Based Systems, 2008, 16(04): 529-555.

[156] Rezaei J. Best-worst multi-criteria decision-making method[J]. Omega, 2015, 53: 49-57.

[157] Chen P. Effects of normalization on the entropy-based TOPSIS method[J]. Expert Systems with Applications, 2019, 136(01): 33-41.

[158] 徐绪堪, 华士祯. "互联网+政务服务"背景下的政务 APP 评价——基

于直觉模糊层次分析法[J]. 情报杂志, 2020, 39(03):198-207.

[159] Xu F, Liu J, Lin S, et al. A VIKOR-based approach for assessing the service performance of electric vehicle sharing programs: A case study in Beijing[J]. Journal of cleaner production, 2017, 148: 254-267.

[160] Xu Z, Liao H. Intuitionistic fuzzy analytic hierarchy process[J]. IEEE transactions on fuzzy systems, 2013, 22(04): 749-761.

[161] Guo Z, Jian‐qiang W, Tie‐li W. Multi‐criteria group decision‐making method based on TODIM with probabilistic interval‐valued hesitant fuzzy information[J]. Expert Systems, 2019, 36(04): e12424.

[162] Liu Y, Liu J, Zhou Y. Spatio-temporal patterns of rural poverty in China and targeted poverty alleviation strategies[J]. Journal of Rural Studies, 2017, 52: 66-75.

[163] 乌云娜. 工程项目管理[M]. 北京: 电子工业出版社, 2009.

[164] 江新, 胡亦文, 李炜, 等. 施工企业视角下水电项目群资源冲突风险评价及预测[J]. 南水北调与水利科技, 2019, 17(05): 202-208.

[165] 丰景春, 张跃, 丰慧, 等. 子网络视角下项目群合同项目工期延误诊断模型研究[J]. 中国管理科学, 2019, 27(10): 189-197.

[166] 白礼彪, 张人千, 白思俊, 等. 基于突变的项目组合共享资源竞争拥挤研究[J]. 管理工程学报, 2020, 34(02): 205-212.

[167] Markowitz H. Portfolio analysis[J]. Journal of Finance, 1952, 8: 77-91.

[168] Archer N, Ghasemzadeh F. Project Portfolio Selection and Management[M]. The Wiley Guide to Managing Projects, 2011.

[169] Demirkesen S, Beliz O. Impact of integration management on construction project management performance[J]. International Journal of Project Management. 2017, 35(08): 1639-1654.

[170] 项目管理协会. 项目组合管理标准[M]. 北京: 电子工业出版社, 2008.

[171] Institute P M. A Guide to the Project Management Body of Knowledge: PMBOK(R) Guide[J]. Project Management Journal, 2009, 40(02):104-104.

[172] 肖鑫利. 非经营性政府投资项目群资源配置机理及方法研究[D]. 北京: 华北电力大学, 2018.

[173] Pang Y, He Y, Cai H. Business model of distributed photovoltaic energy integrating investment and consulting services in China[J]. Journal of Cleaner Production. 2019, 218: 943-965.

[174] Daryani A M, Omran M M, Makui A. A novel heuristic, based on a new robustness concept, for multi-objective project portfolio optimization[J]. Computers & Industrial Engineering. 2020, 139: 106187.

[175] Gobeyn S, Mouton A M, Cord A F, et al. Evolutionary algorithms for species distribution modelling: A review in the context of machine learning[J]. Ecological Modelling. 2019, 392(24): 179-195.

[176] Holland J H. An efficient genetic algorithm for the traveling

salesman problem[J]. European Journal of Operational Research. 1975, 145: 606-617.

[177] 孙鹏, 武君胜, 廖梦琛, 等. 基于自适应遗传算法的战场资源动态调度模型及算法[J]. 系统工程与电子技术, 2018, 40(11): 2459-2465.

[178] Mashwani W K, Salhi A, Yeniay O, et al. Hybrid non-dominated sorting genetic algorithm with adaptive operators selection[J]. Applied Soft Computing. 2017, 56: 1-18.

[179] Abou-Senna H, Radwan E, Navarro A, et al. Integrating transportation systems management and operations into the project life cycle from planning to construction: A synthesis of best practices[J]. Journal of Traffic and Transportation Engineering (English Edition), 2018, 5(1): 44-55.

[180] Festinger L. A theory of social comparison processes[J]. Human relations, 1954, 7(02): 117-140.

[181] Lo K, Wang M. How voluntary is poverty alleviation resettlement in China? [J]. Habitat International, 2018, 73: 34-42.

[182] 杨明瀚. 分类变量数据聚类内部评价及算法研究[D]. 北京: 北京科技大学, 2019.

[183] Nguyen K T, Chassein A. The inverse convex ordered 1-median problem on trees under Chebyshev norm and Hamming distance[J]. European Journal of Operational Research, 2015, 247(03): 774-781.

[184] Rodrigues E O. Combining Minkowski and Cheyshev: New distance

proposal and survey of distance metrics using k-nearest neighbours classifier[J]. Pattern Recognition Letters, 2018, 110(15): 66-71.

[185] Pronzato L, Wynn H P, Zhigljavsky A, et al. Simplicial variances, potentials and Mahalanobis distances[J]. Journal of Multivariate Analysis, 2018, (168): 276-289.

[186] Mora D, Fajilla G, Austin M C, et al. Occupancy patterns obtained by heuristic approaches: Cluster analysis and logical flowcharts. A case study in a university office[J]. Energy and Buildings, 2019, 186: 147-168.

[187] Charnes A, Cooper W W, Rhodes E. Measuring the efficiency of decision making units[J]. European Journal of Operational Research, 1978, 2(06): 429-444.

[188] Efron B , Tibshirani R. Bootstrap Methods for Standard Errors, Confidence Intervals, and Other Measures of Statistical Accuracy[J]. Statistical Science, 1986, 1(01): 54-75 .

[189] Léopold Simar, Wilson P W. Estimating and bootstrapping Malmquist indices[J]. European Journal of Operational Research, 1999, 115(03): 459-471.

项目管理精品图书

序号	书　名	书　号	定　价
1	组织项目管理能力基准：组织项目管理能力开发指南	978-7-5198-3374-9	68.00 元
2	项目质量管理	978-7-5198-0300-1	58.00 元
3	政企合作（PPP）：王守清核心观点（2017—2020）	978-7-5198-5221-4	198.00 元
4	双赢：提升项目管理者的职业高度与情商	978-7-5198-5245-0	86.00 元
5	高效通过 PgMP®考试	978-7-5198-5162-0	88.00 元
6	项目管理：创造源来的价值	978-7-5198-5044-9	88.00 元
7	虚拟团队领导力	978-7-5198-4900-9	88.00 元
8	白话国际工程项目管理	978-7-5198-4568-1	78.00 元
9	项目经理枕边书	978-7-5198-4849-1	45.00 元
10	跨国项目管理	978-7-5198-4735-7	78.00 元
11	创业项目管理	978-7-5198-4734-0	78.00 元
12	PMP®考试口袋书	978-7-5198-4139-3	78.00 元
13	工程总承包管理理论与实务	978-7-5198-4419-6	108.00 元
14	工程咨询企业项目管理办公室（PMO）理论与实践	978-7-5198-4418-9	88.00 元
15	项目管理方法论（第 3 版）	978-7-5198-4580-3	78.00 元
16	看四大名著学项目管理	978-7-5123-7958-9	48.00 元
17	观千剑而后识器：项目管理情景案例	978-7-5198-4546-9	58.00 元
18	大数据时代政府投资建设项目决策方法	978-7-5198-2535-5	58.00 元
19	高老师带你做模拟题：轻松通过 PMP®考试	978-7-5198-2649-9	68.00 元
20	PPP 项目绩效评价理论与实践	978-7-5198-2970-4	68.00 元
21	全过程工程咨询理论与实施指南	978-7-5198-2918-6	108.00 元
22	企业项目化管理理论与实践	978-7-5198-2936-0	98.00 元
23	工程咨询企业信息化管理实务	978-7-5198-2935-3	98.00 元

序号	书　　名	书　号	定　价
24	岗位管理与人岗匹配（第2版）	978-7-5198-2973-5	68.00 元
25	非经营性政府投资项目究责方法与机制	978-7-5198-2536-2	58.00 元
26	卓尔不群：成为王牌项目经理的 28 项软技能	978-7-5198-0871-6	48.00 元
27	汪博士析辨 PMP®易混术语（第2版）	978-7-5198-3027-4	68.00 元
28	个人项目管理能力基准：项目管理、项目集群管理和项目组合管理（第4版）	978-7-5198-3141-7	78.00 元
29	政府和社会资本合作（PPP）项目绩效评价实施指南	978-7-5198-3301-5	88.00 元
30	不懂心理学怎么管项目	978-7-5198-3467-8	58.00 元
31	PMO 不败法则：100 个完美收工技巧	978-7-5198-3690-0	45.00 元
32	项目控制知识与实践指南	978-7-5198-3536-1	198.00 元
33	视线变远见——系统思考直击项目管理痛点	978-7-5198-3767-9	68.00 元
34	顺利通过 PMP®考试全程指南（第3版）	978-7-5198-3697-9	98.00 元
35	谁说菜鸟不能成为项目经理	978-7-5198-3931-4	78.00 元
36	电子商务项目管理	978-7-5198-2688-8	68.00 元
37	涛似连山喷雪来——薛涛解析中国式环保 PPP	978-7-5198-2720-5	98.00 元
38	技法：提升绩效与改进过程	978-7-5198-2514-0	68.00 元
39	管法：从硬功夫到软实力	978-7-5198-2513-3	68.00 元
40	心法：顶级项目经理的修炼之路	978-7-5198-2506-5	68.00 元
41	区间型多属性群决策方法及应用	978-7-5198-2537-9	58.00 元
42	项目管理知识体系指南（PMBOK®指南）：建设工程分册	978-7-5198-2383-2	98.00 元
43	高效通过 PMI-ACP 考试（第2版）	978-7-5198-2099-2	68.00 元
44	论中国 PPP 发展生态环境	978-7-5198-2166-1	78.00 元
45	项目管理（第10版）	978-7-5198-2057-2	98.00 元

序号	书　名	书　号	定　价
46	太极逻辑：项目治理中的中国智慧	978-7-5198-2061-9	58.00 元
47	项目治理风险的网络动力分析	978-7-5198-2055-8	68.00 元
48	电力监管：整体性治理的视角	978-7-5198-2021-3	98.00 元
49	PMP®备考指南（第 2 版）	978-7-5198-2109-8	68.00 元
50	政府和社会资本合作（PPP）参考指南（第 3 版）	978-7-5198-2045-9	88.00 元
51	项目管理办公室（PMO）实践指南	978-7-5198-2034-3	45.00 元
52	高效通过 PMP®考试（第 2 版）	978-7-5198-1859-3	98.00 元
53	高老师带你划重点：轻松通过 PMP®考试	978-7-5198-1860-9	69.00 元
54	工业项目建设与投运	978-7-5198-1736-7	88.00 元
55	依然惊奇：沃伦•本尼斯自传（珍藏版）	978-7-5198-0941-6	58.00 元
56	从关爱到挑战：领导力提升新路径（珍藏版）	978-7-5198-0936-2	68.00 元
57	让人信服：掌控领导力的九大支柱（珍藏版）	978-7-5198-0940-9	58.00 元
58	AMA 项目管理手册	978-7-5198-0482-4	128.00 元
59	高效通过 NPDP 认证考试	978-7-5198-1095-5	78.00 元
60	PMI-PBA 考前模拟题库及详解	978-7-5198-0944-7	68.00 元
61	八堂极简项目管理课	978-7-5198-0411-4	58.00 元
62	创新项目管理	978-7-5198-0825-9	98.00 元
63	项目治理：实现可控的创新	978-7-5198-0826-6	68.00 元
64	政企合作（PPP）：王守清核心观点（全三册）	978-7-5198-0715-3	268.00 元
65	成功的采购项目管理	978-7-5198-0318-6	48.00 元
66	基于项目的管理手册——领导组织级战略变革（第 4 版）	978-7-5198-0301-8	98.00 元
67	项目成本管理（第 2 版）	978-7-5198-0192-2	68.00 元
68	需求管理实践指南	978-7-5123-9912-9	48.00 元